高校人才培养与高质量发展

——第六届环渤海高等教育论坛论文集

盛振文 王桂云 主编

山东大学出版社
SHANDONG UNIVERSITY PRESS
·济南·

图书在版编目(CIP)数据

高校人才培养与高质量发展:第六届环渤海高等教育论坛论文集 / 盛振文,王桂云主编. —济南:山东大学出版社,2021.12

ISBN 978-7-5607-7203-5

Ⅰ.①高… Ⅱ.①盛… ②王… Ⅲ.①高等教育—人才培养—中国—文集 Ⅳ.①G649.2-53

中国版本图书馆 CIP 数据核字(2022)第 044815 号

策划编辑:李　港
责任编辑:李　港
文案编辑:刘晓燕
封面设计:杜　婕

出版发行:山东大学出版社
社　址　山东省济南市山大南路 20 号
邮　编　250100
电　话　市场部(0531)88363008
经　销:新华书店
印　刷:济南巨丰印刷有限公司
规　格:787 毫米×1092 毫米　1/16
16.25 印张　298 千字
版　次:2021 年 12 月第 1 版
印　次:2021 年 12 月第 1 次印刷
定　价:65.00 元

前　言

山东环渤海高等教育论坛是由环渤海高校领导、教务处长、科研处长以及发展规划处处长、高等教育研究专家、教育部门领导及教育教学研究人员参加的，非官方、非营利、定期、开放性的共同研讨交流的平台，是山东省民政厅批准成立的民办非企业单位。环渤海高等教育论坛由山东大学、河北大学、山东师范大学、大连海事大学、青岛大学、济南大学、曲阜师范大学、山东中医药大学、齐鲁工业大学、天津职业大学、山东交通学院、山东政法学院、山东协和学院等高校联合发起，山东协和学院、山东省高等教育改革与发展研究院联合承办，以"为政府的宏观决策服务，为高校的改革发展服务，为高教的理论构建服务"为宗旨，旨在深入贯彻国家创新驱动发展战略，全面深化高等教育综合改革，认真落实国务院深化高校创新创业教育实施意见，进一步提高高等学校人才培养质量。

山东环渤海高等教育论坛业务范围包括：开展高等教育研究和学术交流活动，介绍国内外教科研动向、优秀成果和教育改革经验，推动成员单位间的教育合作等。通过共同研讨高等教育相关问题，集中各方智慧，凝聚群体学识，推进环渤海高校教育改革深入进行，为加速环渤海地区开放发展提供智力支持和人才服务。为进一步加强环渤海地区高校间的合作与交流，提升教育教学，提高科学研究和学科建设水平，环渤海高等教育论坛成立了环渤海高校教学咨询指导委员会和科研与学科建设专家咨询委员会。

山东环渤海高等教育论坛于 2015 年 8 月首次举办，已连续举办六届。论坛为推进环渤海高校教学科研融合对接、聚集优质教学科研资源、整合教学科研特色优势、促进人才培养质量，发挥了积极作用，产生了良好的社会影响，成为环渤海地区高等教育领域的一个学术品牌。

2021 年 12 月 25 日，第六届环渤海高等教育论坛以线上为主、线上线下结合的形式在济南举办，全国 14 个省(市)、200 余所高校的领导、教务处长、科研处长、发展规划处处长、高等教育研究专家、学者线上参会，当天在线平台收看达 44 万人次。中国高等教育学会张大良副会长等领导同志出席开幕式，山东省教育厅领导致开幕辞，张大良等10位专家作专题报告。大会共收录学术论文41篇，所选论文围绕“高校人才培养与高质量发展”的主题，从高校人才培养、高校高质量发展、课程思政建设和创新创业教育等方面开展现状审视、问题探究和路径思考，集中反映了环渤海地区高校人才培养和发展的研究动向，对于全面推进高校课程思政建设工作、深化创新创业教育改革具有一定的推动作用，对于提升环渤海区域人才培养质量、服务于环渤海区域经济社会发展具有重要的理论和实践价值。

盛振文

2021年12月

目　录

第一部分　高校人才培养与高质量发展

护理人才校院社区协同培养机制研究 …………………………………… 王桂云(3)
基于深度学习法的 3D 混合教学模式的构建与研究 ………………… 刘　浩(10)
高校课程思政协同育人的问题及对策 …………………………………… 尹　娟(17)
“双创”教育背景下民办高校翻译人才培养探究 ……………………… 陈欣欣(23)
医学美容技术实践中“小助教模式”的研究与探索 …………………… 延晓雪(28)
战略性新兴产业发展背景下高校科技人才培养对策研究 …………… 王明明(33)
优秀青年人才脱颖而出的培育路径研究 ……………………………… 邓晓阳(38)

第二部分　课程思政建设研究

抗美援朝影视作品中的时代精神与爱国主义 …… 李　宁　姬珂昱　杜佳欣(45)
全面建设社会主义现代化国家新征程中增强高校思政课凝聚力路径
创新探析 ……………………………………………………………… 刘建锋(50)
课程思政建设思想的元思想及其意义研究 …………………………… 孙克任(56)
新文科背景下高校“课程思政”中法治理念的传播培育探析 ……… 范成博(62)
网络思想政治教育话语权探析 …………………………… 朱国强　范　辉(68)
高校“课程思政”改革理论与实践探索研究 ………………………… 孙　琦(74)
高校课程思政价值性与知识性相统一的路径研究 …………………… 樊婧昊(80)
地方本科院校音乐学专业融合课程思政的研究 ……………………… 何雨婷(87)
新时代高校课程思政建设与专业教育融合研究 ………… 杨渐雨　林江海(94)
基于 POA 理论的大学英语课程思政建设的研究 …………………… 周　新(99)
课程思政建设与专业教育融合研究
——以会计学专业“财务分析”为例 ………………… 王丽丽　韩　跃(105)

新时代高校师范类专业教师教育课程思政教育内容体系构建研究
…………………………………………………………………………………… 吴向丽(111)
课程思政体系建设的现状及相应的策略研究 ………………………… 张　凯(116)
“课程思政”助力高校体育核心素养培养体系构建研究 …………… 李晓汝(122)
“旅游学概论”课程思政教学的改革与探索 ………………………… 魏　薇(129)
基于混合式教学的“大学英语”课程思政实践研究 ………………… 刘媛媛(137)
基于“专思创”融合的“旅游资源学”课程改革 ………… 王爱鸟　淳于英楠(144)
“大思政”格局下“经济法”混合式课堂教学改革策略研究 ………… 郭　羽(152)
SSP 模式下开展“针灸学”课程思政教学探析
…………………………………………………… 姜欣童　张燕杰　孙利利(156)
基于财会专业的“财务管理”课程思政建设研究 …………………… 崔元丽(162)
课程思政背景下山东省大学生诚信教育研究 ………………………… 曹立静(168)

第三部分　创新创业教育研究

高校体育“专创融合”发展的教学策略 ……………………………… 郑少聪(177)
专业教育与创新创业教育融合对策研究 ……………………………… 闫海燕(183)
大学英语教育与创新创业教育的融合途径分析 ……………………… 李　敏(189)
产教融合背景下高校创新创业教育实践探索研究 ……… 蒋丽君　王爱鸟(194)
大学生创新创业实践能力培养研究…………………… 栾加航　和高永(200)
高等院校创新创业教育课程体系建设探究 …………………………… 张艳芳(205)
“一带一路”倡议下大学英语课程中创新创业意识的培养与研究
…………………………………………………………………………………… 黄俊婷(211)
新时期“商务英语视听说”微课教学创新实践研究 ………………… 高　俐(216)
“专创深度融合”驱动下工程管理专业课程教学改革探析 ………… 于淑萍(220)
土木工程专业“专创融合”课程教学改革探索与实践 ……………… 黄　颖(226)
以创新创业为导向的药理学教学模式改革探讨与实践
…………………………………………………… 孙利利　姜欣童　张燕杰(231)
“双创”视域下高校辅导员队伍建设路径研究 ……………………… 苗　昕(238)
民办高校创新创业教育师资队伍建设的困境与对策研究
…………………………………………………………… 万传菲　贾茹茹(245)
“双创”背景下学前教育“双师型”教师队伍培养研究 …………… 滕明蕾(250)

第一部分

高校人才培养与高质量发展

护理人才校院社区协同培养机制研究

王桂云*

摘要：为更好地满足健康中国建设对护理人才培养的需求与人们日益增长的护理需求，山东协和学院护理学院针对国家和区域卫生发展新态势，本着“大爱无疆，尚德精术，夯实基础，强化能力”的应用型人才培养理念，协同医院、社区卫生服务中心等医疗机构共同制定人培方案，明确培养目标；共同开发课程资源，突显尚德精术；共同培养师资队伍，提高教学能力；共同完善实训基地，对接临床需求；共同参与人才评价，保证育人效果，构建了护理人才校院社区协同培养机制，并取得了显著成效。

关键词：护理；校院社区；协同；培养机制

协同育人是指“各个育人主体以人才培养和使用为目的，在系统内共享资源、积蓄能量的有效互动”。随着全面建成小康社会和医疗体制改革步伐的加快，社会对护理人才的需求显著提高，加之健康中国建设对医护人才培养的新要求，护理人才培养面临着新挑战。国务院印发的《关于深化产教融合的若干意见》中指明：“受体制机制影响，人才培养供给侧和产业需求侧还不能完全适应，两张皮问题仍然存在，要用 10 年左右的时间，基本解决供给侧与需求侧的重大结构性矛盾，总体形成教育与产业统筹融合、良性互动的发展格局。”目前护理人才培养的行业链、研究链、学习链不能很好地对接，这就需要集聚行业、高校等不同的培养系统协同育人。现如今护理服务范围除了医院外，也进一步向社区扩大，因此为了满足不同服务对象的需求，学校-医院-社区卫生服务中心（以下简称“校院社区”）协同培养护理人才是护理类院校谋求自身发展、实现与市场接轨、

* 作者简介：王桂云，山东协和学院副校长，教授，博士，研究方向为教育管理。

提高育人质量、有针对性地培养护理人才的重要举措。目前,我国护理人才校院协同育人已取得了一定成效,但协同育人仍未在机制层面上确立为人才培养的必要方式,导致校院社区间始终没有形成合力,制约着护理人才培养质量的进一步提高。山东协和学院护理学院立足临床护理需求,积极开展校院社区协同育人机制建设与实践,取得了显著成效。

一、构建护理人才校院社区协同培养机制的价值意蕴

(一)融合"教"与"需",提高人才培养质量

基于护理工作本身实践性很强的特点,构建校院社区协同育人培养机制能够协同各方在精准定位护理职业能力需求的基础上,将教学内容与临床护理需求进一步融合,避免学生"学用分离",促进学生毕业后进入临床工作角色的转变,缩短"适应期"跨进"成长期"的时间,在自身快速成长的同时提升护理服务质量,从而促进护理人才培养质量的提升。

(二)密切各方沟通与协作,规范人才培养标准

传统的护理人才培养与管理侧重在学校一方,而医疗卫生单位深入参与较少,显然这与新时期大健康背景下对护理人才培养的要求是不符的。构建护理人才校院社区协同培养机制需要各方"动"起来,围绕教师协同培养、实训基地建设、课程体系设置、评价体系建立等方面进行沟通协作,完善教学管理,推动教学改革,提高教学质量,进一步规范护理人才培养各项制度、流程等。同时密切学校与医疗卫生机构之间的联系,在见习、实习阶段将学校管理延伸到医院,突出教学过程的开放性、实践性和职业性。

(三)明确各方职责与义务,实现互利共享共赢

校院社区协同培养护理人才对于各方的职责与义务进行明确划分,同时保障各方相应的利益,以此能够协同整合各方资源,在教师培养培训、实践基地使用等方面实现资源共建、共享、共管,能够提升各方协同育人的积极性,这有助于提高学校教师与临床带教老师的教学与实践等业务能力,从而提高护理人才培养质量,促进临床护理服务质量提升。

二、护理人才校院社区协同育人的组织机构与职责

《国家职业教育改革实施方案》中提出促进产教融合,校企"双元"育人,拓展合作内容,推动职业院校和行业企业形成"命运共同体"。构建护理人才校院社区协同育人组织机构,成立由学校(学校领导、教务处、护理学院部门负责人、专业带头人)、医院和社区医疗卫生服务中心等医疗机构(医疗机构领导、科教科、护理部部门负责人)联合的校院社区协同育人理事会,每学期召开两次会议,由

医院和社区医疗卫生服务中心等医疗机构反馈临床护理需求与护理技能最新进展等，由校院社区协同育人理事会在明确了需求基础上共同确定培养目标、构建课程体系、开发特色课程、组建师资队伍、开展教学培训、组织考核评价等，健全多方共商、共建、共管、共享的协同育人机制，完善激励机制与保障机制，解决教师培养培训、教育资源共享、实习基地建设、学生见习实习等问题，促进医院和社区医疗卫生服务中心等医疗机构的密切联系和深度合作，实现多方共赢。

（一）各方职责

1. 学校方职责

学校作为协同育人的根本主体，应强化自身服务社会的意识，切实抓住培养临床护理工作需求的人才这一主线，确保医院、社区医疗卫生服务中心等医疗机构得到其所需要的护理人才。因此在护理人才培养过程中，除了为学生提供学习、生活的场所外，还应注重听取医院、社区医疗卫生服务中心等医疗机构对护理人才的需求反馈，与医疗机构等协同制定人才培养方案，明确人才培养规格；联合各方提供优质的教学资源，不断探索教学模式与课程改革，构建合理的教学体系，保证教学质量与人才培养效果。另外，学校主动与医院、社区医疗卫生服务中心等医疗机构在科研方面进行沟通交流，搭建科研服务平台，促进科研成果转化，提高教研质量。

2. 医院、社区方职责

协同人才培养是多主体参与，除了学校作为根本主体外，医院、社区应主动承担起人才培养模式创新的责任，尽可能创造更多的条件和方式培养急需人才。医院、社区医疗卫生服务中心等医疗机构直接参与护理人才培养的全过程，包括提供护理人才需求情况，合作制定人才培养方案，选派临床护理优秀人才承担临床专业课程部分教学工作，参与学校专业建设发展与规划、教材开发、课程建设、毕业论文指导等，共建实习实训基地，接受学生见习实习等，共同评价人才培养质量，积极参与高校科研工作协同创新，协同促进学生就业。

（二）保障体系

1. 完善激励机制，促进协同育人

完善的激励机制有利于充分调动教师协同育人的积极性、主动性，使整个协同育人机制良好的运行。首先，在明确协同育人具体工作内容的基础上，制定具体可操作的考核评价办法，根据考核结果进行奖励奖优激励。其次，将协同育人列入考核体系中，在各方工作人员的职称晋升、评奖评优工作中进行量化加分。例如，对教师在课堂教学之外的教育工作（如协同主体集体备课、协同科研、专题讨论交流等工作或者对学生第二课堂活动予以指导等）予以工作量补贴，对其中表现突出者予以一定的物质奖励与精神奖励。最后，通过定期评选协同育人先进集体和先进个人等形式进行激励表彰等。

2.健全保障机制,实现共建共享共管

健全和维护相关的新媒体平台、各种教育教学活动设备、场地等物质保障,充分发挥山东协和学院护理学专业国家级实验教学示范中心、国家级虚拟仿真实验教学示范中心、山东省老年智能康养技术与装备协同创新中心等平台在教学、培训中的作用,保障校院社区各方的共建、共享、共管。同时,在协同育人中保证有较为充足的经费用于实践活动的开展、师资队伍的学习培训、调查研究等的支出,其中经费来源包括学校方的专业建设经费、科研平台经费等和医院、社区方的实践基地建设经费等,充分保障学生的培养质量。

三、护理人才校院社区协同培养机制的构建与实践

(一)共同制定人培方案,明确培养目标

人才培养是一个系统整体,涉及众多环节和要素,应在协同创新理念的指导下,明确人才培养的目标。协同培养理念不遵循传统的学科培养理念,而是遵循以行业需求为导向制定的科学可行的人才培养方案。护理人才校院社区协同培养工作中,各方按照协同育人理事会工作制度,定期召开人才培养工作会议,全面围绕护理人才需求调研、护理行业人才需求规格与结构状况、护理岗位设置与发展与工作任务等问题进行深入调研与讨论。同时,结合国家教育部门对护理人才培养的相关要求,明确护理人才培养目标,甄选科学的护理人才培养模式,结合护理学院自身实际协商制定人才培养方案,目前已形成了注重知识理解、技能应用与职业精神相统一的"三位一体"的护理人才培养目标与规格,并不断进行优化,将重点指向培养学生的发现问题、分析问题、解决问题等综合能力,过程中注重体现护理职业的人文性与情感性,满足护理职业需求。

(二)共同开发课程资源,凸显尚德精术

临床需求决定了课程教学内容,依据这一原则,医院、社区医疗卫生服务中心等医疗机构协同分析护理岗位典型工作任务,在协同育人理事会会议中与学校沟通反馈临床护理工作需求,校、院、社区根据临床护理需求制定课程标准,将课程内容与执业标准相衔接,结合护士职业资格证考试大纲要求,与护理岗位工作实践运用相结合,协同构建了通识教育平台、专业教育平台、素质拓展平台、医院护理模块和社区护理模块的"三平台两模块"课程体系,并且在每个平台与模块中均设置相应的护理人文关怀教育内容,培养学生的人文关怀意识。在协同育人课程资源开发过程中发现护理人文关怀教育的职业诉求与课程思政的育人理念易于形成"同频共振效应",为了进一步提升学生的人文关怀意识,校、院、社区协同育人理事会在协同培养过程中,以国家相关政策文件为指引,根据不同课

程特色联合发掘思政要素，实现护理课程体系“知识传播”和“价值引领”的有机结合，将学校课程体系拓展到“医院”和“社区”，深化校园文化和社会实践的育人功能，培养可以在复杂的医疗环境中发挥重要作用的“螺丝钉”，满足新时代人民群众日益增长的健康保健需求和护理学专业化发展的需求。

（三）共同培养师资队伍，提高教学能力

在协同育人工作中，校院社区紧密合作，加强“双师型”师资队伍建设和培养，护理教师建设以“双聘双岗，交融互动”为导向，教师具有双重身份，既是学校专任教师又是医院护理人员，既是医疗机构护士又是学校外聘教师。护理人才校、院、社区协同培养师资队伍，主要举措体现在：学校定期组织教师进行业务培训，开展教研活动，安排教师到医院、社区等卫生医疗卫生机构顶岗实践锻炼、提高教学业务能力，医院、社区等卫生医疗卫生机构在教师培训等活动中直接参与，进行新技术、新理论、新趋势等前沿知识的培训讲座与考核。同时，医院、社区等卫生医疗卫生机构选派符合护理人才培养的师资（对于学历、专业背景、工作经历要求等有明确要求）到学校进行授课，以使学生对于临床实践更深入的认识与体会。如此，各方师资相互交流与学习，进一步提升教师的教学能力。经过不懈努力，目前山东协和学院护理学院已与三级医院为主体的42家实践教学基地建立了协同合作关系，联合制定《双聘双岗制度管理规定》《专任教师对口岗位实践能力提升与岗位考核管理办法》《引进企业技术骨干岗位考核办法与津贴待遇管理办法》等规章制度，实现了护理人才培养师资队伍不断壮大，结构不断完善，整体教学能力不断提升。

（四）共同完善实训基地，对接临床需求

坚持合作共建、资源共享、互利共赢的原则，在学校已有的国家级护理学实验教学示范中心、国家级医护虚拟仿真实验教学示范中心、老年智能康养技术与装备协同创新中心基础上，与医院、社区医疗卫生服务中心等医疗机构共建、共享校内外专业实训实践基地。一是对接临床护理环境，由医院、社区等卫生医疗卫生机构根据临床护理需求提出对实训基地功能、设施、环境布置的初步规划方案，再由学校根据自身实训场地情况进行优化设计，共同制定建设方案。二是由医院、社区等卫生医疗卫生机构提供部分专用设备和技术支持，学校提供实训场地和配套通用设备，校院社区共同投资建设实训基地。三是按照临床护理要求进行布置，引入临床护理文化、管理规范、工作流程、安全管理，营造全真的护理工作环境。四是共建、共管、共享教、研、产相结合的实训基地，既为专业教学服务，又为医院、社区等卫生医疗卫生机构开展护理人员培训和技术服务，实现互利共赢。如此，实现实训基地以职场化、一体化理念，对接临床需求，实现了教学、技术服务与培训一体化。

(五)共同参与人才评价,保证育人效果

校院社区协同建立"全员参与,全过程管理,全方位评价"的"三全育人"的护理人才培养评价体系,其中,"全员参与"是指校院社区各方的相关负责人、教师、管理人员等均参与学生培养评价,"全过程管理"是指校院社区各方对学生培养的全过程均参与管理,包括课程学习、实训实践、课外活动等,"全方位评价"是指对学生的主课堂、第二课堂、见习实习等实践活动进行全面评价。学生自大一入校起。学校为每位学生建立培养档案,该档案主要用于记录学生的大学学习培养过程,其中除了记录日常的理论考试成绩、技能操作成绩外,学生在整个学习期间参与社会实践、科研等活动的表现也计入档案,该档案由校院社区共同管理评价,改变了传统以学校为单一主体进行评价的模式,促进了评价的全面性与整体性,保证了育人效果。

四、护理人才校院社区协同育人的成效

(一)突显了护理人才校院社区协同培养的育人特色

学院坚持以护理岗位需求为导向,在明确护理职业能力需求的基础上,与医院、社区卫生服务中心等医疗机构合作,引领了护理教育的协同育人方向,打造了一支"双师型"师资队伍,实现了学生毕业证、护士资格证的融合。

(二)实现了互利共赢,形成了培养护理人才的协同育人共同体

学校通过为医院、社区等医疗卫生机构提供护理人才、实践培训场所、合作科研项目等促进了其更好的发展,医院、社区等医疗卫生机构通过协同育人深入地参与到专业建设、人才培养与培训工作中,对于专业发展起到重要作用。各方深入合作,促进了师资队伍建设、教师教学能力的大幅提升,共同编制校本教材20多本,形成了培养护理人才的协同育人共同体,在教学改革中获得了3项国家级、8项省级教学成果奖。

(三)提升了学生的理论、技能、综合能力,达到了预期的育人效果

在协同育人中,校院社区各方本着学生为本、素质为基、能力为要、融合为径的教育教学理念,大力开展教学改革、就业指导、考研指导,最终取得了喜人的成绩。近三届学生护士执业资格考试一次通过率平均98.2%。省级优秀毕业生累计300余人。毕业生就业质量逐年提升,就业率平均98%以上。毕业生就业于中国人民解放军总医院(301医院)、河南省立医院、四川省人民医院、中山大学附属第一医院等全国各级各类医院,得到多家用人单位的好评,用人单位满意率达98.1%。在学生升学深造方面,学生考取中国医科大学、中央民族大学、澳门科技大学、山东中医药大学、福建医科大学等院校研究生。同时,在校生中有80%以上的学生参加社会实践、创新创业训练、科技活动和各类竞赛,获全国"互联网

十”大赛省级金奖 5 项、银奖 2 项；获批国家级大学生创新创业训练计划项目 153 项；学生发表学术论文 137 篇。

【参考文献】

[1]高远，李明建. 论专业课教师与思想政治教育工作者的协同育人[J]. 江苏高教，2016(3)：135-137.

[2]汪玲. 论健康中国建设对医学人才培养的新要求[J]. 中国大学教学，2017(2)：25-31.

[3]贾金忠，尚少梅. 护教协同背景下护理教育改革与发展[J]. 中国护理管理，2020，20(7)：961-966.

[4]胡爱招，胡野，楼宏强. 基于“医教协同”的高职护理专业人才培养路径的研究与实践[J]. 黑龙江高教研究，2019，37(1)：111-114.

[5]李惠玲，莫圆圆，李春会. 高级护理实践专业课程思政建设思考与实践[J]. 中国护理管理，2020，20(7)：966-970.

[6]王桂云，王明明. 地方本科高校应用型人才培养的逻辑思路与实现路径[J]. 中国高等教育，2019(7)：34-36.

基于深度学习法的3D混合教学模式的构建与研究

刘　浩*

摘要：中国高等教育教学的目标是培养高质量人才，而人才培养是一个复杂的系统工程，涉及的方面非常广泛，尤其“教”与“学”非常重要，而现代创新教育改革的发展趋势之一是混合式教学。在混合式教学中，不仅要指导学生“如何学”，还要指导教师“如何教”。通过以“以趣为引，借习助学”为教学活动导向，以“促深学习，拓展能力”为教学活动创设根本，以“入情入境，先学定教”为教学过程实施方法，以“科学评价，持续反馈”为教学评价模式的四条路径进行混合式教学改革，构建了基于深度学习法的3D混合教学模式。

关键词：人才培养；混合式教学；深度学习法；教学改革

一、引言

高等教育人才培养是一个复杂的系统工程。关于人才培养模式的创新应该以学生为中心，优化课程体系，对其因材施教，培养其思维能力，重视其实验实践，加强技术性、前沿性、实用性教学项目的开发应用，扩大“三创”项目的覆盖面和学生受益面，努力为地方和行业培养适应社会经济发展需要，培养具有创新精神、国际视野和良好发展潜质的可持续人才。

自从美国的培训机构提出“混合式教学”概念之后，美国培训与发展学会就将其列为教育知识领域中最重要的十大趋势之一，为国内外高等教育培养人才提供了优质解决方案。混合式教学需要重塑教学体系，在教学形式、技术、手段、评价上，充分结合信息化技术；在教学目标上，以学生为中心，充分发挥教师的主导作用，调动学生的主动性，引导其深度学习。混合式教学模式不仅符合国内外教育发

* 作者简介：刘浩，山东财经大学燕山学院创新创业教育学院教师，硕士，研究方向为创新创业教学研究、教育技术应用。

展的趋势，通过深入研究创新创业及混合式教学模式之间的内在联系，探索教师与学生、讲授与学习之间的内在联系，搭建先进的课程教学资源网络平台，构建并实施混合式教学体系，为培养高素质应用与创新型技术人才奠定坚实的基础，并在普通高等学校课程建设中起到示范和辐射作用，具有重大实践意义。

但是在混合式教学模式中，有非常多的要素需要注意，首先，例如学生的学习环境、线上与线下学习的比例等问题，也就是学习体验的问题，这个问题非常重要，甚至是混合式教学模式的核心部分。其次以“学习为导向”的教学模式，要以深度学习法为指导，并且以学生及其学习需求为中心，进行持久的教学实践，才能达到教学改革的目标。最后，混合式教学对任课教师提出了更高的要求，不仅要引导学生在自身知识和经验的基础上，对教学过程进行感受与认知，而且要让其感受到被关注，这样才能促进学生的学习。

二、基于深度学习法的混合式教学设计

现代创新教育改革的发展趋势之一是混合式教学，而混合式教学着重于“教”与“学”，即在教学活动中，不仅要指导学生“如何学”，还要指导教师“如何教”。通过以“以趣为引，借习助学”为教学活动导向。以“促深学习，拓展能力”为教学活动创设根本。以“入情入境，先学定教”为教学过程实施方法。以“科学评价，持续反馈”为教学评价模式的四条路径进行混合式教学改革，开展基于深度学习法的混合教学模式的构建与研究。

（一）以趣为引，借习助学

课程学习都是有疲倦期的，正常情况下一门课程，从第 1 周学到第 16 周，教学跨度很长，会有各种原因导致部分学生不能完整上课，达不到最佳教学效果。若此课程重点知识点较为集中，部分学生这堂课没跟上，就会导致后期学习的动力不足，进入学习疲倦期；相反，如果此课程重点知识点较为分散，学生学习就会很散漫，不能保持精力听课，从而抓不住重点章节知识点，导致学生不爱听课，进入学习疲倦期。

兴趣是最好的“疲倦解毒剂”，所以课程学习首先应该引导学生的学习兴趣。要摸清学生的喜好兴趣，并尝试借用到相关案例故事中，引导学生讨论学习，同时还要注重间隔性的引导，引发学生的兴趣，学习就不枯燥了。其次，需要唤醒学生的学习动力，学习课程最近的、迫切的需求就是考试合格，并获得一个好成绩，所以就需要明确考核内容和奖励惩罚，从课程考试办法出发，可以采取综合评价的考试办法，平时分和期末考试分各占 50%，甚至平时分更高，平时分采取积分制，累计获得分数。同时，告知学生在结课时能获得的知识与技能，建立一个清晰的课程学习成果蓝图。

根据戴尔学习金字塔理论，学习内容平均留存率50%以上的都是主动学习，其中讨论留存率50%，实践留存率75%，教授给他人留存率90%，所以要鼓励学生自主练习，可以通过“情景感知”设计课堂任务，例如学习契约、课堂辩论、案例分析，把创新思维渗透到学科中，营造轻松愉快自由的学科文化氛围，还可以适当设计拓展训练、抢红包等，为学生达成预期成果提供适宜的条件和机会，并且建立多重反馈机制，从而激发学生学习潜能，让学生学有所用，主动、批判性地整合新知识，使学生持续进步，让学生从教师引导学习，到自主无穷无尽的学习。

通过引导学生主动练习，帮助学生提升能力，让学生善于练“习”，使学生真正有所收获，才会使学生产生新一轮的高潮动力，越过学习惰性，形成良好的“学”与“习”，达到无穷无尽的深度学习（如图1）。从中心点出发，以学为引，进入第一个高潮，待学生落潮后，积累沉淀回到中心点；再以习为力，助学生进入第二个高潮，待学生落潮后，积累沉淀再次回到中心点，最终达到锻炼学生综合能力的目的。

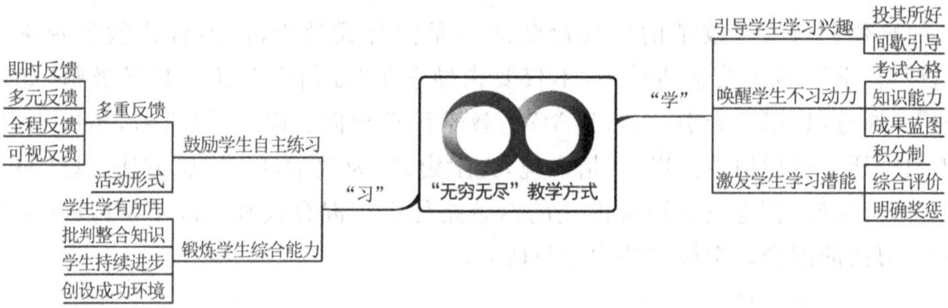

图1　无穷无尽教学方法

（二）促深学习，拓展能力

提高我国高等教育教学质量的必要途径是由浅层主导型学习转向深度主导型学习，所以要培养学生以深度理解为起点、以情境中的迁移为向导、以解决复杂问题和培养创新能力为目标的深层次学习方法。同时，深层次学习方式不仅可以优化课堂教学，促进师生合作，丰富交流互动；而且也可以转换师生角色，以学生为中心，有利于学生根据自己的习惯自主安排学习方式和时间，便于因材施教；还可以提升课程教学效果，通过合理教学模式指导、利用合适的教学技术、运用恰当的教学方法，锻炼学生高阶思维能力，点燃学生后续学习热情，提升学生综合素质。

深层主导学习法对任课教师提出了更高的要求，首先要从客观教学为重点逐步转到以教学情景感知为主，这里的教学情景感知是指学生所体验到的教学，具体是指在教师的引导下，在学生自身知识和经验的基础上，对教学过程的感受与认知。如果学生在教学过程中感受到了被关注，那么教学感知将深度促进学生的学习。但是在实际教学过程中，真正能做到关注每位学生的老师却很少，所以需要混合式教学平台辅助教师关注学生。

三、基于深度学习法的 3D 混合式教学模式设计

在混合式教学模式上，利用“翻转课堂”教学模式，设计闭环双时针的学习过程，将部分专题任务设计为课前（Deliver，任务、测验）、课中（Discuss，讨论、案例分析）和课后（Do，练习、小考）三个阶段来逐步开展 3D 混合式教学，分析学生的学习过程和结果。首先，教师借助教学平台提前发布任务及学习资源，帮助学生课前准备及预习；学生获取任务及学习资源进行学习后，可以提出自己的疑点问题，教师可以通过平台收集信息，进行学情分析，获得学生的问题。经过课前准备建立课堂基础，教师通过引导及交互，引导学生参与互动，实时反馈存在的问题，帮助学生掌握重点、突破难点问题。再经过教师整合课堂重点、难点问题发布任务，进行课后练习，让学生获取任务，强化学习反思，最后的效果评价可以清晰地反映学生的接受能力，进而巩固学生学习的成果。形成课前预习、课堂讨论、课后复习全封闭式 3D 混合式教学。从时间纬度、资源维度、学生个体和差异分析学生的学习行为，观测其状态与投入、任务与进度以及自我调控水平，从而进行干预与调整学生的整体状态。利用教学平台收集教师与学生的行为、过程和结果的数据，使其服务于师生，达到“教”与“学”可视化（如图 2）。

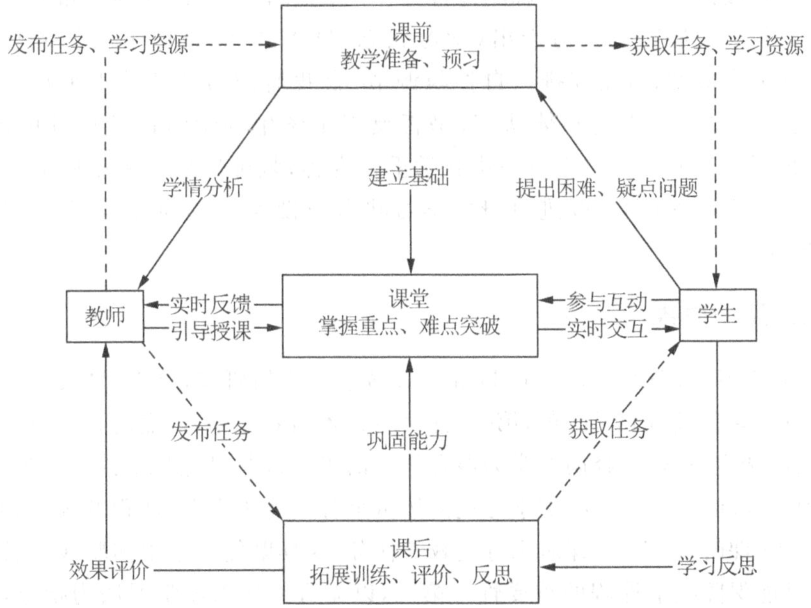

图 2　3D 混合式教学闭环双时针图

(一)入情入境,先学定教

根据学生的专业和层次,通过“以趣为引,借习助学”设计教学情境,一方面帮助学生建立班级、课程的身份感,使教师与学生有共同的路径、信念和目标,从而共建师生的“教”与“学”共同体,赋予学生更强的使命感,更受“教学感知”影响,从自身孕育的力量出发,为每位成员提供一种共享“情绪感知”,促进学生深层主导学习,从而为教育和学习赋予真正的价值感和使命感。另一方面,借助信息化资源平台提前获取当前学生的学习状态、结果及疑难点,既可以完成既定教学内容,也可以根据不同专业和层次的学生设置不同的课程计划,创建个性化学习环境,达到“因材施教”的效果,进而关注每一位需要帮助的学生。

(二)科学评价,持续反馈

科学的教学评价体系不仅要重视“学的结果”,而且要重视“学的过程”,要注意学习者过程与学习结果并重,形成多元化评价,应具备诊断、激励、评定、发展等功能并重,即评价同时完成学情诊断、投入激励、水平评定、反馈改进等功能,可以结合练习测试、行为分析等多种方法,即需要教师整合使用多种数据收集与分析方法来实现。

以教师与学生的行为、过程和结果的综合数据,进行判断与评定的教学评价体系是提高教育教学质量的重要保障,也能够较好地反映出教育教学质量,但是教学活动本身就是一个动态的、复杂的、长期的过程,所以要建立动态的、实时的、持续的反馈机制,来观测评价主体的目标是否达到,例如:知识与技能(理解与技能发展)、投入与产出(学习状态、投入度,综合产出)、任务与进度(学习任务完成度、进度安排)、自控与调节(自我监控与调节的水平),以此来确定是否干预了学生的整体状态,是否反馈了学生的学情以及后续的激励。例如,根据学生的需求确定下一步教学重点内容;教师应用结果不断调整教学方法、教学进度等;学生改进自身的学习状态与投入;学生加强知识理解与技能掌握等。

四、预期效果

通过对基于深度学习法的 3D 混合式教学模式的研究,首先对“大学生创新创业基础”课程进行教学改革,第一,针对新人才培养计划,按照混合式教学重新修改大纲选定教材,选择雨课堂为混合教学的工具进行设计教学内容。第二,针对学习体验问题中线上、线下学习比例按黄金分割比来设置,课程共 32 学时,按照线上 12 课时、线下 20 课时来分配教学任务,这样既能让学生体验线上教学的轻松,又能保障线下课程的重要性。第三,以无穷无尽深度学习法为指导,以学生及其学习需求为中心,设计教学情境,共建师生“教”与“学”共同体,使教师与学生有共同的路径、信念和目标，从而赋予学生更强的使命感，更受“教学感知”影响，从自身孕育的力量出发，为每位成员提供一种共享“情绪感知”，促进学生深层主导学习，进行持久的教学实践。第四，利用雨课堂工具收集教师与学生的行为、过程和结果的综合数据，进行动态的、实时的、持续的反馈，来评定教学评价体系，辅助教师进行下一步的课程改进。

若将基于深度学习法的3D混合式教学改革进行下去，“大学生创新创业基础”这门课程将不仅能够让学生较为全面地了解大学生在创新创业领域的发展以及创新创业领域所带来的运作方式、商业模式的变化，又能明确创业领域中创新的作用，并且能够让学生熟练相关技能的使用，例如，掌握市场调研与定位方法，选择并使用合适的平台与信息发布，选择并使用合适的网络推广方式、客户管理系统的使用等，还将学会供应链、融资与风控相关的知识。最终让学生学习主动性得以增强，学习参与度明显提高，学生个性得以充分展示，所培养的学生理论知识更加扎实，掌握深度学习法，实践能力得到明显增强，综合素质和职业素养得以显著提升，应用型人才培养质量显著提高，并能以“双创”教育平台为支撑，申请相关大创项目，在学业和“三创”方面取得突破成果。同时能辅助教师设计教学内容，增强教师教学能力。

基于传统面授教学与现代网络教学优势于一体的混合式教学，已经成为当前高等教育改革创新的重要突破口，并已经取得了不错的成绩。但是真正参与教学改革实际授课的师生受众还是较少，所以需要广大教师与学生的实施与参与。只有师生权益同体，协同努力，超越个人视野和利益，好的高等教育改革创新模式才能顺利实施。

【参考文献】

[1] 张旺，杜亚丽，丁薇. 人才培养模式的现实反思与当代创新[J]. 教育研究，2015，36(1)：28-34.

[2] 王金旭，朱正伟，李茂国. 混合式教学模式：内涵、意义与实施要求[J]. 高等建筑教育，2018，27(4)：7-12.

[3] 任军. 高校混合式教学模式改革推进策略研究[J]. 现代教育技术，2017，27(4)：74-78.

[4] 王文静. 中国教学模式改革的实践探索——“学为导向”综合型课堂教学模式[J]. 北京师范大学学报：社会科学版，2012 (1) ：18-24.

[5] 李逢庆. 混合式教学的理论基础与教学设计[J]. 现代教育技术，2016，26(9)：18-24.

[6] 谭爽. 指向深度学习的高校"混合式教学"模式构建[J]. 中国高等教育,2019(6):51-53.

[7] 张其亮,王爱春. 基于"翻转课堂"的新型混合式教学模式研究[J]. 现代教育技术,2014(4):27-32.

高校课程思政协同育人的问题及对策

尹　娟*

摘要：高校思想政治教育对促进大学生全面发展具有重要意义。本文旨在分析高校课程思政的内涵、问题及对策。首先对高校课程思政协同育人的科学内涵进行了详细解读，并对目前存在的问题进行分析，主要存在课程思政协同育人理念认识不到位、协同不到位、机制不到位等问题。以问题为导向，为高校开展课程思政协同育人教育提出了相应的对策，包括准确把握新时代高校人才培养的本质要求、强化课程思政协同育人意识、完善课程思政协同育人机制。新时代高校课程思政协同育人对提高高校思想政治的教育实效具有重要现实意义。

关键词：课程思政；思政课程；协同育人

一、引言

高校思想政治教育对引导大学生树立正确的人生观、价值观、世界观至关重要，对促进大学生全面发展具有重要意义。为此，国家先后多次下发了关于加强大学生思想政治教育的文件。党的十八大报告将“立德树人”作为教育的根本任务。习近平总书记指出，“要坚持把立德树人作为中心环节，把思想政治工作贯穿教育教学全过程”，指明高校各类课程和思想政治理论课必须坚持向同行协同建设的根本方向。教育部发布的《高校思想政治工作质量提升工程实施纲要》也提出了课程育人质量提升体系，“大力推动以课程思政为目标的课堂教学改革，梳理各门专业课程所蕴含的思想政治教育元素和所承载的思想政治教育功能”。这些文件的发布对高校思想政治教育工作产生了深远影响。课程思政协同育人是新时代赋予高校的历史使命，是对“培养什么样的人”“怎么培养人”等现实问题的积极探索和响应。在此背景下，本文对我国高校课程思政协同育人的内涵、

* 作者简介：尹娟，山东协和学院医学院讲师，硕士，研究方向为医学检验教育。

存在的问题进行分析，为高校开展课程思政协同育人教育提供一定的依据和对策，具有较强的理论和现实意义。

二、课程思政协同育人的基本内涵

过去，高校思想政治教育的主阵地是思想政治理论课，在实现“立德树人”的教育目标上发挥了至关重要的作用。而习近平总书记对高校思想政治工作提出了新的要求，把思想政治工作贯穿到教育、教学的整个过程，从而实现对大学生的全程育人。

（一）思政课程

思政课程，即高校为开展思想政治教育而设立的思想政治理论课，是对大学生进行社会主义核心价值观教育的核心课程，是在马克思主义指导下推动高校落实“立德树人”根本任务的关键课程。本科阶段，高校思政课程共有5门必修课，分别是“马克思主义基本原理”“毛泽东思想和中国特色社会主义理论体系概论”“中国近现代史纲要”“思想道德修养与法律基础”“形势与政策”，基于马克思主义理论和中国特色社会主义理论，讲授中国近现代史、思想道德和法治教育、国内外形势与党的路线方针政策等方面的内容。高校思政课程是一种德育课程，也是一种理论课程。我国高校思政课程的开展，对学生树立正确的政治观点、思想观念和道德规范意义重大。

（二）课程思政

“课程思政”将“课程”与“思政”内容有机结合，是近年来提出来的新概念，是新形势下“课程育人”的表达方式。在教育教学中，“课程思政”是“立德树人”育人理念的最好体现，其针对当前教育中存在的问题给予了积极回应，将育人提升到思想政治教育的高度，使得思想政治教育不再局限于思想政治理论课。另外，“课程思政”中的“课程”并不限于课堂教学，还包括实践活动、实验教学及课外思政教育活动。高校“课程思政”以“立德树人”作为根本任务，将课程中具有思想政治教育作用的案例、资源等引入课程中，从各个方面（课程、教学、教材、实践等）以渗透的方式打造思想政治教育体系，实现全方位育人的目的。

“课程思政”与思政课程相辅相成，将高校现有的课程作为开展思想政治教育的载体，可将其作为对传统思政课程的一种良好的辅助手段，在学生的价值引领上发挥着重要补充作用。在我国高校教育教学改革的实践中，通过对思想政治理论课、专业课程、通识课程进行定位，使思想政治理论课的呈现方式、方法不断创新，在专业和通识课程中融入思想政治教育的元素，使课堂教学成为“课程思政”的主渠道，实现全课程育人。

“课程思政”与思政课程也存在着本质的区别。在思想政治教育工作中，思政课程是显性灌输，而“课程思政”则是隐性渗透。思政课程是一种实体课程，有明确的教学目标、内容、方法等，是众多课程体系中专门用来开展思想政治教育的课程。“课程思政”也有明确的教育目标、内容、方法等，但与思政课程区分严格。“课程思政”更强调通过隐性渗透开展思想政治教育，从而实现“立德树人”的根本任务。然而，“课程思政”与思政课程的目标也是相通的，通过有目的、有计划地培养，实现课程育人的目的。

（三）课程思政协同育人

高校课程思政协同育人是新时代为达到育人目的而产生的新事物，它将“课程思政”与思政课程结合起来，实现了显性与隐性思政教育的融合。高校课程思政协同育人既要发挥思想政治理论课的作用，还要从专业与通识课程中挖掘思政资源，使思想政治教育达到育人主体、内容、机制协同，从而促进学生的全面发展。

对高校而言，课程思政协同育人是一项巨大的工程，各门课程在马克思主义理论的指导下，积极开展思政资源的隐性渗透。通过完善顶层设计，构建完善的课程思政协同育人的内容体系和框架，使课程思政协同育人在高校教学过程中充分运用。

三、课程思政协同育人存在的问题

经初步实践，高校课程思政协同育人已取得了一定的成果，但作为思想政治教育方面的新事物、新任务，还处于初级摸索阶段。同时，多元化文化背景对当代大学生价值观产生冲击，也对高校课程思政协同育人提出了挑战。从总体上说，课程思政协同育人存在的问题主要表现在课程思政协同育人理念认识不到位、协同不到位、机制不到位等方面。

（一）课程思政协同育人理念认识不到位

1.课程思政协同育人重要性认识不到位

长期以来，思想政治教育一直是党中央关注的重点工作之一。党的十八大以来，习近平总书记在多个会议中强调了思想政治工作在高校教育中的重要性，并对高校思想政治提出了明确的指导意见，教育部等相关部门也多次发文部署高校思想政治工作。然而，不少高校在贯彻落实这些重要讲话要求及文件方面存在一定偏差。通过对中管高校巡视，发现部分高校存在对党中央决策部署和党的教育方针贯彻不到位的问题，这在一定程度上反映了当前高校思想政治工作的现状。高校决策层中对课程思政协同育人认识不到位的问题在高校中较普遍。一项对江苏省 12 所高校“课程思政”协同思政课程推进情况的调研发现，高校领导层、基层管理者、教师对“课程思政”教育改革的认识还不够。

2.课程思政协同育人功能认识不到位

对于“课程思政”，高校还没有树立好“全课程育人”理念。目前，很多高校开展了“课程思政”教育教学改革，并要求开展一定的“课程思政”方面的探索。但由于高校教师及学生已逐渐形成的一种观念，把思想政治教育归为思想政治理论课和辅导员的工作，对各类课程的思想政治教育功能认识不到位，学生和教师仍将思想政治教育当作思想政治理论课的任务，各课程之间形成分明的壁垒，使各类课程同思想政治教育同向同行难度大增。再者，现有专业课程的人才培养体系弱化了课程的思想政治教育功能。专业课大多以知识传授、能力培养为教学目标，而忽视了价值引领的教学目标。

(二)课程思政协同育人协同不到位

1.主体之间协同不到位

课程思政协同育人的顺利实施需要高校各院系间、教师间、教师与学生间有效联动，才能实现协同育人的目标。但是受传统观念的影响，思想政治教育工作仍被认为是马克思主义学院的任务，其他院系因专业知识欠缺、意识不够等因素缺乏具体的规划和有效的实施方案，难以形成合力，也难以实现协同育人。专业课教师与思政课教师间缺乏有效协同，专业课教师由于本身能力及认识不足，常忽略对学生的思想政治教育。教师和学生间缺乏有效协同，降低了“课程思政”建设的实效性。有研究指出，86.8%的专业课教师认为学生思想政治教育工作不是自身职责，仅有28.1%的专业课教师将思想政治教育内容渗透到专业课教学中。

2.课程内部协同不到位

课程内部存在横向和纵向协同不到位。一直以来，高校大学生教育知识化倾向明显，尤其是高校为促进就业，向技能化、能力化转变，常因价值引领目标缺失而出现育人偏窄化。另外，一门课程有第一、二、三课堂，很多高校三类课堂没有实现贯通，使得三个课堂的协同不到位。

3.课程思政资源协同不到位

“课程思政”资源开发与应用是课程思政协同育人实施的保障，也是思想政治教育的重要要素和载体。“课程思政”的资源是十分广泛而丰富的，但是存在着资源被禁锢、重复浪费等现象，从而无法形成有效的资源协同。

(三)课程思政协同育人机制不到位

1.培育机制不到位

在高校课程思政协同育人培育机制方面，存在以下三个主要问题：首先，缺乏教师引进前的考核与培训，招聘前往往忽视对教师“立德树人”的考查，在一定程度上忽略并妨碍了教师“课程思政”意识和能力的培训。其次，缺乏教师入职后的“课程思政”培育，常导致无课程思政协同意识。最后，教师间缺乏有效沟通交流的途径，使得“课程思政”的主体交流太少，难以协同配合。

2. 保障机制不到位

高校课程思政协同育人以课程教学为主渠道，而这需要强大的组织、平台、制度保障，才能使得课程思政协同育人顺利推进。

3. 激励机制不到位

高校教师作为“课程思政”的主体，面临着众多的来自生活、工作的压力和负担，如不能妥善解决，将影响教师的教学热情，精力被分散到校外工作等。另外，除了物质激励，精神激励的缺乏对于教师持续开展“课程思政”也会起到消极作用。同时，还要考虑到教师在评价考核及晋升体系中是否有发展空间。

4. 评价机制不到位

高校课程思政协同教育的评价是对“课程思政”效果评价的依据和标准，其重要性显而易见，也是检验育人目标的主要路径。目前，各高校课程思政协同育人机制中，以初步探索为主，尚未形成完善的评价机制。并且，由于重视不足，评价的指标体系也存在缺乏科学性、方法单一等问题。

四、高校课程思政协同育人的对策

实施“课程思政”，实现高校课程思政协同育人是新时代高校的一项新政治任务，是实现新时代大学生思想政治教育改革创新的需要。因此，针对高校课程思政协同育人存在的问题，找出有效对策具有重要意义。

（一）准确把握新时代高校人才培养的本质要求

“立德树人”是新时代高校人才培养的根本要求。虽然我国一直在强调“立德树人”，但是多数高校并未准确把握其内涵和实践任务。为进一步强化“立德树人”的教育观念，“课程思政”是深化高校思想政治教育改革创新的一大新举措。这就要求高校及教师准确理解“立德树人”的内涵，通过对高校教师开展相关培训，引导教师的责任感与使命感，把握好新时代高校人才教育的要求，有效提高“课程思政”水平。同时，要求教师准确把握新时代高校育人的本质特征，把握“四个服务”的基本要求，把“培养什么人”作为教育的首要问题，明确新时代高校育人的方向和要求。另外，要求教师准确把握办学方向，坚持并巩固马克思主义在高校意识形态中的指导地位，增强教师对社会主义制度优势的认识，增加政治、制度、情感认同，增强教师教书育人、开展“课程思政”的主动性。

（二）强化课程思政协同育人意识

高校课程思政协同育人是新时代对高校课程育人提出来的新任务和新要求，为使思想政治理论课之外的各类课程发挥育人作用，协同各类课程与思想政治理论课，其关键点就在于强化课程思政协同育人意识。我们可以从实施教育教学观念变革、树立"大思政"教育观念、提高教师"课程思政"能力等方面开展行动。要改变传统思想政治教育的错误观念，必须要实施教育教学观念的变革，加强教师、管理人员、服务人员等组织对习近平总书记、中央、教育部关于思想政治教育的重要论述及有关文件的学习，明确把握高校教师的使命职责，开展教育教学理论学习，进行"课程思政"能力提升培训。在马克思主义以及中国特色社会主义理论体系基础上，对学生进行价值引领，树立"大思政"教育观念，达到全程育人、全方位育人、全员育人的"三全育人"效果。提升教师挖掘"课程思政"资源和实施"课程思政"的教学能力。

（三）完善课程思政协同育人机制

健全完善课程思政协同育人体制机制，是实现课程思政协同育人的保障。这不仅需要破解制约思政教育的不力的体制机制障碍，更需要构建完善的课程思政协同育人机制。在制度保障方面，分别从高校行政、职能部门、院系三个层面去推进课程思政协同育人的制度保障体系建设。在监督机制方面，特别是在"课程思政"实施过程中应当着力构建四个监督体系，分别是领导听课评课、督导听课评课、同行听课评课、学生课堂信息采集体系，并综合运用好教学监督信息，与教师考核挂钩，有效促进"课程思政"持续改进。有效实施高校课程思政协同育人的评价机制是高校"课程思政"的重要内容，评价的目的应立足于"立德树人"，并且要明确开展评价的目的、评级指标的构建、评级的方法等内容。

【参考文献】

[1] 周博文，赵俊爱. 高校思想政治教育"主渠道"与"主阵地"交互机制探索[J]. 思想理论教育导刊，2014(8)：102-105.

[2] 陈臣. 社会主义核心价值观融入高校思想政治理论课教育教学路径论析[J]. 辽宁师范大学学报：社会科学版，2015(2)：161-165.

[3] 王颖. 大思政理念下"课程思政"与"思政课程"的融合与改革[J]. 时代报告，2018(9)：234.

[4] 杨建超. 协同育人理念下高校"课程思政" 改革的理性审视[J]. 南通大学学报(社会科学版)，2019，35(6)：121-128.

[5] 朱正中. 专任教师参与大学生思想政治教育的现状及工作对策[J]. 江苏建筑职业技术学院学报，2013，13(3)：78-82.

“双创”教育背景下民办高校翻译人才培养探究

陈欣欣*

摘要：创新创业教育是适应社会发展，培养学生创新精神、创业意识和创新创业能力的一种教学理念与模式。高等教育与创新创业教育相融合，对于实现高等教育创新性发展、推动学科教学改革、培养全面发展的高层次人才具有重大的意义。该研究主要从“双创”教育的重要性、民办高校英语专业现状及发展需求、翻译人才素质要求及培养等方面，通过文献研究、调研等方法进行民办高校翻译人才培养的研究，以促进民办高校翻译教学，提高学生的专业素养及翻译水平，提高学生的创新创业能力。

关键词：“双创”教育；民办高校；翻译人才

一、“双创”教育对于民办高校发展的重要性

1991年，东京创业创新教育国际会议从广义上把“创业创新教育”界定为：培养最具有开创性个性的人，包括首创精神、冒险精神、创业能力、独立工作能力以及技术、社交和管理技能的培养。

在国家政策的大力支持下，民办高校得到全面迅速发展，课程体系建设、教师队伍建设、教学质量、科研水平、创新创业实践能力逐渐提升与完善。国家政策的支持有效推动了民办高校开展“双创”教育，同样，“双创”教育的开展对于民办高校专业人才的培养也起着尤为重要的作用。高校教育以习近平新时代中国特色社会主义思想为指导，全面贯彻党的教育方针，落实立德树人的根本任务，围绕学校人才培养定位，践行创新创业教育模式和理念，进一步提升学生的创新精神、创业意识和创新创业能力，培养德智体美劳全面发展的社会主义事业建设

---

* 作者简介：陈欣欣，山东协和学院人文艺术与教育学院教师，助教，硕士，研究方向为翻译理论与实践。

者和接班人。高校孵化中心的建立，为学校开展创新创业提供了有效平台，有助于高校践行科学发展观，推动了高校学科教学改革。对于学生发展而言，“双创”教育有助于培养学生的创新思维、创造能力、实践能力，促进学生综合能力的发展，促进高校毕业生充分就业。

二、“双创”背景下民办高校英语专业现状及发展需求

高等教育的目的在于培养应用型综合发展人才，高校英语专业人才培养目标在于面向经济社会发展的需要，聚焦英语专业相关行业，培养全面发展的人才。全面发展要求学生在专业素养方面掌握扎实的中、英语言基本功，厚实的英语专业知识以及广博的知识面；在能力培养方面具备熟练的双语运用能力，培养较强的学习能力、实践能力、交际能力、创新创业能力；在人文素养方面能够树立正确的世界观、人生观、价值观，具备良好的人文素养。能够把学生培养成为能够在英语专业相关岗位从事外事处理、翻译、英语教学、文化传播等工作的高素质应用型人才，以更好地服务于区域经济社会发展的需要。

目前英语专业的学生一般需要达到如下毕业要求：树立正确的世界观、人生观、价值观，具有家国情怀、社会意识，遵守职业道德规范，遵守法律和社会规则。达到国家规定的大学生体质健康标准，具有健康的体魄和良好的心理素质。掌握扎实的基础知识，具备灵活进行双语转换的能力。具备使用现代常用办公软件，基本信息技术的能力。具有较强的口语交际能力、用英语撰写材料的能力、进行文字翻译的能力。具备一定的组织管理能力、团队协作精神，具有较强的自主学习以及终身学习的意识，不断全面提升自己。

以上的毕业要求指标中，对于创新创业能力并未作明确的毕业要求，培养目标中也并未凸显学生创新创业能力的培养。英语专业课程教学一直以来较重视理论知识传授及语言技能培养，对于学生“双创”能力培养重视程度不够，主要存在以下几方面原因：

1. 英语专业的教师所做的翻译实践较少，缺乏翻译实战经验，不能够真正了解“双创”的形式及具体实施步骤，导致学生对“双创”教育及与专业结合一知半解。

2. 学生刚刚接触翻译对于翻译理论的基本知识了解不足，翻译的基本能力较差，因此为了学生能够顺利通过英语专业相关资格证的考试，教师在教学过程中比较注重翻译理论的讲解及学生基本翻译能力的训练，学生缺乏创新创业翻译实践项目训练。

3. 对于英语专业学生创新创业能力评价体系指标不具体，不能有效地测评学生的创新创业能力。

英语专业需要培养复合型人才，目前各国在共建人类命运共同体的过程中，必然存在交际活动，而国家间的交际活动需要以翻译作为媒介。随着国家间合作趋势的增强，各类行业对翻译人才的需求增加，同时对翻译人才质量要求也不断提高。虽然目前市场上的翻译人员众多，但是能够承担高层次翻译任务的人才却非常少，能够具备自主创业能力的译员也只占一小部分。因此，高校的教学工作应该立足于实际，有意识地培养学生的创新创业意识与能力。

三、“双创”背景下翻译人才素质要求

随着国际合作的日益密切，翻译岗位对翻译人才的质量提出了更高的要求，在李克强总理提出“大众创业、万众创新”的时代背景下，民办高校翻译专业应以培养具备较高的人文素养，较强跨文化交际能力、实践能力、“双创”能力、就业能力和自主学习能力的高素质应用型人才为目标。因此，要成为一个合格的译员，翻译人才需具备更高的素质要求。

1.掌握扎实的语言知识，学生需要加强对基础语法、词汇、句子的掌握，熟练运用词汇、各种句型。

2.广博的文化知识，包括经济、社会、历史、文化、风俗、宗教等。

3.掌握一定的翻译技巧，学生能够灵活运用翻译技巧，准确翻译各类材料。

4.具备双语表达及写作能力，翻译不是简单的双语转换，更是一种艺术创作的过程。

5.具备一定创新思维、思辨能力，能够胜任翻译岗位工作，具有创业意识，以达到高层次翻译人才的要求。

四、“双创”背景下民办高校翻译人才培养

创新创业教育应融入英语专业教学及人才培养的全过程，以立德树人根本任务，依托英语专业，实现德智体美劳“五育并举”。在培养学生掌握基本的英语语言应用能力及厚实的专业知识的基础上，进行教育思想创新，转变教育理念，有意识地培养学生的国家意识、社会责任感，培养学生的“双创”意识与能力。英语专业培养人才的目标在于培养具有“双创”能力的翻译人才，推进英语专业人才培养模式和课程体系改革，不断提高翻译人才培养质量。

1.“双创”教育可纳入英语专业人才培养方案及课程建设体系建设，体现一定的学分，开设必要的课程，实现创新创业项目与英语专业翻译教学的有效融合。积极推进翻译人才培养模式的改革，及时更新教学材料，优化教材内容，深化英语专业课程体系建设。并通过课程内容的教学，提高学生的国家意识、社会责任感，引导学生树立正确的世界观、人生观、价值观。

2.积极对英语专业教师开展英语专业相关的创新创业教育培训，引导专业教师将科学研究与“双创”教育实践相结合，提高教师的科研水平。出台一定的政策奖励专业教师在“双创”教育方面完成的任务及获得的成绩，不断提高专业教师创新创业教育的意识和能力。聘请英语行业相关企业人才、专家学者等作为兼职教师，来校教授创新创业课程。高校应该从各方面给予一定的政策支持。

3.开展创新创业实践活动。积极开展实践教学是提升英语专业学生翻译能力的一种有效手段，引导学生积极参与英语专业相关的全国大学生英语竞赛、高校英语挑战赛、科技英语大赛等竞赛活动，提升英语专业学生知识的综合运用能力，鼓励学生学习掌握多元化知识。鼓励学生积极参与创新创业大赛、“互联网+”大赛等，并积极申报英语相关的项目，通过参与项目，提升学生的创新思维能力、创新精神以及创业实践能力。

4.利用校内外实践、实训基地，尽可能为学生提供实践实习机会，培养学生的创新创业能力。各大高校也应积极在校内建立大学生创业实习基地、孵化中心，并推行一系列举措，结合实际为大学生创业提供便利场地、资金支持、创业培训指导等。同时，还应建立完善的大学生创新创业公共信息服务部门，及时发布相关政策及各类相关信息。大学生应该充分利用学校的政策优势，寻找英语专业相关的创业机会，培养个人创新创业能力。此外，除了校内实训，大学生应充分利用校外实习实训的机会，认真学习，汲取经验，熟悉英语专业领域就业知识，为个人创新创业提供引导。

5.积极推进产、学、研相结合。高校应加强创新创业教育理论与实践的研究，定期召开创新创业交流会，积极为学生提供咨询与指导，协助解决学生创新创业项目中的困难。“双创”教育要以中国特色社会主义体系为方向指引，践行科学发展观，推动实践与科学研究并行发展。立足民办高校英语专业建设，逐步探索，形成符合英语专业人才培养体系的、切实可行的创新创业教育发展思路，指导英语专业创新创业教育教学改革的发展。

6.建立健全“双创”实践跟踪体系。高校要建立一套完备的创新创业教育教学质量跟踪体系，建立数据库，录入学生创新创业项目信息，跟踪学生“双创”项目的实施及完成情况，把英语专业学生创业成功率和创业质量作为评价英语专业创新创业教育的重要指标，以此来指导英语专业创新创业教育教学，完善适应英语专业学生发展的“双创”培养体系，在“双创”背景下提高学生的翻译实践能力，培养高素质翻译人才。

五、结语

高等学校的教育目的在于培养高素质应用型人才，因此英语专业的教学不能仅限于基础理论知识教学，也要把创新创业教育和大学生自主创业工作纳入英语专业教学体系，培养符合社会需求的高素质翻译人才，提高翻译人才的人文素养，实现中国文化“走出去”，对外讲好中国故事。高校应积极整合各方面资源，统筹创新创业教育与培训、基地建设、创业指导服务等各项工作，为大学生创新创业提供项目扶持。通过组织多样化的活动，培养学生的创新创业意识，激发学生的创业热情，引导学生树立正确的世界观、人生观、价值观，树立科学的创业观、就业观。

【参考文献】

[1]教育部关于大力推进高等学校创新创业教育和大学生自主创业工作的意见(教办〔2010〕3号)[Z]. 2010年5月4日.

[2] 贯丽丽，王欣欣. 地方本科院校创新型翻译人才跨专业融合培养研究[J]. 吉林广播电视大学学报，2019(3):24-25.

[3]江曼. “双创”教育背景下翻译专业的人才培养探讨[J]. 福建茶叶，2019，41(1):191-192.

[4] 徐明玉. “双创”教育背景下翻译专业的人才培养策略——以课程改革为视角[J]. 开封教育学院学报，2018，38(8):116-117.

医学美容技术实践中“小助教模式”的研究与探索

延晓雪*

摘要：传统医学美容技术专业实践教学模式是“教师演示—学生实践—教师指导”的三阶段实践教学模式，主要以教师示范为主，不能更好地体现学生的主体地位，没有很好地与行业岗位接轨，无法满足通识教育的需要。为此，笔者提出了“小助教实践教学法”，选择动手能力、沟通能力、责任心强的学生做“小助教”，上课时先由教师示教，再由“小助教”演示，让同学指出错误和不足，然后由教师补充、纠正再作总结。利用“小助教”的传、帮、带作用，调动了大多数学生学习的主动性和积极性，以此激励学生主动参与，提高了学生的实操教学水平。

关键词：医学美容技术；小助教；实践课

随着经济的快速发展，人们的求美意识不断提高，医学美容行业需要越来越多的专业人才，而对学生的专业技术要求也越来越高。在这种形势下，山东协和学院医学院不断加大实训教学的软、硬件基础设施建设，改变教学模式，全力进行项目式教学，努力培养出理论知识扎实、操作技能强的实用型技能人才。为此，我们必须找到一个新的适合医学美容技术专业实践教学的教学方法，使其发挥积极作用，提升学生的积极主动性，提高高职的实践教学水平，进一步推动“师生共同体”的塑造。

教学过程是师生合作互动的过程，教师和学生都是教学的主体，成功的教学活动必须有学生的积极参与。传统的医学美容技术专业实践教学模式是“教师示范—学生实践—教师指导”的三阶段实践教学模式，主要以教师示范为主，不能体现学生作为教学主体的地位，不能适应现代美容产业和通识教育的需要。

---

* 作者简介：延晓雪，山东协和学院医学院教研室主任，助教，学士，研究方向为医学美容技术。

为此，笔者提出了“小助教教学法”，在这个教学过程中，学生转变自身，主动参与教学，完成知识、技能和情感的整合与建构。

一、“小助教模式”的实施过程

（一）“小助教”的选拔

在医学美容二年级的第一学期，鼓励热爱专业、勤奋学习的学生加入“小助教”队伍，严格选拔，为“小助教”团队储备新鲜血液。学生报名后，将接受两轮测试，第一轮为面部护理理论皮肤测试，第二轮为面部护理测试。通过两轮选拔，教师在教学培训系统的指导下，经过再培训理论和操作的双重考核，考核均达到95分以上，确定为“小助教”队员。

（二）“小助教”的培养

小助教培训是学生真正成为“小助教”的关键一步。小组备课要求“小助教”在每次实习课前预习相应的内容，与教师一起备课，熟悉操作要点、难点和注意事项，对应的操作也应基本掌握。在备课过程中，教师应重点对小助教进行技能培训。首先，让小助教看手术录像。在循环播放视频的情况下，小助教应反复练习，在教师的指导下，直到充分掌握项目操作要点，通过考试后和教师一起进入课堂操作教学。

（三）课堂实施

在集中式教学中，任课教师系统地讲解护肤技能操作训练的目的、手术前的准备、操作步骤和注意事项，通过示范，使学生熟悉操作流程，掌握操作要领，让学生对护肤技能操作有基本的了解。此时，要求“小助教”必须认真听讲理论课，示教时积极配合任课教师充当模型及回示，让学生指出错误和不足，由任课教师进行补充、纠正后作0。在小组实习阶段，由几名“小助教”分别指导每个小组和教授学生操作。当学生遇到与操作和理论知识有关的问题时，他们会与小助教讨论。小助教和学生一起解决问题。如果他们发现自己很难解决问题，他们可以向老师寻求帮助。此外，“小助教”还负责对学生开设实践课进行培训指导，准备和管理实践对象。

（四）课余加强

“小助教”依托开放实验室项目，利用课余时间、第二课堂开放时间，鼓励需要实践的同学，进入实验室进行技能培训。在任课教师不能到场时，均由“小助教”认真辅导，训练完毕后，及时将学生的练习情况进行总结汇报，任课教师也进一步了解了学生的需求及教学中存在的问题，从而有利于加强自身的教学工作，提高教学质量。这两个方面的结合也促进了教与学的相互成长。

二、“小助教模式”的实施成果

(一)“小助教模式”在教学过程中发挥辅助教学的作用

随着医学美容技术专业规模不断扩大,学生人数也逐渐增多,课上时间,任课教师无法做到针对每一位同学手把手教学,只能保证共同存在的问题统一讲授,针对性较差,而“小助教”自身在经过培训后,可以帮助学生解答遇到的操作及理论知识的相关疑问,以此避免出现更多的问题。面对“小助教”,学生会更积极地思考,更大胆地向“小助教”提出问题。“小助教”为了帮助学生回答问题,必须参与思考和回答问题,或者与学生进行讨论,这有助于在勤于思考、乐于讨论和互相帮助的学生之间形成良好的学习氛围。

同时,授课教师只能保证课上的时间高质量讲授和演示,而课后对学生自主练习的监督力量不够。“小助教”负责自主实操练习的辅导,在一定程度上填补了教师的空档,起到了辅助教学的作用,进一步促进“师生共同体”的组建。

(二)“小助教模式”实现了学校与职场的无缝对接

在培养“小助教”的过程中,根据“小助教”的特点,在学校美容院相应的岗位上安排合适的岗位,建立真实的工作环境,使实际工作与学生的实际就业紧密结合,有利于学生适应就业市场的需求,发挥真正才能,实现为社会服务的更高职业教育目标。

(三)“小助教模式”在提升学生综合素质方面的作用

“小助教”带教模式有利于提高学生的语言表达能力,有利于提升自己的综合能力,“小助教”在学生提出问题中,也能再次了解自己在操作及理论中的不足。当然,授课老师要赋予每个学生成为“小助教”的机会。学生们不仅互相学习,而且相互竞争,良好的竞争关系可以有效地提高学生的能力,以此培养“小助教”的责任感和教学热情,使他们把教学当作一种责任,并从经验中感受作为教师的幸福感和成就感。

通过“小助教”参与实践教学指导,使学校生产性实训基地的实际岗位服务于客户,促进了“小助教”与教师、学生和服务对象的沟通。在这个过程中,“小助教”积累了经验,综合素质明显高于其他学生。经过后期统计,“小助教”在实习期,单位的认可度普遍高于普通同学。

(四)“小助教”参与技能大赛获奖率更高

为了进一步加强学生技能训练,和全国医疗美容技能大赛对接,医学美容技术专业举办了校内“皮肤管理操作大赛”“中医推拿操作大赛”“彩妆大赛”等,取得良好成绩的选手均都来自“小助教”团队。由此可见,“小助教”团队成员针对理论和操作的掌握程度比普通同学更强。

三、“小助教模式”的问题及对策

教师很难指导和纠正每个学生的操作细节，使其达到操作标准。在医学美容实践课程的教学改革中，医学美容专业从学生中培养“小助教”，使他们能够与教师一起承担实践任务。“小助教”培训后还可以总结具体情况，反馈给专业教师，使教师能够及时了解学生技能的欠缺，并在课堂上加强，可以基本解决实践课时少等问题。由于医学美容技术专业的特性，目前“小助教”模式的开展存在备课不够充分、关键点掌握不够准确、面对同学讲述比较紧张、课后反馈不够及时、个别同学责任心不强等问题，特提出以下对策：

（一）授课教师要对学生有充分的了解，选好“小助教”

这就要求教师在日常教学过程中，注意观察和了解学生。如果“小助教”选择不当，不仅不利于教学，而且会对课堂纪律和教学效果产生负面影响。新生可由学生自愿申请，结合入学成绩、军训期间的表现，在入学后由班主任和教师观察等综合表现进行选拔。高年级学生可以考虑他们的综合分数、老师的评价和班级同学的反馈。

实践中发现，教师不需要对每个助教进行自始至终的培训。只要培养出第一个助教，后来的助教就可以采用“新旧结合”的模式，由前任助教进行培训，教师只需要解决学生在适当的时间和具体的培训中无法解决的问题。

（二）课前集中备课，增强“小助教”自身专业能力

“小助教”课前准备是否充分，直接关系教学的成败，是“小助教”实践教学体系中最关键的环节，也是培养“小助教”动手能力的最佳时机。所以，小助教要对操作中的重点、难点及注意事项均要熟知，对相应的操作也要基本掌握，在授课教师的指导下直至完全掌握操作项目的要点及关键点才可安心一起进入课堂教学。

（三）建立适当的课堂激励机制

研究表明，当一个人没有动力时，他的表现能力只有20%～30%，如果他有足够的动力，他的表现能力只有80%～90%。在学生发言积极时，对于一些一般性、普遍性的回答，给予相应的肯定就可以。对于具有创造性的、引导性且能够开启学生状态的优秀表现给予更多的鼓励，只有这样才能激励学生不断进取。在课前备物、课后整理、课上指导、开放练习、考前练习中均要发挥“小助教”的带头作用，在学生发言不积极时，用“民主”激励学生，鼓励个性表达，授课过程中可以用语言激励，也可以用加分制激励。

（四）形成完备的监督评价制度

对学生的监督和评价能够有效地监控“小助教”的教学质量。首先需要我们

充分调动全体学生及班主任共同参与教学评价，全面了解学生对小助教授课的意见和建议。此时，不应该只让少数学生成为"小助教"，这容易让"小助教"有一种"骄傲感"。其次需要将意见和建议反馈给"小助教"，帮助其改进教学工作中的不足，提高实训教学质量，以便下次改进，也可以作为其他"小助教"参考学习的有效材料。

四、结语

随着教学改革的不断深入，医学美容专业的实践教学模式也在不断更新，使学生在实践过程中得到全方位的锻炼。"小助教"教学法的应用是有效的，值得推广。这也符合高校师生共同体向以学生为中心、师资协助模式的转变，符合高校教育育人的原则。"小助教"模式是对实践教学改革的探索，是根据学生特点进行分层教学的尝试和创新。学生积极参与实践教学，不仅提高了自身素质，而且提高了专业实践教学质量，为社会培养了更多的高素质技能型人才。

【参考文献】

[1]杨志萍."小老师模式"在实践教学中的探索——以湖北职业技术学院医学美容技术专业为例[J].科技视界,2020(5):65-66.

[2]杨莉莉,欧阳国莲,孟敏娜,刘森."小老师"在基础护理学实训教学中的作用研究[J].卫生职业教育,2015,33(11):79-80.

[3]刘幸福,蔡望,肖林,吴元喜,朱敏,刘凌.论"小老师"实验教学模式的优越性与可持续发展[J].高校生物学教学研究(电子版),2014,4(2):44-47.

[4]裘兴梅,马小琴,谷娟娟.护理学基础实践教学的环节综合优化与实践[J].中华现代护理杂志,2011(3):278-279.

战略性新兴产业发展背景下高校科技人才培养对策研究[*]

王明明[**]

摘要：教育内外部规律理论、能力本位教育理论对高校人才培养起着重要的指导作用。产业转型升级与高校人才培养之间存在密切的互动关系，然而，学科专业结构布局与战略性新兴产业结构布局契合度不高、人才培养模式与战略性新兴产业科技人才规格需求匹配度不高、育人机制与战略性新兴产业科技人才能力需求适切度不高等因素掣肘科技人才培养，依托战略性新兴产业发展，调整学科专业布局；优化教学内容和课程体系，革新科技人才培养模式；依据战略性新兴产业对科技人才需求，健全产教融合育人机制，以促进山东高校科技人才培养。

关键词：战略性新兴产业发展；科技人才培养；对策

一、科技人才协同培养的必要性分析

教育内外部规律理论、能力本位教育理论对高校人才培养具有重要指导意义，从这些理论视角分析产业转型升级与高校人才培养之间的密切关系，得知科技人才协同培养具有必要性。

（一）教育内外部规律理论视角的分析

教育规律是教育科学研究的永恒主题。教育内外部规律理论是20世纪80年代由我国高等教育学奠基人潘懋元先生提出。该理论核心观点为，教育必须与社会发展相适应，即教育一方面受社会政治、经济、文化所制约，高校应依此调

---

* 基金项目：山东省重点研发计划（软科学项目）“山东省战略性新兴产业背景下科技创新人才培养路径研究”（2020RKB01298）的阶段性成果。

** 作者简介：王明明，山东协和学院社科处处长，副教授，硕士，研究方向为高等教育、教育管理。

整教育目标、专业设置、课程构建；一方面教育又必须为其服务，体现人才培养的属性。随着时代发展，潘懋元先生对该理论进一步深化与发展，提出生产力与科技发展是制约教育的关键因素。教育内外部规律理论揭示了高校与社会环境之间的互动关系，要求教育必须在遵循学生发展基本规律的基础上，依据社会经济发展需求，动态调整专业结构，优化育人模式，革新课程内容与教学方式方法，以培养契合社会经济发展需求的人才。运用教育内外部规律研究分析产业结构演进背景下科技人才培养的问题，对于深化科技人才培养改革，促进人才培养与区域产业结构之间建立良性互动，起着重要的指导作用。

（二）能力本位教育理论视角的分析

美国心理学家本杰明·布鲁姆（Benjamins Bloom）于 20 世纪 60 年代提出了“能力本位教育 ”（Competency Based Education，CBE）理论 。该理论注重通过学校与行业企业的密切合作，以此提高人才培养质量。学校与行业企业的合作内容涵盖细分职业角色、强化岗位职业能力以及全面素质的培养。能力本位教育理论揭示了校企合作、实践教学的重要性，高校应与行业企业密切合作，共同育人。在实践教学环节，增加学生进入企业、参与生产过程的机会，在真实的工作场景中学习，切实提高岗位职业能力，另一方面，有助于学生在实际操作过程中发现问题，经过认真思考独立解决问题，锻炼学生分析问题以及解决问题的能力，增强学生进入职业岗位的胜任力。

二、战略性新兴产业发展背景下山东高校科技人才培养的困境剖析

从山东经济发展来看，山东高校为区域经济发展培育了大量人才，在山东区域经济发展中发挥了重要作用。然而，随着山东战略性新兴产业发展以及各项政策文件的出台，山东高校科技人才培养实践中存在着诸多难以有效契合的地方。

（一）学科专业结构布局与战略性新兴产业结构布局契合度不高

学科专业建设难以契合产业转型升级发展需求，主要体现在专业结构布局与战略性新兴产业发展适应性不强。山东高校专业设置与新兴产业（行业）有关的专业布点不足甚至存在布点空白的现象，难以有效培养契合战略性新兴产业发展的科技人才。

（二）人才培养模式与战略性新兴产业科技人才规格需求匹配度不高

战略性新兴产业的发展势必对科技人才素质结构的要求不断提高，然而，高校在人才培养中重理论轻实践的培养模式，不利于学生在实践教学中锻炼与培养实践动手能力与解决问题能力，难以培养出契合战略性新兴产业发展的科技人才。部分高校因对战略性新兴产业发展所需的科技人才具体需要具有的哪些

知识与素质的研究不足，致使人才培养目标与规格难以契合战略性新兴产业发展需求，人才培养目标不够精准。

（三）育人机制与战略性新兴产业科技人才能力需求适切度不高

产教融合育人是科技人才培养的必要形式，然而，校企之间并未真正实现产教融合，校企合作领域广延度不高、合作育人机制有待优化。产教融合育人观念有待进一步加强。高校与企业的合作还存在一定的盲目性，不管是高校还是企业，对于双方合作的目的与意义以及实质内容的理解与实施都有待深入探索并明确把握。另一方面，高校与企业因主体不同，在育人理念上存在一定差异，也导致在育人行为上一致性不高。

三、山东省战略性新兴产业背景下高校科技人才培养对策选择

经济区域化发展以及产业转型升级，促使高校发展与产业发展之间的影响日益密切，山东省战略性新兴产业发展，为山东高校科技人才的培养提供了新的机遇。

（一）依托战略性新兴产业发展，调整学科专业布局

产业结构的优化升级，必然带来技术结构和就业结构的改变，山东高校在专业建设过程中必须主动顺应，契合战略性新兴产业发展。

1. 树立适应区域产业转型发展的意识，优化专业结构布局

山东高校应在战略性新兴产业背景下，依据服务社会经济发展、区域产业发展的定位，结合学校发展战略性规划，优化调整专业设置，进而增强专业口径与职业岗位的契合度，增强科技人才培养的适切性。高校专业结构布局调整必须与行业产业、职业岗位有效对接，因此，应以战略性新兴产业为背景，兼顾适应社会经济、行业产业发展以及学生专业成长的需求，不仅开设契合行业产业结构变化的专业，也应设置具有一定前瞻性的专业，以引领行业产业发展，与此同时，还应整合优化自身资源，依据产业集群，促进专业间的相互扶持与支撑，发挥专业集群的整体优势，不断调整优化专业结构。

2. 坚持差异化发展战略，推动专业建设持续发展

在科技人才培养过程中，差异化发展战略主要体现为，适应战略性新兴产业发展需要，逐步进行差异化定位，发展自身的比较优势，避免人才培养的同质化恶性竞争。依据社会经济发展、行业转型升级需求，充分调研人才需求状况，科学进行专业预测和规划，既要注重专业建设的前瞻性，又要兼顾专业新的增长点。加大力度扶持具有潜力的新兴专业；调整优化发展相对弱势的老旧专业；通过政策倾斜以及资源配置优化等措施，强力凸显优势专业以及特色专业的建设，着力打造品牌专业，实现专业建设可持续健康发展。

(二)优化教学内容和课程体系,革新科技人才培养模式

山东高校应依据产业结构转型升级发展需求,设置契合行业产业、岗位需求的教学内容及课程体系,革新育人模式,全面提高科技人才培养质量。

1.优化教学内容及课程体系

在优化教学内容的基础上,合理规划应用性课程体系,不仅注重对学生基础理论知识的教授,也要注重拓宽学生相关专业的知识面,另一方面,要将理论教学与实践教学并重,避免重理论轻实践,科学设置教学环节中实践教学学时、学分比例,加强学生技能训练的系统性,充分发挥实践教学在科技人才培养中的教育功能,切实提高学生实际动手能力、解决问题的能力以及综合应用能力。

2.革新人才培养模式

山东高校应在战略性新兴产业背景下,增强校企合作,打造以就业为主导的育人模式。首先,订单式培养模式。高校依据行业企业对人才技能规格以及数量的需求,量身定做,与企业合作共同制定培养方案、编写教材、进行课堂教学以及实习、实训指导,进而协同确立学生考核标准,以增强科技人才培养与职业岗位的对接,促进科技人才培养的适切性。其次,定向多岗培养模式。该模式的主要特点是高校与数个合作企业共同制定人才培养模式、培养规格以及标准,使教学培养的人才能够适应与所学专业相近的数个岗位的相匹配。这不仅提高了科技人才培养的效率,也能有效拓宽毕业生的就业面。

(三)依据战略性新兴产业对科技人才的需求,健全产教融合育人机制

在战略性新兴产业发展背景下,高校必须依据产业行业发展布局,契合产业转型升级对人才的要求,健全产教融合育人机制,将教学与生产实际有机融合,从而提高人才培养的适切性,进一步推动经济发展。

1.构建产教融合育人的管理机制

第一,实现产教融合育人,重点应构建产教融合育人的动力机制。即持续提升高校与企业、科研院所内部利益和发展方向的一致性,高校提升人才培养质量,企业与科研院所产出高质量产品,提高各自的竞争力,促进各方主体发挥自身主动性,优势互补,实现各自的目标追求与发展需求。第二,强化合作育人管理制度。产教融合育人由不同的主体构成,因此,通过相应制度协调各方利益尤为重要,主要包括领导机构的设立,教学、科研、成果转化、生产营销等方面的责权的规定与限制,明确各个主体的利益风险,维护各个主体的权益,实现产教融合育人。

2.完善产教融合育人的方式

第一,完善产教实习基地,高校与企业、科研院所通过签订关于人才培养、科研以及成果转化、生产运行等方面的协议,确定各方责权,共同建设与运行。第

二，校企联合建实验室，提高科技人才的实际动手能力和综合能力，也有助于企业通过实验室平台将科技成果转化为生产力。第三，校企合作建立工程技术研究中心，通过科研项目的深入研究与探索，产出重大科研成果，为社会与企业创造经济效益和社会效益，同时，高校教师也在科研工作中提升了科研素养与水平，进而促进教学工作以及人才培养。

【参考文献】

[1]杨月坤，查椰. 国外科技人才评价经验的启示与借鉴——基于英国、美国、德国的研究[J]. 科学管理研究，2020，38(1)：160-165.

[2]张炜，王良，钱鹤伊. 智能化社会工程科技人才核心素养：要素识别与培养策略[J]. 高等工程教育研究，2020(4)：94-98+106.

[3]李敏，郭群群，雷育胜. 科技人才集聚与战略性新兴产业集聚的空间交互效应研究[J]. 科技进步与对策，2019，36(22)：62-73.

优秀青年人才脱颖而出的培育路径研究

邓晓阳*

摘要：青年人才攸关国家科技创新长远发展，决定未来科研人才队伍结构合理性。本文通过剖析优秀青年人才脱颖而出面临的人才评价机制不完善、制度性配套滞后等困境，展开优秀青年人才特征与成长因素分析，为构建优秀青年人才脱颖而出的培育路径提供政策制度、环境条件等方面的建议与对策。

关键词：青年人才；脱颖而出；培育路径

一、优秀青年人才脱颖而出面临的困境

中共中央办公厅《关于深化人才发展体制机制改革的意见》指出，破除论资排辈、求全责备等陈旧观念，抓紧培养造就青年英才，同时需建立健全对青年人才普惠性支持的措施，加大教育、科技和其他各类人才工程项目对青年人才培养支持的力度，促进青年优秀人才脱颖而出。但目前存在不同科学领域青年人才发展不均衡、青年人才梯队断层等问题。出现人才队伍青黄不接的原因是什么？如何才能有效改变人才断层的局面，形成适应国家发展战略的人才结构，构建有利于优秀青年人才脱颖而出的培育路径成为亟待解决的问题。

目前对青年人才方面的研究主要聚集在人才的流动、培养、激励、评价等方面，为本论文奠定了良好基础，针对青年人才培育的机制或路径方面的研究较少，针对性不足，优秀青年人才脱颖而出的培育路径研究急需展开。只有正确把握优秀青年人才培育的困境，了解优秀青年人才特征与成长因素，才能为青年人才培育提供针对性的、有助于其成长和发展的措施，帮助优秀青年人才更加全面深入地为社会创造价值。

（一）优秀青年人才评价机制不完善

当前，全球人才竞争格局正在发生深刻变化，人才竞争已经不限于地域区位

---

* 作者简介：邓晓阳，山东协和学院社科处，硕士，研究方向为高等教育、教育管理。

优势的吸引，更不只局限于单纯的薪酬待遇比拼，而是日益演变为国家与国家之间人才制度优势的角逐和较量。青年人才为知识创新和应用作出重要贡献，为国家科技创新长远发展奠定了良好基础。但“唯论文、唯职称、唯学历、唯奖项、唯帽子”的人才评价机制的运行，导致高校中青年人才错位、缺位的问题时有发生，不符合青年人才的内在追求，不利于真正的知识创新。

（二）优秀青年人才制度性配套滞后

优秀青年人才，尤其是刚入职的青年人才，工资水平没有那么乐观，并且承担着各种沉重的生活压力，如老人赡养、孩子教育、车贷和房贷等，在多重生活压力下有谁还能够做到“淡泊明志，宁静致远”？随着综合国力不断提升，我国对优秀青年人才的吸引力逐渐增强，但与发达国家相比，在子女教育、医疗卫生、生活环境等领域的制度性配套建设还存在一定的滞后性，成为优秀青年人才长远发展的重要障碍。

二、优秀青年人才的特征与成长因素

优秀青年人才的特征是青年人才内在本质的外在表现。明确优秀青年人才的特征是响应社会发展要求的重要举措，也是加强青年人才培养的基本前提。而对优秀青年人才成长因素的分析也是当前优秀青年人才管理工作的实际需求，对优秀青年人才培育与发掘、人才管理机制的规范及促进青年人才脱颖而出具有重要意义。

（一）优秀青年人才的特征

在优秀青年人才现状分析的基础上，从典型案例中的高校、企业与科研机构中选取部分优秀青年为对象，运用定量分析与定性分析相结合的方法分析优秀青年人才的特征，为优秀青年人才培育提供指导。分析得出优秀青年人才除具备对国家、民族有强烈的责任感、使命感和献身科学的精神等非智力因素特点外还具有以下五个方面的显著特征：全球视野、渊博知识、创新精神及能力、带动性、预见性。

优秀青年人才面对的不只是国家、民族的问题，还有世界性的问题，因此他们不应仅站在民族、国家的立场上思考问题，还应具备放眼世界的思想和气度；除具备扎实的学科知识之外，还要具备较好地中、外文文字叙述与表达、分析和综合能力，做到知识结构合理且全面，特别是对跨学科、多学科交叉、边缘学科和综合学科知识的掌握；创新精神与能力是优秀青年人才发展的动力，他们在不断的知识积累与实践中，寻求新的技术方法，运用新的研究视角和思想，推陈出新；他们更乐于参与团队的科学研究，在稳定研究的基础上，形成学科交叉与优势互补，对相关学科领域研究团队的形成、后备力量的培养起到积极的推动作用；复杂的社会发展环境要求优秀青年人才对于时代发展趋势与学科发展前景作出预测，来指导自己的研究工作，所以要求优秀青年人才看待问题的角度要更深、眼光要更远。

（二）优秀青年人才的成长因素

为了提炼影响优秀青年人才成长的影响因素，通过实证分析得出社会环境制度、创新文化、管理体制机制、科研环境因素、科研支撑因素及福利待遇因素等外部因素，动机、教育背景因素、工作价值观、科研道德因素等内部因素对优秀青年人才成长因素产生了影响。因此，在优秀青年人才的培养和管理过程中，必须高度重视内外部影响因素的作用，激发内部动力的同时营造良好的外部环境，才能为青年人才的发展提供可靠的保障与支持。

三、优秀青年人才脱颖而出的培育路径

青年人才成长能否适应社会经济发展需要，密切关系人才自身的知识进步和能力提升，也关系整个国家的科技进步质量。为了改善人才队伍出现青黄不接、人才断层的局面，解决人才队伍的年龄老化和后继力量不足问题，只有构建优秀青年人才脱颖而出的培育路径，才能排除种种压抑、束缚青年人才成长的内外部因素，创造一种有利于青年人才脱颖而出的社会环境。

（一）优秀青年人才脱颖而出的政策制度

优秀青年人才脱颖而出需要良好的制度保障，人才遴选、人才自荐、人才培训等制度的完善，有助于青年人才在适合自己的岗位上人尽其才，发挥最大价值。人才遴选制度要求按照岗位的能力素养标准，设定人才遴选标准，将最适合的人才安排到最适合的岗位上。人才自荐制度突破刚性的人才聘用制度，通过自荐将优秀青年人才的优势与特色充分地发挥出来，拓宽识人渠道，拓宽人才脱颖而出的路径。人才培训制度可以提升青年人才的实践能力与知识素养，有利于拓宽晋升途径，增加青年人才的选择。优秀青年人才的成长离不开政策的支持与帮助，需要在政策的引导下，最大限度地保障其脱颖而出的途径，发挥政策在高等教育中人才培养和社会服务的功能。

（二）优秀青年人才脱颖而出的环境条件

青年人才需要尽早独立地开展科学研究，但其掌握的学术资源相对较少，面临的生活压力较大，为青年人才提供基本的生活保证，逐步改善薪酬待遇是必不可少的策略。为了给青年人才更广阔的发展空间，满足其发展的需求，为其营造良好的学术氛围和科研环境，也是不可或缺的手段。将优秀青年人才培养和优秀青年人才成长需求相匹配，最大限度地为优秀青年人才脱颖而出提供环境保障，才能保证各类有才能的优秀青年人才各尽其才、脱颖而出。

知识经济时代青年人才成为重要的创新力量，通过政府的政策激励帮助青年人才快速成长，不仅是科技发展的宏观要求，也是青年人才发展的内在要求。目前优秀青年人才面临着不同科学领域青年人才发展不均衡，青年人才梯队断层等困境。如何破除论资排辈、求全责备等陈旧观念，抓紧培养造就青年英才，加大教育、科技和其他各类人才工程项目对青年人才培养的支持力度，促进青年优秀人才脱颖而出成为社会发展的关键问题。青年人才发展是一个动态的、长期的研究命题，其相关研究也应是动态的、持续的，本文旨在为青年人才的发展提供绵薄之力。

【参考文献】

[1]薛琪薪. 流动的精英：教育精英人才流动研究综述[J]. 管理现代化，2021，41(1)：117-120.

[2]孙锐，孙雨洁. 青年科技人才引进政策评价体系构建及政策内容评估[J]. 中国科技论坛，2020(11)：120-128＋146.

[3]张萌，高鹏. 青年科技人才激励问题研究——以中国科学院的实践为例[J]. 华东经济管理，2009，23(12)：134-136＋141.

第二部分

课程思政建设研究

抗美援朝影视作品中的时代精神与爱国主义*

李　宁　姬珂昱　杜佳欣**

摘要：影视作品是当代青年喜闻乐见的重要媒介，是弘扬抗美援朝精神的重要载体。70 多年前，中国人民志愿军为了维护国际正义和世界和平，投入抗美援朝的伟大事业之中。志愿军与朝鲜军民密切合作，通过五次战役，取得了抗美援朝的伟大胜利，而伟大的事业铸就了抗美援朝的伟大精神。通过影视作品研究、弘扬抗美援朝的历史和精神是当代青年的重要使命之一。

关键词：抗美援朝；爱国主义；青年

70 多年前，为了维护国际正义、维护世界和平，中国人民志愿军历经上甘岭战役等艰苦战役，投身抗美援朝战争。中国志愿军以少胜多，创造了一场伟大的胜利，铸就了伟大的“抗美援朝精神”。正如习近平总书记纪念中国人民志愿军抗美援朝出国作战 70 周年大会上所说的那样：“中国要铭记抗美援朝战争的艰辛历程和伟大胜利，敢于斗争、善于斗争，知难而进、坚韧向前，把新时代中国特色社会主义伟大事业不断推向前进。”①在抗美援朝战争中，中国人民不畏强暴，

---

* 基金项目：国家社会科学基金一般项目“针对‘文化台独’势力主张的越南‘独立经验’谬论的批判研究”（项目号：19BZZ103）；安徽省 2019 年全省党校（行政学院）系统重点课题“安徽红色文化的有效传播研究”（QS2019083）；山西省教育厅“服务产业创新学科群”重大项目“红色文化旅游学科群”阶段性成果（文件编号：晋教财〔2018〕187 号）。

** 作者简介：李宁，吕梁学院历史文化系讲师，博士，研究方向为中国当代史；姬珂昱，吕梁学院历史文化系在读本科生，研究方向为中国当代史；杜佳欣，吕梁学院历史文化系在读本科生，研究方向为中国当代史。

① 铭记伟大胜利，雄赳赳、气昂昂奋勇前进[EB/OL]. 人民网，(2020-10-23). https://baijiahao.baidu.com/s? id=1681332035339204274&wfr=spider&for=pc。

用鲜血和生命谱写出一曲壮丽的诗篇。而如今，中国正处于新时代社会主义建设发展的道路上，作为新时代的一员，中国应当学习和传承抗美援朝的精神，敢于攻坚克难、敢于直面挑战、不怕牺牲、奋勇向前，贡献自己的力量，为决胜全面建成小康社会、实现伟大复兴中国梦而不懈奋斗。

一、纪录片《鸭绿江边的记忆》

纪录片《鸭绿江边的记忆》中志愿军战士跨过鸭绿江，志愿军们为了母亲，为了妻子，为了孩子，为了数百万人的和平，坚决不让敌人越过我们的国界，也不会让我们年轻的共和国在战火中燃烧，要保卫我们的家园、我们的国家和我们的和平。人民志愿军英勇顽强地保卫国家，将世界上最强大的美国及其控制下的联合国军部队打倒在地。抗美援朝志愿军们用生命和鲜血捍卫祖国的尊严，向世界宣告中国所向披靡、中华民族所向披靡、中国人民所向披靡。作为抗美援朝志愿军的后代，中国新一代人不应忘记这段辉煌历史，更不应忘记这批值得被记住和尊重的最可爱的人们。抗美援朝战争是史无前例的，这是一场穷国战胜富国、弱国战胜强国的战争，创造了历史奇迹。70 年后，这首志愿军之歌的每一个音符依然燃烧着怒火，歌声使人意气风发，扬我军功，壮我军魂，打破对手的无敌神话。抗美援朝志愿军的气势，激荡着民族的意志，迸发出勃勃生机。杨根思的故事更是感人至深，在第二次咸镜南省的战役中，杨根思负责切断美军向南撤退。他带领全排顽强抵抗，以英勇精神，连续八次击退美军进攻。当投完手榴弹，最后一颗子弹打完，他和两人受伤时，40 多名美国士兵又爬上了山顶。危急时刻，杨根思抓起自己最后一袋炸药，拔出导火索，扑向敌人，英勇牺牲。一个英雄的功勋，变成燃起的烛火，闪烁着迎接期盼已久的黎明，汇集在新中国诞生的进军声中烘热了千百万人的胸膛。在国家困难面前，志愿军义无反顾，将自己对国家的爱深深嵌入军旅生涯之中，有杨根思与敌人同归于尽、有黄继光英勇堵机枪、有邱少云火里弃自救……正是这些可爱的人，撑起了中国的边防线。战场上这样的英雄还有很多，黄继光冒着生命危险挡住枪眼，孙占元拉着最后一颗手榴弹冲向敌人，邱少云、杨连第等英勇牺牲。在这场艰苦卓绝的战争中，无数的志愿军战士共同谱写了一首英雄的革命歌曲。“为什么战旗美如画，英雄的鲜血染红了它。为什么大地春常在，英雄的生命开鲜花。”这首歌曲便是对他们最好的赞美。天地英雄气，千秋尚凛然，没有英雄的牺牲，就没有今日国家的安宁，没有对英雄精神的传承，民族将失去灵魂支撑。

二、电影《金刚川》

电影《金刚川》从一场小战役着手，从志愿军战士修桥、渡河，美军炸桥、拦截展开，通过一群普通士兵讲述了“工兵桥”修好又被炸毁再度修好……描述了一个屹立不倒、令敌人费解的战争奇迹。金城战役是援朝战争的决胜战役，是中美的“最后一战”，是志愿军的生死之战，更是志愿军战士们的归家之战。拦在金城前的不是南韩的军队，也不是美军的飞机，而是一条河，一条看似渡不过但却必须渡过的大河——金刚川。战役即将打响，支援大部队急需渡河，然而金刚川水深四米、暗流涌动，无法泅渡。没有桥、没有船，数万人在岸边，金城在等待支援，一刻也不能拖、一刻也拖不得。没有桥就自己修、桥炸毁了血肉筑，中国人不信神，但是中国人民志愿军创造了神迹！金城战役在即，时间紧迫，志愿军着急渡河，美军同样在着急——侦察机、轰炸机接连不断，桥体、高炮、士兵不断被轰炸。一发发炮弹，一片片废墟，一摊摊血肉，金刚川边，是苦难的地狱，金刚川水，被血染了红。桥体一次次被炸毁，又一次次合拢，美国人三天的工程，他们只需要三个小时！用手扒、用肩扛，他们用血汗修筑时间之桥、生命之桥；脚踩木桩、肩扛桥板，他们用血肉搭建时间之桥、生命之桥。“说出来你们现在可能不相信，但是当时俺们这些人，真的没有一个怕死的”，都是十七八岁少年郎，谁人不怕死？可是他们当时唯一想的事，就是通过那座桥，然后赶到金城去，打赢这场仗。一心想为牺牲战友拿回一枚奖章的刘浩死在了修桥护桥的路上；一心想要渡河做先头兵打仗的高福来最终站成了人桥；经验丰富的高炮老兵关磊牺牲在了为掩护战友被敌人轰毁的高炮旁；一直软弱求稳的张飞最后以一人残躯拼死打下了敌人的轰炸机……炮火之下，不顾自身安危，愿护战友同在。他们不是一个人，他们是一群人的缩影，是中国最可爱的人。时间紧迫、轰炸不断，金刚川上的那座木桥最终也没有修好。一队又一队的志愿军战士踩着战友们用身躯搭起的人桥上渡过了金刚川，赶去了金城开战。

三、传承抗美援朝精神

在纪念中国人民志愿军抗美援朝出国作战70周年大会上，习近平总书记指出：“我们要铭记抗美援朝战争的艰辛历程和伟大胜利，敢于斗争、善于斗争，知难而进、坚韧向前，把新时代中国特色社会主义伟大事业不断推向前进。”[①]在这场伟大的抗美援朝战争中，爱国主义、英雄主义、革命乐观主义、革命忠诚和国际主义锻造了抗美援朝的伟大精神。这是一种跨越时间和空间的精神财富，可以持续到永远。中国希望在新时期把红色基因注入年轻人的血液中，这样红色基因就可以代代相传。在新时期社会主义建设的新征程中，希望新一代年轻人为

① 铭记伟大胜利，雄赳赳、气昂昂奋勇前进[EB/OL]．人民网，(2020-10-23)．https://baijiahao.baidu.com/s?id=1681332035339204274&wfr=spider&for=pc。

祖国和民族的尊严而努力奋斗，将抗美援朝精神传承和发扬。现在，在中国共产党的坚强领导下，中华民族实现了站起来了、强起来了，中国特色社会主义进入了新时代。但是中国仍然需要看到，在当今世界上，仍然有一些国家搞权力外交，搞单边主义，竭力阻碍别国的进步和发展。因此，中国需要牢记中华民族从弱小走向繁荣的艰辛历程，向历史学习，不忘初心，百折不挠，不屈不挠。无论时代如何发展，中国都必须建设一个不畏暴力、反抗强权的国家。无论时代发展如何，中国必须凝聚中国力量。无论时代发展如何，中国都必须打造舍生忘死的民族血统。新时代的青年应不忘初心，牢记使命，站稳岗位，稳中求进，做新时代中国特色社会主义伟大事业车轮上的小螺丝，用平凡的身体做非凡的事。

四、抗美援朝精神与新时代的青年

今天的我们更应该让抗美援朝精神代代相传，为实现中华民族伟大复兴中国梦继续奋斗。陈毅曾说："祖国若有难，汝应做前锋。"梁启超曾说："少年智则国智，少年强则国强。"在新中国成立的初期，经历战争后千疮百孔的中国急需发展，人民生活状况不容乐观，而这时中国面临美国的挑衅，无数的青年人挺身而出，每个人都拼尽全力，那时的中国没有先进的器械，没有充裕的人才，没有可以与美国相匹配的武器，但是他们却有着一颗誓死守卫中国的心，有着不畏困难、不惧生死的勇气以及敢拼敢干的气魄，他们用行动不断传承着中国精神，才使现在的中国屹立于民族之林。如今，青年人依旧起着关键的作用，不论在国际的竞赛里还是在铁骨铮铮、严格的军营中；不论是在考核严格的高校里，还是在竞争残酷的社会中青年人的身影无处不见。无论什么时候都会有困难，任何情况下都离不开奉献与付出，在这时抗美援朝的精神则起着十分重要的作用：遇到困境——无所畏惧、寻求突破；面对矛盾——舍小为大、积极奉献。中国需要的不仅仅是精神方面的支撑，更多的是行动的给予。广大青年人要创造一个朝气蓬勃的时代，要不忘记自己学习的初心，不忘自己工作的初心，不忘自己入党的初心，不忘自己踏入兵营的初心……用自己的实际行动对社会、祖国作出贡献，在今天这样一个安稳的时代，青年人更应该追随时代潮流，贡献自己的学识与力量，让未来的祖国大放异彩。同样，青年人在学习历史的同时也要缅怀历史，缅怀那些最可爱的人。正是志愿军用鲜血铺平的路、用生命搭起的桥才换来如今的国泰民安，不忘本心，不悔决定，这些可歌可敬的人永远值得歌颂！

【参考文献】

[1]孙旭阳.历史文献纪录片《鏖战远东空军：抗美援朝高炮防空作战》浅析

[J].中国电视(纪录),2012(7):58-60.

[2]子青.介绍有关抗美援朝的教育电影[J].人民教育,1951(3):61-65.

[3]詹庆生.《金刚川》:抗美援朝电影的新突破与新挑战[J].电影艺术,2020(6):59-61.

[4]杨威.抗美援朝时期爱国主义教育的经验、影响与启示[J].西北工业大学学报(社会科学版),2020(1):24-33.

[5]薛林群.毛泽东与抗美援朝[J].党史文苑,2018(10):48-50.

[6]余晓睿.抗美援朝时期爱国主义教育的经验总结及当代启示[J].福建党史月刊,2020(10)31-35.

[7]占晶鑫.抗美援朝战争政治工作的启示思考[J].政工学刊,2020(11):17-19.

全面建设社会主义现代化国家新征程中增强高校思政课凝聚力路径创新探析*

刘建锋**

摘要:凝聚力是一种情不自禁的带入感和“春风化雨,点滴入土”的启迪力,是实现思政课课程教育效果的应有之义。思政课一定程度上存在着教学内容还不够鲜活、教学思路还需拓展、教学研究力度还应深入、教学效果还要提升等问题,这些问题严重干扰了凝聚力的实现。提升高校思政课凝聚力的路径创新需要,创新思政课的“道”,做到教学内容有深度;创新思政课的“术”,做到教学方法有温度;创新思政课的“效”,做到教学队伍有力度。

关键词:思想政治理论课;凝聚力;路径创新

2020年是非同寻常的一年,我们经历了疫情的大考,经历了国内外复杂局势的磨炼,然而2020年也是我国实现全面小康壮举和达成中国共产党第一个百年奋斗目标的奋进之年,也是擘画新蓝图、奋起全面建设社会主义现代化国家新征程和开启第二个百年奋斗目标新长征的发轫之年,这一年终会令人瞩目地镌刻在中华民族发展史、世界社会主义发展史和人类社会发展史的史册上。

在“十三五”即将全面实现之时,党的十九届五中全会提出了《中共中央关于制定国民经济和社会发展第十四个五年规划和二〇三五年远景目标的建议》,开启了全面建设社会主义现代化国家新征程,集中回答了新形势下实现什么样的

* 项目基金:重庆市中国特色社会主义理论体系研究中心、四川外国语大学分中心研究成果;重庆市教育委员会2020年度市教委人文社会科学类研究项目“新中国成立70年来高校思想政治教育模式创新研究”(20SKSZ038)阶段性成果。

** 作者简介:刘建锋,四川外国语大学马克思主义学院副教授,博士,研究方向为马克思主义理论。

发展、如何实现发展等重大问题，特别强调“坚持创新在我国现代化建设全局中的核心地位”，“坚持目标导向和问题导向相结合，坚持守正和创新相统一”。① 为提升高校思政课亲和力的路径创新提供了方向和指引。

高校思政课是落实立德树人根本任务的关键课程。而“体无常轨，言无常宗，物无常用，景无常取”，因此，习近平总书记指出：“办好思政课，要放在世界百年未有之大变局，党和国家事业发展全局中来看待，要从坚持和发展中国特色社会主义、建设社会主义现代化强国、实现中华民族伟大复兴的高度来对待。”②因此，“思政课要向改革创新要活力”，要做到“无论组合拳怎么打，最终要落到把思政课讲得更有亲和力和凝聚力、更有针对性和实效性上来”③，让学生做到内化于心、外化于行。这不仅指出了思政课一定程度存在着教学内容还不够鲜活、教学思路还需拓展、教学研究力度还应深入、教学效果还要提升等问题，同时也为高校思政课点亮了前进的明灯。加强思政课建设，首要之义就是要增强凝聚力，“让学生真心喜爱，终身受益”④。在开启全面建设社会主义现代化建设国家新征程中，增强高校思政课凝聚力就要结合《中共中央关于制定国民经济和社会发展第十四个五年规划和二〇三五年远景目标的建议》制定的奋斗目标，抢抓机遇，围绕立德树人这个中心，以问题为抓手，以落实为根本，在增强思政课凝聚力的路径创新上精准发力，“努力培养担当民族复兴大任的时代新人，培养德智体美劳全面发展的社会主义建设者和接班人”⑤。

一、打开新时代新征程提升高校思政课凝聚力的路径创新之门，思政课应该做到抓“准”，让教学内容有厚度

教学内容是打开新时代新征程提升高校思政课凝聚力的路径创新之门之匙，因此，思政课应该做到抓“准”，具体要做到：一是思政课教学内容强引领要“准”。思政课教学内容强引领要准，应彰显出与时俱进性、政治性和先进性，与教学规律相应和，与教学目标相契合，抓准、抓细教学体系设计与构筑，突出当代马克思主义、21世纪马克思主义的特质，多融入些泥土气、烟火气和人情味，让学生在思政课教学进程中满带感恩、快乐和愉悦。要想让思政课教学上档次、出品

① 中共中央.中共中央关于制定国民经济和社会发展第十四个五年规划和二〇三五年远景目标的建议[N].人民日报，2020-11-04(01).

② 习近平.思政课是落实立德树人根本任务的关键课程[J].求是，2020(17)：1-12.

③ 习近平.思政课是落实立德树人根本任务的关键课程[J].求是，2020(17)：1-12.

④ 习近平.思政课是落实立德树人根本任务的关键课程[J].求是，2020(17)：1-12.

⑤ 习近平.思政课是落实立德树人根本任务的关键课程[J].求是，2020(17)：1-12.

质、化真知，就应该将习近平新时代中国特色社会主义思想浸润到思政课教学内容的点点滴滴，将马克思主义中国化的泥土气、烟火气和人情味浸润到思政课教学内容的丝丝缕缕，由此才能帮助学生找准马克思主义理论与实践的支点、穷尽马克思主义理论与实践的基点、找到马克思主义理论与实践的亮点，形成感性与理性结合、定量与定性结合、理论与实践结合。二是思政课教学内容实根基要“准”。思政课教学内容要想做到实根基准，就要把准国际大势 、国家大事、市井民生，将其浸入教学内容中，持续、深入地延伸与扩大让思政课教学内容。有了厚重的历史感和现实性，构筑起知情意行合一的全方位、宽领域的教学内容，才能真实、详尽、鲜明地呈现出马克思主义中国化的辉煌成就，才能“以实现中华民族伟大复兴为己任，增强做中国人的志气、骨气、底气”①。三是思政课教学内容抓悟透要“准”。思政课教学内容抓悟透要准，应选用最能展现出马克思主义中国化最新成果的素材，选取与思政课教学内容相关的教师最可用、学生最喜欢的多元化的模板，寻找与思政课教学内容相关的最具中国道路特色、中国制度特色、中国理论特色和中国文化特色的范例，“用高尚的人格感染学生、赢得学生，用真理的力量感召学生，以深厚的理论功底赢得学生”②。

二、打开新时代新征程提升高校思政课凝聚力的路径创新之门，思政课应该做到讲“透”，让教学方法有强度

提升高校思政课凝聚力，应注重“把思政课讲得更有感染力和凝聚力、更有针对性和实效性上来，实现知、情、意、行的统一，叫人心服口服”③。因此，思政课就必须要做到讲“透”，让教学方法有强度，持续地“讲好中华民族的故事、中国共产党的故事、中华人民共和国的故事、中国特色社会主义的故事、改革开放的故事，特别是要讲好新时代的故事”，让思政课真正实现入脑入心。一是要讲“透”思政课的理性与感性。思政课“要解决学生理想信念问题，要让有信仰的人讲信仰”④。思政课既要让学生踊跃地走进、接受并认可马克思主义理论，特别是习近平新时代中国特色社会主义思想，又要用 21 世纪马克思主义中国化的优秀成果为思政课铸魂育新，让学生心中常驻马克思主义理论的芳华，脑中涌现马克思主义实践的精华。并且，思政课也应该做到将感性的认知融入讲透马克思主义理

① 庆祝中国共产党成立 100 周年大会战北京天安门广场隆重举行　中共中央总书记、国家主席、中央军委主席习近平发表重要讲话[N]. 人民日报，2021-07-02(01).

② 习近平. 思政课是落实立德树人根本任务的关键课程[J]. 求是，2020(17)：1-12.

③ 习近平. 思政课是落实立德树人根本任务的关键课程[J]. 求是，2020(17)：1-12.

④ 习近平. 思政课是落实立德树人根本任务的关键课程[J]. 求是，2020(17)：1-12.

论课教学的进程中，让学生在感性中深刻体会到马克思主义理论的活力和魔力，推动感性认识，擂动思政课教学的战斗鼓。二是要讲“透”思政课的理论与实践。“思政课是落实立德树人根本任务的关键课程，思政课作用不可替代。”①因此，必须讲透思政课的理论与实践，涵盖范围从独具本质性的硬核人文教育和理性疏导到实际表象中柔婉隐性的氛围营造和心灵抚慰。思政课教学中，需要在日常的教育实践和场景中，站稳立场，分清是非、好坏、对错，围绕难点，冲破堵点，抓住关键点。在备课中，教师应做到理路分明地谋划好教学思路与教学设计，让教学内容直观、鲜活、生动、形象、厚重地予以呈现，做到有条有理。并且，要紧扣教学目标，狠抓教学中心环节，激发学生学深悟透，构筑起良性的思维理路，透过马克思主义的世界观和方法论，让学生主动融入，让学生真学、会学、能学、善学。而且，教师也需要激励学生讲出自身的真情实感，在言传身教中将思政课的根脉深深地扎在学生的心坎间、脑海里，将华而不实、言之无物的讲授化为实事求是、栩栩如生的阐释，让学生受益匪浅。三是要讲“透”思政课的校内与校外。“把思政小课堂同社会大课堂结合起来。”狠抓思政课课堂主阵地，有助于提升高校思政课的凝聚力，提升学生的幸福感和愉悦感。因此，思政课应从创新课堂教学内容和教授方法着手展开思考。在校内教学上，应注重课堂教学怎样谋划、课堂聚焦点怎样入手、课堂政治方向怎样导入、课堂教学方法怎样取得实效、理论与实践怎样实现统一、师生怎样实现无障碍沟通、学生怎样肯定与互动等，这些都需要思政课教师立足于学生的个性特质、立场、态度等方面，展开全方位思考、真心谋划，让学生诚心实意地学以铸魂、学以提能、学以致用。在校外教学中，教师应把中国古代优秀传统文化、中国革命、建设和改革的先进文化引入教学中，铸造其思想碰撞、同侪思索的“富源”，让学生徜徉于知识的富矿中，以实现高校思政课凝聚力。

三、打开新时代新征程提升高校思政课凝聚力的路径创新之门，思政课应该做到出“活”，让教学队伍有效度

习近平总书记指出：“办好思想政治理论课关键在教师，关键在发挥教师的积极性、主动性、创造性。”②打开新时代新征程提升高校思政课凝聚力的路径创新之门，思政课应该做到出“活”，让教学队伍有效度，做到师资队伍建设有力度。一是思政课教师队伍要真信马克思主义，准确灵活地把握好质量与数量的关系。

① 习近平.思政课是落实立德树人根本任务的关键课程[J].求是，2020(17)：1-12.

② 习近平.思政课是落实立德树人根本任务的关键课程[J].求是，2020(17)：1-12.

"要配齐建强思政课专职教师队伍"①,打造一支"政治要强、情怀要深、思维要新、视野要广、自律要严、人格要正"②的思政课教师队伍。一方面,加强思政课教师队伍的质量建设,应该遵循党的路线方针政策,从道德素质、专业素养、执教能力等方面培植好思政课教师的理论素养。另一方面,不断充实思政课教师队伍的力量,通过标准化建设打造一支来之能战、战之即胜的坚强队伍,与时俱进地应对中国特色社会主义现代化建设的人才需求。二是思政课教师队伍要真专马克思主义,准确灵活地把握好真学与专研的关系。思政课教师应时刻秉承马克思主义理论与实践,以督促与推动真学与专研,并用以作为自身毕生的信仰与追求;应心无旁骛地啃原著、嚼原文、品原意,在见微知著、恪勤贞固、身体力行上下苦功夫;应以落小、落细、落实的要求实现孜孜以求的学习,深刻把握马克思主义中国化的最新成果;要将思政课教学实践与习近平新时代中国特色社会主义思想理论紧密地结合,正确处理好笃学与探求的关系,以笃学促探求,以探求促笃学。三是思政课教师队伍要真通马克思主义,准确把握好教书与育人的关系。思政课教师要立足于深专、悟透、活用马克思主义,长于借助先进的学理知识以有理、有力、有节、有序地发现问题、分析问题和解决问题;应以体系化、智能化、专业化为基础,活学活用思政课教学理论与立德树人的规律,持续提升教书与育人的本领和才干;要始终坚持好坚定的政治站位,强化正确的政治导向,实现教书与育人的深度融合,不但能教授给学生科学的理论和先进的思想,而且要让学生在学深悟透上持续发力,构建良性的世界观、人生观和价值观。

【参考文献】

[1]列宁选集:第2卷[M].北京:人民出版社,2012.

[2]邓小平文选:第3卷[M].北京:人民出版社,1993.

[3]庆祝中国共产党成立100周年大会战北京天安门广场隆重举行 中共中央总书记、国家主席、中央军委主席习近平发表重要讲话[N].人民日报,2021-07-02.

[4]习近平.思政课是落实立德树人根本任务的关键课程[J].求是,2020(17):1-12.

[5]习近平.在纪念马克思诞辰200周年大会上的讲话[M].人民出版社,2018.

---

① 习近平.思政课是落实立德树人根本任务的关键课程[J].求是,2020(17):1-12.

② 习近平.思政课是落实立德树人根本任务的关键课程[J].求是,2020(17):1-12.

[6]习近平.在北京大学师生座谈会上的讲话[M].北京:人民出版社,2018.

[7]习近平.决胜全面建成小康社会　夺取新时代中国特色社会主义伟大胜利——在中国共产党第十九次全国代表大会上的报告[M].北京:人民出版社,2017.

[8]习近平.习近平谈治国理政:第2卷[M].北京:外文出版社,2017.

[9]中共中央关于制定国民经济和社会发展第十四个五年规划和二〇三五年远景目标的建议[N].人民日报,2020-11-04.

[10]徐艳国.高校思政课建设应坚持战略思维[N].学习时报,2019-01-11.

课程思政建设思想的元思想及其意义研究

孙克任*

摘要：笔者对课程思政建设的元思想进行了挖掘分析，元思想视角的挖掘分析将有助于更好、更有效地实践课程思政建设。笔者认为，事物普遍联系思想、混合方法思想、跨学科学习思想和系统观思想是课程思政建设的四个元思想。课程思政建设还可能根基于更多的元思想，而这需要进一步的挖掘分析和论证。本文通过分析并举例说明的方法，阐释了如何借助这四个元思想的指引来更好进行课程思政建设。课程思政建设目前还处于初期，未来建设和发展的空间巨大。

关键词：课程；思政建设；普遍联系；混合方法；跨学科；系统观

一、引言

2016年，习近平总书记在全国高校思想政治工作会议上指出："把思想政治工作贯穿教育教学全过程。"以习近平总书记这个思想为指引，课程思政建设在全国各地得到了轰烈开展。

层次性是事物的一个重要特征，因为进入认识领域的事物总具有多重性质，而不是只具有单一的性质，从认知者的角度看，多重性质就是层次性，按照这个逻辑来推演，思想这个事物也一定具有层次性特征。

仅就党的指导思想而言，也是可以做层次划分的。一种划分方法是划分为理论基础和现实作用两个层次。理论基础层次在于确定党的立场、观点和为党的工作提供方法，现实作用的层次定位于对具体工作的指导。

因为思想的层次性特征，所以我们也可以对课程思政建设指导思想从元思想的视角进行挖掘和分析。元思想是指在人类各种思想观念后面所进行的更深

* 作者简介：孙克任，青岛黄海学院大数据学院教授，博士，研究方向为教育经济学。

一步的反思性思想或奠基性的思想，元思想视角的挖掘分析将有助于更好、更有效地实践课程思政建设。

二、课程思政建设的元思想之一：事物普遍联系思想

哲学思想属于元思想的范畴，所以对课程思政建设的元思想的挖掘分析从哲学思想开始。唯物辩证法是非常重要的哲学思想理论，事物普遍联系的思想是唯物辩证法的总特征之一。西方有众多的思想家对事物普遍联系的思想进行过探讨，但只有马克思主义哲学对普遍联系原理和该原理在科学世界观体系中的地位作了最明确、最完整的阐明。课程思政建设的表现形式和目标是将思想政治教育与专业课程联系起来，并进行有机融合，所以事物普遍联系的思想为思想政治教育与专业课程连接起来的可行性提供了肯定的答案和元思想基础的支撑。

事物普遍联系思想是课程思政建设的元思想，这一点是如此的明显和易于被接受，所以事物普遍联系的思想，就被广泛地用来指导课程思政的建设。例如，2021 年 3 月 8 日，青岛科技大学数理学院的一堂“微分方程”课，任课教师讲到传染病模型时，将该模型与当前的疫情密切结合起来，用数学知识解释了我国疫情防控措施的有效性，收到了较好的教学效果。在同一天，青岛科技大学校长走进了“有机化学”课堂，校长建议可以将屠呦呦获得诺贝尔奖、我国传统中医药对攻克国际重大疾病的突出贡献等内容有机融入课堂讲授之中。以上两个案例中，思政元素和专业课程的内容得到了有机联系和融合，都收到了较好的教学效果，也都体现出事物普遍联系的元思想在课程思政建设中的应用。

事物普遍联系的思想能被广泛地用来指导课程思政的建设，但这并不意味着事物普遍联系的思想已经被有效地用来指导课程思政的建设，这是因为事物在体现出普遍联系的特性时，深入地看，这些联系也具有多样性特点和条件性特点，这也就是说事物之间的联系方式是复杂的。多样性特点是指，联系有直接联系和间接联系之分，有内部联系和外部联系之分，有本质联系和非本质联系之分，有必然联系和偶然联系之分。课程思政建设要注意发挥联系的多样性特点。例如，在课程思政建设的过程中，对思政要素与专业知识作直接联系简单，作间接联系分析比较难一些，如此，既要从直接联系的角度建设专业课程与思政的融合，也要发挥主观能动性从间接联系的角度建设专业课程与思政的融合，从多个联系角度进行的课程思政建设，融合了思政内容的专业课程一定是极为丰富和鲜活的。条件性特点是指，世界上任何联系都是有条件的，而条件又有必要条件和非必要条件之分，决定的条件和非决定的条件之分，有利条件和不利条件之分，主观条件和客观条件之分等。了解事物联系的多样性特点和条件性特点可

以帮助我们更好地进行课程思政建设。也就是说,在思政课程建设的过程中,建设者可以从多个角度,多个侧面将思政内容与专业内容相融合,不能浅尝辄止。同时,在联系的过程中,也要注意联系的条件性,忽略联系的条件性鲁莽地去建立事物之间的联系性是不科学的,也是不正确的。

三、课程思政建设的元思想之二:混合方法思想

百科词条中是这样定义混合的:混合指掺和,合在一起。也指使两种或多种物料相互分散而达到一定均匀程度的单元操作。

混合方法具有哲学思想作根基,约翰逊(R. B. Johnson)和安威格布齐(A. J. Onwuegbuzie)在《混合方法研究》(*Mixed Methods Research: A Research Paradigm Whose Time Has Come*)一文中认为:混合方法研究的哲学基础是实用主义。实用主义在20世纪的美国是一种主流思潮。

混合方法思想具有普适性。首先,该方法在政治制度领域得到了应用。柏拉图将古希腊城邦政治制度分为民主、寡头、军事和君主四种类型,柏拉图认为每种制度都有长短。亚里士多德将斯巴达式的军事政治制度去掉,认为建立一个混合三种政体类型的混合政体,是保持政体稳定的途径。柏拉图和亚里士多德的关于政治制度的思想属于混合的思想。其次,混合思想在教育领域里有很多的表现和应用。例如,2017年,潘敏在提出语文教学过程中要强化三个结合:与文史知识结合,与信息结合,与音乐结合。这三个结合其实是三个混合:语文教学与文史知识混合、与信息混合、与音乐混合。在中国的语文教学历程中,也曾出现过逆混合的行为和思想。1956年,教育部将语文课一分为二,分为文学和汉语两门课。语文课被分开的原因是:“希望这门课有高效率,主要是学生毕业后能用笔准确通顺地表情达意,可是效率总是高不上去。”1958年,语文课被一分为二的尝试停止了,从学科混合的思想角度看,一分为二的行为是不适宜的。

用混合方法的思想来指导经济学科的课程思政建设,意义看起来更为明显。经济学有西方经济学和马克思主义经济学之分。西方经济学理论的立论根基是生产资料的私有制和市场经济体系,而马克思主义经济学理论的立论根基是生产资料的公有制和计划经济体系。在改革开放以前,中国呈现的是以生产资料公有制为基础的计划经济形态。改革开放以后,中国呈现的是以混合所有制为特色的社会主义市场经济形态。这种新形态决定了在分析经济问题时,需要进行经济理论的混合使用。例如,在微观经济学的教学过程中,在讲劳动力要素市场时,劳动力要素市场中的劳动也被视为商品,价格也由劳动的供求决定,这与马克思劳动价值论有较大的反差,因此,在讲授劳动要素市场理论时,应该结合马克思主义政治经济学中的劳动价值论思想进行分析批判;在讲市场理论时,可

以结合和穿插计划理论来讲；在讲供给理论时，可以结合我国的供给侧改革实践来讲，可以依托重大经济事件诠释经济学概念和原理，可以把习近平总书记的讲话和思想带到课堂之中，引导学生关注社会民生和经济问题，培养学生经世济民的责任意识。

四、课程思政建设的元思想之三：跨学科学习思想

跨学科与交叉科学同义，跨学科也称“交叉科学”，意指专门学科的综合科学含量。跨学科学习不是一个新概念、新思想，跨学科这个名词早在1926年就出现在美国，1970年，首届跨学科问题国际学术研讨会在法国召开。跨学科研究的一个被广泛接受的定义是：“跨学科研究指的是打破学科壁垒，将不同学科的理论或方法有机地融为一体来解决问题的研究活动。”

每一门科学，都有它的跨学科特性和跨学科发展的内在要求。美国高等教育重视开展跨学科教育。为培养新一代高素质的工程人才，美国高等教育整合课程，将工程教育与人文教育相结合。普林斯顿大学在工程与应用科学学院对本科生开展了工程教育跨学科培养：强调数学、物理和工程科学的基本原理，并通过在社会科学、生命科学和人类学方面的学习，扩展学生的知识面，工程类专业的基础和其他学科知识学习的灵活性可使学生在工程、医学等方面发展。

跨学科学习的思想理念和实践为课程思政建设提供了一个思想的根基，可以成为课程思政建设的元思想之一。例如在讲授“电路设计”课程时，讲电流时，可以和中国古代的科学文化联系起来，古代典籍《淮南子·坠训形》中有“阴阳相薄为雷，激扬为电”之句，这句古文的意思是，如果阴气和阳气二者相迫，雷就会产生；如果阴气和阳气二者相互急剧作用，电就会产生。这个记录证明中国古人很早就对雷电的产生作过科学的思考，中国在古代也有光辉的科学思想。

五、课程思政建设的元思想之四：系统观思想

系统是一个具有一定结构和功能的有机整体，以系统的观点看待自然界和人类社会，就产生了系统观。人类社会经济系统和自然界系统是复杂的，其内部是相互关联的、相互作用和相互补充的，系统观是我国经济社会发展要遵循的原则之一。习近平总书记对如何坚持系统观念这个问题作出了一系列的论述。系统观是如此的重要，所以课程的思政建设也需要从系统论的角度切入，系统观思想也是课程思政建设的元思想之一。

以金融类专业课的课程思政建设为例，系统观思想的作用更为突出，因为金融类专业课以金融为核心特征的系统体系特色非常显著。金融类专业课程包括“金融学”“金融市场学”“公司金融”“金融工程学”“国际金融学”“中央银行学”

“货币金融史”等，金融概念和金融特征被包含在每一门课程里，这些课程之间都是有联系的。因此，金融类专业课的课程思政建设，就应该坚持系统观的指导思想，将系统观的思想作为指导金融类专业课的课程思政建设指导思想之一。

在用系统观思想指导金融类专业课程思政建设过程中，要遵循一些原则，而这些原则的选定应与系统的特征紧密相关。因此，金融类专业课程思政建设应遵循的原则有：整体性原则、协同性原则、动态性原则、开放性原则以及全局性原则和重点性原则。整体性原则是指，要站在整体高度分析、研究作为整体的金融类专业课思政教育的特点和功能。协同性原则意指，在课程思政建设过程中，以金融类专业课程整体的思政教育功能为指引，统筹协调每门金融专业课的思政点。动态性原则是指，要用历史发展的逻辑，立足中国经济和金融实际，解决中国的经济和金融问题，把党领导我国金融发展的成功经验贯穿到金融专业的课程教学中。开放性原则是指，在金融类专业课的课程思政建设过程中，要有放眼世界和世界历史的大视野，借鉴国际金融领域成熟的发展经验和成果来充实、丰富和探究我国金融发展演变的路径和规律，正确认识和评价我国金融发展史上的重大事件、重要会议。全局性原则和重点性原则是指，要在总揽全局的基础上，在金融专业课思政教育的重点内容上着力。

六、挖掘元思想的指导意义

课程思政建设解决的是高等教育的方向性问题、人才培养的价值观问题。在一个较好融合了思政教育功能的专业课程体系里，课程教学的方向就会更加清晰，从而使课程教学中知识传授目标、能力培养目标与价值引领目标之间更加和谐共处，所以，将课程思政建设好，充分挖掘每门课的思政元素，让课堂教学变得更加鲜活起来，这是一项任重而道远的工作，要不断地集思广益和实践探索。因为元思想是在人类各种思想观念后面所进行的更进一步的反思性思想或者奠基性思想，所以对课程思政建设思想的元思想进行进一步的挖掘分析可以帮助我们更清晰地认识课程思政建设的内涵、价值与实施路径，本文分析挖掘出课程思政建设的四个元思想，并通过分析举例说明的方法，阐释了如何借助这四个元思想的指引来更好进行课程思政建设。课程思政建设目前还处于初期，未来发展的空间巨大。

【参考文献】

[1]石文斌.中国共产党指导思想的层次性.华中师范大学研究生学报[J].2009,16(2):5-8.

[2] 纵瑞东.青岛科技大学让思政元素有效融入每门课　贯穿教育教学全过程[N/OL]. 大众报业，2021-03-16[2021-09-05]. https://baijiahao. baidu. com/s? id=1694357875985005469&wfr=spider&for=pc.

[3] Johnson, R. B. and Onwuegbuzie, A. J. Mixed Methods Research: A Research Paradigm Whose Time Has Come[J/OL]. Educational Researcher, 2004, 33:14-26. http://dx. doi. org/10. 3102/0013189X033007014.

[4] 张中行.负暄絮语[M].南京:江苏凤凰文艺出版社,2004.

[5] 秦国柱,冯用军.高等教育跨学科研究:中美比较的视角[J]. 江苏高教,2005(4):127-129.

[6] 胡燕海,叶飞帆. 普林斯顿大学工程教育跨学科培养模式及其启示[J]. 宁波大学学报(教育科学版), 2006(3):78-80.

新文科背景下高校“课程思政”中法治理念的传播培育探析

范成博*

摘要:在新文科大背景下,高校“课程思政”中法治理念的传播培育越发重要,因此必须不断加强高校“课程思政”中法治理念的传播培育,使大学生树立正确的法治理念。为此,本文对新文科背景下高校“课程思政”中法治理念的传播培育进行探析。首先分析目前法治理念培育面临的困境,以此为依据,确定高校“课程思政”中法治理念的传播培育方法,包括确定法治理念的培育原则,结合新媒体技术,传播高校“课程思政”中的法治理念,完善多样性培育机制,实现高校“课程思政”中法治理念的传播培育等,以期为大学生法治教育提供更多可能,带来一些帮助。

关键词:新文科;课程思政;法治理念;传播培育

一、引言

法治是人类社会进入现代文明的重要标志,其作为人类政治文明的重要成果,是现代社会的基本框架之一,对社会的长治久安起着极为重要的作用。特别是如今正值新文科改革,必须要更深层次地培养国民的思维能力、精神品格以及法治理念,培养大量的法治人才满足社会法治的需要,并提升国家的文化软实力,推动法治社会的发展。大学生作为具有较高知识水平的青年群体,理解能力强并且求知欲旺盛,培育大学生的法治理念能够更好地加快文科教育的发展,并且也有利于实现全面实施依法治国的目标。但现如今,作为国家重要德育课程的高校“课程思政”却难以起到其应有的传播法治理念的作用,在这种情况下法治理念的传播培育显得尤为重要。为此必须深刻认识到高校“课程思政”对法治

---

* 作者简介:范成博,大连财经学院教师发展中心副研究员,学士,辽宁省法学会法学教育研究会理事,研究方向为高等教育、法学教育。

理念传播培育的重要性，并不断提升高校“课程思政”法治理念宣传的效果，为培养法治人才奠定基础。基于此，本文对新文科背景下高校“课程思政”中法治理念的传播培育进行探析，希望能够探析出更好的法治理念传播培育方式。本文着重研究网络技术等方法的可行性，这是因为在新文科背景下，不断发展提高的网络技术为高校“课程思政”成功传播培育法治理念带来了技术支持。因此，各大院校可以利用在线教学活动展开法治理念的宣传教育。同时为了快速适应在线教学课程，保证在线教学质量，为教学资源深度利用提供技术支持，转变师生教与学的观念，需要将教师转变为教学资源的收集者、整理者以及提供者，使教师成为教学活动的设计者和指挥者，而且高校也可以与网络以及教育技术中心合作，切实做好在线教学活动的服务保障工作，从而为高校利用网络技术开展“课程思政”法治理念的传播培育打下基础。

二、高校“课程思政”中法治理念培育困境分析

为更真实地得知高校“课程思政”中法治理念培育的真实状况，需要对当前高校“课程思政”中法治理念培育困境进行研究。本文主要从两个方面对其进行分析：一是大学生对法治观念课程提升个人素质培育水平重要性的认识，二是实际“课程思政”课程中教师对大学生进行法治理念培育的实际情况，调研情况如下：

首先，现如今大学生没有充分认识到高校“课程思政”中法治理念培育对提升个人素质的重要性。虽然国家不断强调在高校“课程思政”中加强法治理念培育的重要性，很多高校也将法治理念培育内容融入“课程思政”教学过程中，但课程开设较少，无法使大学生认识到法治理念培育的重要性。部分高校学生认为法治理念的学习并不是十分重要，因此在课程相关内容的学习过程中也相对懈怠，无法发挥高校“课程思政”进行法治理念培育的作用。而且现如今，高校“课程思政”法治理念传播形式较为老旧，并没有设置全面的法治理念讲授内容以及具体的条文，依旧采取传统“一堂灌”的模式，教学呆板、没有新意，使得大学生只能接受一些宏观的理论和概念，难以使其形成具体的、有效的法治理念，也无法提升学生对培育自身法治理念的重视。

其次，在高校“课程思政”教学过程中教师法治理念培育的效果不佳。虽然在高校“课程思政”教学过程中教师进行法治理念培育极为重要，但很多教师仍然将本职工作的完成放在了更重要的位置上，认为法治理念培育与自己无关或者无关紧要。在这种观念的影响下，高校“课程思政”法治理念培育更难以发挥其应有效果。

以上困境的存在对建设法治国家带来一定障碍。而且新文科背景下，更需

要加快大学生法治观念培育，增强大学的法治实践能力。因此，为了使大学生法治理念的传播培育落实到实处，促进法治国家的建设，必须增强大学生的法治观念，使大学生不断提高自身法治素养并为社会的发展作出贡献。因此，高校必须要更注重对大学生法治理念的培育，注重培养拥有法治观念的大学生。

三、高校“课程思政”中法治理念的传播培育方法研究

为提升高校“课程思政”中法治理念的传播培育效果，必须要加强大学生对高校“课程思政”中法治理念传播培育的重视，采取各种途径改变法治理念教育方式，并完善高校“课程思政”法治理念多样性培育机制。

（一）在高校“课程思政”中确定法治理念培育原则，提升学生的重视程度

为提升学生的重视程度，首先要在高校“课程思政”中确定法治理念培育原则，使当代大学生对法治理念有一个明确的认知，即在高校“课程思政”法治理念的传播培育过程中明确法治优先这一原则。而将法治优先原则作为个人的行为信条，还需要大学生率先树立法治信仰，令纸上的法律条文成为生活中的行为准则。而对法治的遵守最终需要落实在培育人们的法治理念上，为此，高校必须提升学生的重视程度，让大学生明确法治优先的原则，运用法治理念指导自己的行为，处理相关的问题。

其次，好的法律是遵守法律的关键，对于大学生而言，重视良法之治是法治理念培育的另一个重要原则。良法遵循公平正义的原则，维护人民权益，体现了良善的价值观，对于已经制定出的良好的法律应该得到有效的实施。在此基础上，必须加强对大学生的法治教育，提高其运用法治方式解决问题、化解矛盾的能力，促进良法的落实。更何况在新文科改革背景下，为培养更多高素质人才，推动社会法治建设，更需要不断提高大学生的法治思维水平，不断推动法治建设的发展，实现国家的“善治”目标。

再次，“法治思维”的重要特点是注重程序的正当性，这也是法治理念的重要原则之一。大学生在培育法治观念的同时要明确程序公正的重要性，了解其能够保障公民的权利平等。只有让所有公民感受到程序公正，才能更好地共享社会成果。对大学生而言，必须不断提升自身对法治理念培育的认识，增强自身的重视程度，并树立此种行为规范，以此作为衡量自身行为的价值标准。

以此，大学生可以不断体会到高校“课程思政”中确定法治理念培育原则的重要性，帮助大学生在自身行动中贯彻依法办事的原则，明确依法办事的主体。从法治的角度来看，依法办事可以帮助大学生准确把握处理社会问题的方式，体现了对法治的认同感，可以提高大学生对法治的认识。在新文科背景下，只有践行依法办事这一原则，才能更好地凝聚全体人民的力量，调动每个人的积极性，

为形成公正、有序、和谐的社会提供必要的人才支撑。

（二）基于新媒体技术进行高校“课程思政”法治理念传播

随着科技技术的不断革新升级，将教学资源与技术资源整合在一起可以帮助高校课“程思政”中法治理念的传播。例如，在高校思政课中，教师可以针对微信传播的生活化特征将需要传播的教学内容转化为教学语言，使其更易传播、更易被学生接受。在优势互补的基础上，将科技技术与教学资源融合，打造出新的高校“课程思政”中法治理念的传播途径，形成资源共享、协同创新的教学共同体，借以增强法治理念传播的实效性，同时，高校内部之间也应加强各类新媒体技术的沟通协作，结合新媒体传播特点向大学生推送与法治教育相关的优质内容。

以互联网技术为基础的新媒体为高校实现资源共享提供了技术保障和传播平台，法治理念的传播也能够在新媒体技术的应用中得到有效验证。而且随着新媒体技术在高校中的普遍应用，以往的教学服务功能可以突破围墙束缚，不再局限于高校内部，而是通过新媒体造福所有有需要的人。目前很多高校纷纷在新媒体上搭建起自己的官方网站，在这些官方网站上展现具有自身特色的法治理念培育的科研成果，人们可以在网上浏览或下载所需资料，在无接触的形式下将法治相关材料呈现在人们面前，实现法治理念的传播。可以说新媒体技术解决了高校对外共享资源的地域限制，使得身处各地的大学生都可以通过新媒体分享高校学习资源，更好地掌握与法治理念有关的知识。

网络课程是新媒体环境下网络教育中一种比较先进的教学思想，也是现代远程教育的重要手段。如今在新文科的大背景下，通过网络多媒体技术，以网络教学的课程形式可以向各地学生提供教学内容，使学生随时随地都能够享受教学服务，从而进行更好的法治理念培育。

（三）完善高校“课程思政”法治理念多样性培育机制

目前全体公民的法治观培育已成为整个国家关注的焦点之一，如若想让法治观培育取得新的进展，必须进一步完善多样性培育机制，令大学生在多样化的法治观念培育渠道的作用下提高自身法治观念。因此，必须设置并健全高校法治教育机构以进一步培育大学生的法治理念。此外，法治理念的传播培育是一个系统性工程，需要考虑到方方面面的问题，首先需要明确法治理念传播的责任主体，将主体的权利与责任划分清楚，确保法治理念培育的有序进行。高校中包括思政课教师和辅导员在内的高校教师是法治理念培育的主体，他们与大学生接触时间较长，可以更好地培育大学生的法治理念。同时，学校领导也应该关注大学生的法治理念培育工作，积极调动学校其他部门配合法治理念培育，加大对法治理念传播与培育的支持与投入，使高校“课程思政”中的法治理念得以更好的传播。

除了以上方面，我们还应注意到高校法治理念培育机制具有稳定性和长期性，因此必须进行良好的制度安排，加强对大学生法制观念的培育。首先，必须细化培育大学生法治理念的制度安排，建设更加全面的高校法治教育领导制度，使其具有坚强的组织和领导保障。其次，适度调整大学生法治理念教育的课程安排，根据不同年级、不同层次设定法治理念培育的要求，开设具有针对性的法治理念公共课程，使法治理念的实效性得到体现。再次，还需要开设各种法治选修与辅修课程，为需求、层次不同的大学生提供学习的机会。最后，还需要注重实践活动。可通过模拟法庭等实践活动，使大学生真正去接触法律案件，加深大学生对法治的理解与认识，增强大学生对相关法治实践的认知。通过以上途径完善多样性的法治培育机制，有利于培养出更多具备法治素养的人才，使其为建设法治国家贡献自己的力量。

四、结语

提升大学生法治思维状况可以促进国家的法治建设，而加强培育大学生法治思维可以培养更多的高素质法治人才。目前新文科工作对培育大学生提出了新的要求，使得高校“课程思政”中法治理念的传播与培育成为社会建设的客观需求之一。法治理念的传播与培育作为大学生思想政治教育的核心，必须得到贯彻落实。本文通过对目前法治理念培育所面临的困境进行分析，并以此为依据，确定法治理念培育原则，并在坚守原则的基础上，结合新媒体技术传播高校“课程思政”中的法治理念。通过完善多样性培育机制，以实现高校“课程思政”中法治理念的传播培育，为大学生法治教育提供更多可能。

【参考文献】

[1] 苗玲玉，鲍风雨. 课堂教学评价：运用移动设备实现课程思政的院校案例[J]. 中国职业技术教育，2019(5)：36-40.

[2] 陈向东. 新型冠状病毒肺炎疫情对高校微生物学教学带来的挑战与发展机遇[J]. 微生物学通报，2020，47(4)：1001-1003.

[3] 张雅娟. 高校法治教育的问题与途径探究[J]. 福建医科大学学报(社会科学版)，2018，19(3)：32-34.

[4] 刘虎. 加强代际互动提升新时代高校社会主义核心价值观培育实效——以南京航空航天大学为例[J]. 南京航空航天大学学报(社会科学版)，2018，20(3)：95-100.

[5] 任海涛,雷槟硕.高校科研成果市场转化的法治保障研究[J].复旦教育论坛,2018,16(5):32-38.

[6] 朱广琴.基于立德树人的"课程思政"教学要素及机制探析[J].南京理工大学学报(社会科学版),2019,32(6):84-87.

[7] 黄煜栋,徐莉君."课程思政"下的课堂教学质量量化评价研究[J].科技通报,2019,35(10):217-221.

[8] 柯翌娜.课程思政视角下保险学课程改革探索[J].山西财经大学学报,2019,41(S2):107-108.

[9] 刘洁,王振.高校思政教育工作的实务指导——评《大学生思想政治教育精细化典型案例赏析》[J].江西社会科学,2019,39(11):257+269.

[10] 李华忠.高校思政课"五维一体"教学模式探究[J].黑龙江高教研究,2019,37(2):147-150.

[11] 王海威,王伯承.论高校课程思政的核心要义与实践路径[J].学校党建与思想教育,2018,581(14):33-35.

[12] 兰坤.新媒体环境下高校思想政治教育创新平台建设研究——基于对高校官方微信公众平台的实证分析[J].北京交通大学学报(社会科学版),2018,17(2):159-164.

[13] 张雅娟.高校法治教育的问题与途径探究[J].福建医科大学学报(社会科学版),2018,19(3):32-34.

[14] 昌敬惠,袁愈新,王冬.新型冠状病毒肺炎疫情下大学生心理健康状况及影响因素分析[J].南方医科大学学报,2020,40(2):171-176.

[15] 穆渴心,李述刚,高大新.食品安全危机背景下高校教学中的德育渗透[J].食品工业,2018,39(2):278-280.

网络思想政治教育话语权探析

朱国强　范　辉*

摘要:网络思想政治教育具有话语权利、话语权力、话语权效三个内涵,具有交互性、多样性、象征性、潜隐性四个特征。这些特征在一定程度上使网络思想政治教育主客体间地位作用发生了变化以及话语权力和话语权效的不同步性,解决这些问题应以社会主义思想信念为主导,运用新媒体,面对多样性;以话语权力建构为起点,占领话语高地,彰显象征性;以生活实践为标准,转变话语方式,从破除潜隐性入手,将网络思想政治教育的主动权掌握在教育者的手中。

关键词:网络思想政治教育;话语权;话语权利;话语权力;话语权效

习近平总书记在全国宣传思想工作会议上强调:"我们必须把意识形态工作的领导权、管理权、话语权牢牢掌握在手中,任何时候都不能旁落,否则就要犯无可挽回的历史性错误。"①网络的产生与发展使思想政治教育网络化成为不可阻挡的潮流,如何充分利用网络平台开展思想政治教育工作并积极主动地掌握网络思想政治教育的话语权,就成了意识形态工作的重中之重。

一、网络思想政治教育话语权三内涵:话语权利、话语权力、话语权效

话语权是由话语所表达出的精神动力,本质上包含两个方面:一则是话语的权利,即话语资格权——权利;一则是话语的权力,即话语影响权——权力。权效则是在实践活动中,行使"话语权利"和运用"话语权力"所能达到或产生的效应、效果或效力。关于话语权的内涵,学界有几种不同的观点:一是"单主体说",

---

* 作者简介:朱国强,鲁东大学马克思主义学院硕士研究生,研究方向为思想政治教育;范辉,鲁东大学马克思主义学院硕士研究生,研究方向为马克思主义中国化。

① 王伟光.牢牢掌握意识形态工作领导权管理权话语权——深入学习贯彻习近平同志在全国宣传思想工作会议上的重要讲话精神[N].人民日报,2013-10-08.

即指由教育者单独把控的引导权、控制权与管理权，该观点未明确阐明教育者话语权的生成机制，对受教育者的角色研究有待于进一步加深。二是“双主体说”，即教育者、受教育者共同支配话语权，并在互动中施加话语影响，但是未对互联网的角色及主体间的互动机制进行清晰把握。三是“泛主体说”，即多样命题共同构成话语权主体，从而对话语过程施加影响。这种观点对话语权的实践过程有了全面的分析，仅仅涉及话语权的多样化变现，对话语权的实质——核心权力、主体有待于进一步分析。网络思想政治教育话语权是在网络与现实社会高度融合的背景下，在教育参与者基于技术支持而进行的教育引导、思想把控和交往互动过程中生成和发展的多样话语权利、权力、权效的总和，对网络思想政治教育话语权内涵进行界定可从话语权利、话语权力、话语权效三个方面进行。

(一)网络思想政治教育话语权利：参与权与表达权的结合

思想政治教育本身就蕴含了一定的话语权，网络思想政治教育话语权是思想政治教育话语在网络社会的延伸，以网络话语为基础建立起来的社会权力关系，不仅体现为话语权主体在网络思想政治教育活动中具有话语资格和权利，即教育者与受教育者通过网络媒介对社会现象自由发表言论、观点的机会；还体现为教育者依托网络社会特点引导、调控教育活动以实现网络思想政治教育，即向受教育者阐释思想信念、政治观念、价值理念，行使话语权利。

(二)网络思想政治教育话语权力：控制力与引导力的整合

米歇尔·福柯认为：“话语是一种‘权力’。”①人们通过对话语的控制实现权力。网络思想政治教育话语权力实质上是国家意识形态在网络社会中的主导力。在信息传播及教育方法优化的环境下，教育者与受教育者遵守网络道德、法律法规力求实现主流意识形态外化与内化的双重影响力。网络思想政治教育话语权力一方面表现为控制力，具体体现在借助国家权力，形成主流思想的权威机制，而不只是依靠以网络技术的生成方式；另一方面表现为引导力，话语主体将政治意识、品德思想整合到网络话语系统中来，进行引导的过程中不是教育者或受教育者各自处于独立状态，而是双方进行联动，有效利用话语的感染力增强话语权力。

(三)网络思想政治教育话语权效：价值认同与行为自觉

思想政治教育的目的是为了育人，这也是网络思想政治教育的目标。话语主体在网络环境中主导公众的政治方向，开展灌输、交流等教育活动，在履行话语权利的基础上，增强教育的凝聚力与引导力，形成网络思想政治教育的影响效

① 王治河.福柯[M].长沙：湖南教育出版社，1999：159-162.

力。网络思想政治教育权效体现为受教育者理解、吸收思想政治教育内容,改变主体认知现状,主动形成价值认同,并以此转化为指导社会实践的道德规范和行为准则。话语权效还体现为受教育者角色的转变,在接受思想政治教育的过程中,受教育者对话语主体传授的信息进行学习后产生新的思想观念,利用该思想观念对他人进行再教育,这也是网络思想政治教育所形成的行为自觉,受教育者的身份也进行了从教育客体到教育主体的过渡,充分发挥了教育参与者的主观能动性。

二、网络思想政治教育话语权的特征:交互性、多样性、象征性、潜隐性

(一)网络思想政治教育话语权主客体的交互性

在传统的思想政治教育活动中,教育主客体间关系地位分明,两者之间不可相互逾越,话语间性作为构成网络思想政治教育的因素,主张教育主客体拥有话语自由及平等的权利,不仅体现在人格与地位上的平等,还具有话语意见上的主导权,所以在网络社会中,传统意义上思想政治教育主客体可以摆脱社会关系的限制,对接受的社会意识形态按照自我意识进行选择和吸收,主客体间关系变得模糊化、平等化。在网络思想政治教育的过程中,教育者也在进行接受教育。另一方面,朋辈教育对网络思想政治教育产生深远影响,青少年利用网络平台对社会事件进行讨论,发表观点,通过网络舆论影响对网民产生一定的思想政治教育效应。因此,受教育者在接受教育的同时还担任着教育者的角色。

(二)网络思想政治教育"话语权利"的多样性

话语权作为政治权利代表着公民具有依法参与社会政治生活的权利。同时话语权还有另外一重身份——语言权利,这就意味着在遵循社会现实、自然环境规则的前提下,可以对公共权力进行抗衡来坚定自己的价值观念。无论是教育主体还是教育客体,都可利用新兴的话语媒介载体在网络社会中进行自我观点的阐述,表达形式丰富多样,对同一事件的认知也可存在差异。同时,用来行使话语权利的文体呈现出多样性,传统的话语文体逐渐被流行的文体所取代,诸如"微博体""青年体""知音体"等。在对社会实时热点问题进行追踪的同时将青少年的个性融入传播文体中,不断对教育主客体产生影响。

(三)网络思想政治教育"话语权效"的潜隐性

话语权力具有自我隐蔽的机制,所影响的群体会产生自我思想意识并对行为进行控制,因此网络思想政治教育的话语权效也会受到一定程度的影响,网络话语体系内主流意识形态的表达大多通俗化、简单化,结合网络文体表达所具有的修辞、符号、句式等技巧,教育者将国家主流意识形态灌注于主客体的交流教育中,通过潜移默化的方式对受教育者进行教育。话语权效的实现主要依靠双

方精神上的沟通、思想意识上的互通，这种方式使网络思想政治教育效力更加巩固。此外，网络思想政治教育环境、教育主客体个体认知水平等都会隐匿在思想政治教育过程中，从而对话语权效产生影响。

三、网络思想政治教育话语权的现实境遇

（一）主体话语式微，客体话语主体性增强

网络语境下，教育主体与客体之间话语地位上发生改变，原因在于网络思想政治教育具有交互性的特点，主客体就此展现出网络社会中的特性，教育者作为教育主体，将主流意识形态传授给受教育者从而产生教育影响，达到思想政治教育效应，但受教育者并非一般的客体，对教育内容并不是全盘消极地吸收，受教育者的主观能动性可以对接受的价值信息进行判断，不再是被动地接受信息，而是在此基础上可以制造、传播有价值性的信息，逐渐形成受教育者的主体性，形成了与教育者主体地位的对立格局。受教育者与教育者进行话语交锋的过程也是相互作用的过程，沟通的最终目的是消除矛盾，形成社会文化认同与行动自觉。

（二）话语权力发挥与话语权效应失衡

在网络化缺乏信赖与理解的影响下，网络思想政治教育权力的发挥与权效的回报通常处于失衡的状态。教育者正是利用这种权威性话语充分发挥思想政治教育的话语权力，话语权力的凝聚力与感召力也使得网络思想政治教育的过程处于规制之下，贯穿教育主客体交流的整个过程。而这种代表性的权力关系只有经过受教育者的认同才能够实现，权效的高低也对权力的发挥形成挑战。因此，要想真正实现话语权力与话语权效的同步，其运作机制应当建立在教育者进行合理引导、受教育者实现文化自觉的基础上，突破话语权力与权效之间的临界点。

四、网络思想政治教育话语权的建构路径

（一）以社会主义思想信念为主导，运用新媒体，面对多样性

网络思想政治教育就是对受教育者进行社会主义主流意识形态上的渗透教育，以此来构建起精神世界。在网络思潮多元、载体多样的环境下，我们要坚持社会主义思想信念的主导地位，要利用网络话语的便捷性优势，创建中国特色思想政治教育的话语平台，将网络资源进行整合，提炼思想政治教育内容，优化教育方法，发挥好大数据处理的优势，在数据量化的基础上积极倡导新时代中国特色社会主义意识形态，不断建设我国思想政治教育的网络阵地。此外，我们还要灵活运用网络环境下思想政治教育的各种文体，作为思想意识的载体，要将有主

导性价值的内容创造性地融合到流行文体中去，创作多样的网络文化产品，讲好中国故事，传播好中国声音，使更多的受教育者形成文化自觉。

（二）以话语权力建构为起点，占领话语高地，彰显象征性

作为国家意识形态领域的一项重要工作，话语权力代表着国家主流思想意识的主导力和控制力，彰显着新时代思想政治教育的未来图景，但面对网络环境下话语权力解构的现象，话语主体要树立斗争精神，对于原则性问题主动出击，在舆论斗争中占领话语高地。在话语交锋的过程中，话语主体要不断提高话语文化素养、提升话语斗争本领，更加鲜明地表达网络思想政治教育的话语立场，同时要求话语主体有目的地加强自身的网络技术学习，只有具备充足理论知识与熟练的网络技术才可以有效利用网络媒介，及时发挥网络思想政治教育权威话语的引导力，靶向性地排查问题、解决困惑，形成共识。

（三）以生活实践为标准，转变话语方式，破除潜隐性

马克思指出："人的思维是否具有客观的真理性，这不是一个理论的问题，而是一个实践的问题。人应该在实践中证明自己思维的真理性，即自己思维的现实性和力量，自己思维的此岸性。"①因此在网络化环境下，人们不仅想要了解思想政治教育的话语内容，想要了解思想政治教育的话语内容要通过什么样的方式进行表述，更期待这种新兴的教育模式能够带来什么样的权效体验。而这就需要我们通过转变话语方式，使官方语言变得通俗化，使人民群众可以切实地感受到语言的亲和力和号召力，使抽象化的语言突破认知水平障碍。经过一定时间的积淀，网络思想政治教育的效力将会发挥到最大化，主导性思想意识入脑入心，受教育者形成文化自觉与行为自觉，实现话语权效的现实化。

【参考文献】

[1]习近平在全国高校思想政治工作会议上强调：把思想政治工作贯穿教育教学全过程　开创我国高等教育事业发展新局面[N]. 人民日报，2016-12-09.

[2]王欣玥，吴满意. 国内学界网络思想政治教育话语权问题研究状况述评[J]. 重庆邮电大学学报（社会科学版），2017，29(4)：88-93.

[3]李超民，李礼. 网络思想政治教育话语权研究[J]. 华侨大学学报（哲学社会科学版），2015(6)：50-61＋125.

[4]司林波. 网络话语权的公共领域特征与话语民主的实现[J]. 陕西行政学

① 马克思恩格斯选集：第1卷[M]. 北京：人民出版社，1995：58.

院学报,2012,26(2):18-21.

[5]郭祺佳.大学生网络话语权发展趋势探微[J].思想政治教育研究,2012,28(1):123-126.

[6]曾庆亮.略论网络思想政治教育话语权的掌控[J].中学政治教学参考,2011(36):36.

[7]李丽.新时代网络思想政治教育话语权的建构路径[J].思想理论教育导刊,2019(3):127-131.

[8]公亚丽.网络思想政治教育话语权研究[D].昆明理工大学硕士学位论文,2016.

[9]丁梅君,徐建军.论网络思想政治教育话语权效能的提升[J].中南大学学报(社会科学版),2019,25(5):144-150.

高校“课程思政”改革理论与实践探索研究

孙　琦*

摘要：高等院校是为中国特色社会主义事业培养人才的摇篮，而对大学生进行思想政治教育是培养合格人才的保障。在对大学生进行思想政治教育的过程中，单靠思想政治理论课很难达到育人的效果，因此，加强“课程思政”教学理念的推行是全面实现立德树人根本任务的关键。将高校思想政治教育贯穿于所有的课程教育当中，融入理论教学和实践教学的各个环节，真正实现润物细无声的隐性教育。将思政课程的显性教育和专业课程的隐性教育相结合，构建高校思想政治教育的大框架，构成德育教育的大熔炉，真正意义上实现全方位、全学科、全功效的大思政的教育目标。

关键词：教育改革；课程思政；高等院校

习近平总书记曾指出：“各门课都要守好一段渠、种好责任田，使各类课程与思想政治理论课同向同行，形成协同效应。”①教育的根本任务在于立德树人，高等院校各个课程都要担负起立德树人的使命。高等院校是孕育社会主义建设者的摇篮，是党培养社会主义人才的主阵地。在高校推进“课程思政”建设，正是为实现新时代育人要求所展开的教育教学改革。在当前“大思政”环境下，把握社会主义办学方向，培养合格的社会主义接班人成了高校教育当务之急的任务。

“课程思政”是高校课程改革的新尝试，是“大思政”教学理念、学科德育理念、“隐性思想政治教育”的延伸，注重在授业中传道，在教书中育人，强调以知识为载体来引领价值，达到一种潜移默化的教书育人效果。自“课程思政”教学理念提出并实施以来获得了党中央、教育部等的高度关注，且在各大高校积极推

---

* 作者简介：孙琦，山东协和学院医学院助教，研究方向为医学教育。

① 守好一段渠　种好责任田——深入推进课程思政建设[N/OL]. 中国青年报，2019-09-09. https://baijiahao.baidu.com/s? id=1644176893650841133&wfr=spider&for=pc.

行，但是在推行的过程中还存在着部分课程任课教师的德育意识不强及本身育人能力不足等问题。

一、挖掘“课程思政”理论蕴含的价值

“课程思政”教学理念的提出及在各大高校推广应用，不仅有利于更好地立德树人，还有利于各专业课程、综合素养课程、实践课程等课程的发展。“课程思政”之课程承担着价值引领和知识传授的双重任务，而价值的引领和知识的传授是紧密联系、相互配合的一种关系。“课程思政”教学理念赋予各类课程对大学生进行正确的价值引领责任，而各类课程在潜移默化地发挥育人功效后，可以得到更好的反馈从而促进本身学科的发展。各课程的育人作用是无意识的，但是挖掘育人元素和发挥育人作用的过程却是各学科任课教师有意而为之的。

一方面，高校的各学科任课教师在挖掘本专业蕴含的思政元素、思政资源时，在很大程度上丰富了课程的教学内容，让教学内容更具深度和广度。学科任课教师在课堂教学中，不仅仅要把课程知识点、专业技能等传授给学生，还要把知识、技能的精神传授给学生，讲好知识技能背后的故事，传递出知识技能背后的精神力量。各学科任课教师要引导大学生学会正确对待不同社会思潮的影响并树立正确的三观，同时要学好相应知识，培育相应技能，把个人的理想追求和国家的现代化建设、中华民族的复兴相结合。这让课程内容更具温度，更丰富多彩，更让学生乐于接受。另一方面，各学科任课教师在有意识地挖掘并加入思政资源和思政元素的过程中，可以进一步加深对思政教育的理解，加深思政课对其他课程意识形态的引领作用。其他学科教学时，学科任课教师会潜移默化接受思政的影响，会站在马克思主义立场上用马克思主义的方法来解决分析问题，从而进一步加深和丰富了各类课程的知识，使教学更生动、更深刻。这使得各学科任课教师不仅传授给学生学习相关的专业知识和技能，还教会了学生如何正确地对待所学知识和技能并如何正确地用其建设社会主义中国。总之，“课程思政”的价值引领可以让知识传授得更立体、更丰富。

二、剖析“课程思政”教学理念过程中存在的相关问题

“课程思政”是高校课程改革的新尝试，是“大思政”教学理念、学科德育理念、“隐性思想政治教育”的延伸，注重在授业中传道，在教书中育人，强调以知识为载体来引领价值，达到一种潜移默化的教书育人效果。自“课程思政”教学理念提出并实施以来，获得了党中央、教育部等的高度关注，且在各大高校积极推行，但是在推行过程中仍然存在着部分学科任课教师的德育意识不强及本身育人能力不足、部分课程的育人资源挖掘不充分等问题需要解决。

(一)部分学科任课教师的德育意识不强

高校中的思想政治课是对大学生进行思想政治工作的重要途径,但不是唯一途径。习近平总书记强调,高校各类课程要与思政课程同向同行,也强调了其他课程在高校育人体系中的重要作用。自“课程思政”理念提出以后,党中央、教育部和各级高校大力推行“课程思政”理念。但是,目前“课程思政”的教学理念并没有在高校中形成共识,并不是所有的教育者都能接受其理念,甚至有些教育者对此不以为意,更不用说转化为实际教学活动,高校中还存在着部分学科任课教师德育意识不强的问题。

习近平总书记强调,各类课程都要发挥育人功效。各类课程既包含了文学、史学、哲学等人文社会科学类学科,又包含了医学、工程技术、数理化等自然社会科学类学科。人文社会科学类的学科内容注重挖掘、教授人类的意义价值、社会发展方向、世界发展价值等含有一定价值取向的贴近思想政治教育的内容。而自然社会科学类的学科内容更偏向于教授精准的实验数据、熟练的操作技能、严谨理性的处事作风等,这些内容一般来说缺乏明确的价值立场判断,与思想政治教育内容偏离较远。部分高校学科任课教师没有认识到思政教育对学生、对社会以及对国家发展的深刻意义,对立德树人的根本任务认识还不到位,缺乏对思政课重要性的宏观把握。部分学科任课教师对思政课认识片面、了解不够,认为只要把自己的学科的知识教授好、把相关专业技能操作教给学生即可。甚至,个别学科任课教师受到西方社会思潮、意识形态以及其他社会因素等影响,可能存在政治意识不强、理想信念较弱、政治方向不准确等问题,以致影响大学生的政治立场、理想信念等,产生了不良的教学效果。尤其是一些理工科院系与思政教育联系相对较少,思政教育氛围较缺乏,他们的学科任课教师更愿意相信准确、严谨的实验数据和操作技能而否认思政教育是自己的职责,对自己所教授的课程中是否存在思政元素,是否能进行思政教育存在争议。由于各方面的影响“课程思政”教学理念还未真正入高校学科任课教师的脑与心,部分学科任课教师的德育意识还有待提高,这个问题必须解决。

(二)部分学科任课教师的思政能力不足

各科教师不仅具有教书的使命还具有育人的使命,从新中国成立到现在,党和国家从未减少对高校大学生的思想政治教育工作的重视,同样也重视各科教师的育人作用。《教育部关于加强高等学校学生思想政治工作的意见》指出:“不仅专职、兼职干部要做思想政治工作,业务课教师也要做思想政治工作。”但在高校教学中,高校的部分学科任课教师在发挥育人作用的过程中还存在着思政能力不足的问题,这在很大程度上影响了“课程思政”的实施效果。

“课程思政”教学理念推行得是否顺利,关键在于学科任课教师是否具备相应的思政育人能力。现实中，部分学科任课教师缺乏相应的思政育人能力，这主要指学科任课教师如何挖掘所教授课程中的思政元素，并用其更好地发挥育人作用。大部分学科任课教师只具备教授专业知识、通识知识等内容的专业方法、技能等，他们在课上几乎只教授专业知识。学校、院系尽管要求各类课程协同思政课发挥育人功效，部分学科任课教师也意识到了要发挥自己专业课的育人作用，也极力想在自己课堂上对大学生进行思政教育，但是由于部分学科代课教师思政育人能力不足而影响了“课程思政”教学理念实施的实效性，部分学科任课教师没有真正理解“课程思政”的教学理念，缺乏实施“课程思政”教学理念的思政育人能力，不能很好地挖掘专业课中的思政元素而性地对学生进行思政教育。部分学科任课教师在课堂上直接显性地教授学科知识，把思政元素片面地加入本学科教学，甚至把各学科课上成了思政课，这不仅影响了本学科知识的传授，也让学生对直接的说教感到反感，进而影响了思政教育的效果。学科任课教师只有提高自身的思政育人能力，才能更好地推动“课程思政”教学理念的实施。

（三）部分课程的育人资源挖掘不充分

目前，在推行“课程思政”教学理念过程中，还存在着育人资源挖掘不充分的问题：一方面学科任课教师因不清楚对学生进行思政教育的内容，不了解思政教育的技巧，不会运用思政教育教学方法等，对育人资源挖掘不充分。另一方面，目前高校所使用的部分教材内容缺乏一定的合理性，不利于学科任课教师对育人资源进行挖掘。对学生进行思政教育应以培养理想信念教育为核心，以爱国主义教育为重点，以道德教育为基础，培养学生科学的思维方式。在思想政治教育教学实践活动中，只要是能被教师挖掘、利用的思政元素都有利于实现思政教育的实效性，学科任课教师要积极挖掘本课程中的思政资源。但是在现实教学中，学科任课教师因缺乏对思政教育的理解、受自己知识面的限制等，可能只是表面化地讲解马克思主义基本理论知识、道德教育、政治理论教育等思政教育内容，而不能深入地挖掘其中蕴含的理想信念、心理学、教育学、伦理学等思想政治教育资源。

三、“课程思政”存在问题的解决路径

（一）加强高校“课程思政”的师资队伍建设

高校是为中国现代化事业建设培养合格人才的地方，这就要求学科任课教师也要具备相应的素质。但是，在推行“课程思政”建设过程中，良莠不齐的师资队伍导致不同教师开展思政教育的效果参差不齐。推行“课程思政”教学理念的关键在于教师，“课程思政”建设的效果取决于教师思政能力的高低，他们需要有

扎实的“传道能力”(即思政育人能力),需要全身心地投入教学育人中,才能让学生将思政课内容“内化于心”“外化于行”,才能更好地提高思政课的教学效果和育人效果。陶行知曾言:“先生不应该专教书,他的责任是教人做人;学生不应该专读书,他的责任是学习人生之道。”因此,要从方方面面增强学科任课教师的思政意识和思政能力,建设一支优秀的教师师资队伍,为“课程思政”的建设和实施提供完善的保障机制。

(二)优化教学环境,完善相关机制

“课程思政”的建设仅仅依靠思政课教师和辅导员是不行的,需要国家、高校积极参与进来,只有优化“课程思政”的教学环境,完善“课程思政”建设的相关机制,才能更好地推动“课程思政”实施,才能保证“课程思政”的教育效果。

1.优化“课程思政”大环境

学科任课教师在践行“课程思政”教学理念时受到了国内外复杂的社会环境等多方面影响,因此国家、高校要优化“课程思政”的教学环境,为推行“课程思政”建设减少阻力。党中央、教育部不仅要在政策文件上重视对“课程思政”教学理念的推进,还要通过各种实际措施净化社会环境,以便高校更好地践行“课程思政”教学理念。同时,更为重要的是提高高校思想政治的地位,如在评比双一流高校、双一流学科中,提高思想政治教育学科的地位,提升育人指标的分量,而不是仅仅看高校中的博士、硕士数量,博士、硕士学位点等硬性指标。这样会减少高校功利化地去完成硬性评比指标,才会真正推进“课程思政”的建设。国家要颁布相应的教育文件,推动各大高校思政课的改革,弱化学科过分细化的现象,增强教学中的价值引领。要借助新闻舆论媒体加强对高校思想政治教育重要性的宣传,强调高校教师教书育人、立德树人的作用,应对“课程思政”建设做得优秀的高校和教师给予物质和精神上的鼓励,并作为榜样、典范在全国高校有选择地推广,让各地高校学习可复制的经验。

2.制定完善激励机制

“才者,德之资也;德者,才之帅也。”德才兼备、德智体美全面发展的人才是国家培养人的目标。目前,国家高度重视大学生的思想政治教育,高校教师是建设“课程思政”的关键。学科任课教师思政意识的培养在很大程度上依赖于外部客观的激励机制,高校只有制定好合理的激励机制,才能更好地培养学科任课教师的德育意识。高校要加强对提升学科任课教师责任感、使命感的思政意识的培训,消除学科任课教师对思政教育的错误认知。教师在教学活动中处于主导和执教的地位,是铸魂育人使命的主要协助者。高校可以将学科任课教师无意识的德育意识养成纳入学校教师有意识的培训中,强调立德树人、铸魂育人是思政课教师神圣的使命,加强思政意识。通过培训尽可能消除部分学科任课教师对思政教育的误解，帮助他们正确认识教书与育人的关系，让学科任课教师明白育人是每位老师的职责。

【参考文献】

[1]习近平在全国高校思想政治工作会议上强调：把思想政治工作贯穿教育教学全过程　开创我国高等教育事业发展新局面[N]. 人民日报，2016-12-09.

[2]王易. 传统文化与思想政治教育创新[M]. 北京：中国人民大学出版社，2018.

[3]张大良. 课程思政：新时期立德树人的根本遵循[J]. 中国高教研究，2021(1)：5-9.

[4]石定芳，廖婧茜. 新时代高校课程思政建设的本真、阻碍与进路[J]. 现代教育管理，2021(4)：38-44.

高校课程思政价值性与知识性相统一的路径研究

樊婧昊 *

摘要：高校思政会议上提出，推动思政课改革创新，坚持思政课程的“八个统一”。课程思政的价值性与知识性相统一是全面贯彻新时代党的教育方针的具体工作，是进一步研究培养担当民族复兴大任的时代新人的具体实践，更是立德树人背景下的时代任务，也是思政教育的时代精神所在。基于此，本文阐述了价值性与知识性相统一的内在逻辑，提出制定科学的课程思政知识体系与价值体系的统一，解决课程思政“怎么教”的问题，为实现高校课程思政在教学中价值性和知识性相统一提供理论基础，实现课程思政“知识传授”和“价值引领”的有机统一。

关键词：课程思政；价值体系；知识体系；立德树人

中共中央、国务院发布的《关于加强和改进新形势下高校思想政治工作的意见》中指出：“要加强对课堂教学和各类思想文化阵地的建设管理，充分挖掘和运用各学科蕴含的思想政治教育资源；坚持全员全过程全方位育人，把思想价值引领贯穿教育教学全过程和各环节。”①习近平总书记也在全国高等学校思想政治教育工作会议上强调指出：“要用好课堂教学这个主渠道，思想政治理论课要坚持在改进中加强，提升思想政治教育亲和力和针对性，满足学生成长发展需求和期待，其他各门课都要守好一段渠、种好责任田，使各类课程与思想政治理论课

* 作者简介：樊婧昊，山东协和学院讲师，硕士，研究方向为德育教育。

① 中共中央、国务院关于加强和改进新形势下高校思想政治工作的意见[N]. 人民日报，2017-02-28.

同向同行，形成协同效应。”[①]2017 年 12 月，中共教育部党组印发《高校思想政治工作质量提升工程实施纲要》，其中明确指出：“推动以课程思政为目标的课堂教学改革，梳理各门专业课程所蕴含的思想政治教育元素和所承载的思想政治教育功能，融入课堂教学各环节，实现思想政治教育与知识体系教育的有机统一。”[②]

2018 年 10 月，教育部印发《关于加快建设高水平本科教育全面提高人才培养能力的意见》中提出了“新时代高教 40 条”[③]，其中对高校要把思想政治教育贯穿高水平本科教育全过程作了进一步重申，提出高校要围绕全面提高人才培养能力这个核心点，加快形成高水平人才培养体系，提升思政工作质量，强化课程思政和专业思政。

高校思想政治工作会议再次明确了高校在思想政治教育工作中的主体地位和主要作用，并且也对高校思想政治教育提出了新目标。带动我国高等教育的课程思政开启了新一轮的教学改革探索，进一步推动当前的“思政课程”转型为“课程思政”，实现全方位的立体化育人模式。这势必要求高校课程思政深入推进教学改革，推动各门学科发挥自身在课程思政中的育人功能，挖掘各学科的思政元素，与思想政治教育加强融合，实现价值性与知识性的相统一。

要大力推动以“课程思政”为目标的课堂教学改革，首要任务是“统筹推进课程育人”，高校课程思政是多学科多专业多平台的系统教学体系，在课堂教学中推进课程思政，坚持价值性与知识性相统一，解决思政教育问题，提高课程思政实效，除了要遵循科学的原则与方法之外，还需推进知识体系与价值体系的互动构建，推动价值性与知识性相统一的课程思政与实践第二课堂协同，强化价值性与知识性相统一的课程思政与网络第三课堂互补，创新课程思政坚持价值性与知识性相统一的保障机制，以更好地解决“如何统一”的问题，处理好知识传授与引导价值观之间的关系。

一、知识体系与价值体系的同向同行

实现高校课程思政价值性与知识性相统一首先要处理好知识体系与价值体系两者之间的关系。在课程思政实施过程中，首先需要夯实专业知识体系来支

① 习近平在全国高校思想政治工作会议上强调：把思想政治工作贯穿教育教学全过程 开创我国高等教育事业发展新局面[N]. 人民日报，2016-12-09.

② 中共教育部党组关于印发《高校思想政治工作质量提升工程实施纲要》的通知（教党〔2017〕62 号）[Z]. 2017 年 12 月 5 日.

③ 张晨，李澈. 教育部印发“新时代高教 40 条”[N]. 中国教育报，2018-10-17.

撑思政价值体系的生成，挖掘思政元素，丰富价值体系，进而完善专业知识体系。其次进一步开展实践活动，深入推动知识体系向价值体系转化，突出价值性引领知识性，坚持价值性和知识性相统一。

（一）知识体系支撑价值体系

专业课程的知识体系是思政价值体系的理论基础，起着专业支撑作用，以此来把握政治方向，担当品德品行塑造的基石。如果只有空洞的价值说教，没有科学的知识作为支撑，那么价值体系就会像空心的树干，容易倒塌，价值观教育效果就会大打折扣。因此，实现价值体系与知识体系的统一首先要依靠科学知识体系的力量，夯实理论基础。一方面，教师要强化理论素养，把握教材内容，讲清马克思主义基本原理与方法，讲清中国共产党的产生与发展等，以渊博的知识吸引到学生，以透彻的理论说服学生，以强大的真理引导学生，用科学、及时、全面的知识体系支撑价值引领。另一方面，学生自己要改变学习态度，提高思想觉悟，主动掌握理论知识。大学生只有具备坚实的理论基础，才能用正确的理论指导自己的行为，才能在现实中提高明辨是非的能力，为自己找准努力的方向。

（二）价值体系引领知识体系的构建

课程思政的目的不仅要指导学生追求真知，更要引导学生追求真理。如果只对学生进行知识教育，那么课程思政将失去鲜明的课程特色，丧失课程思政教育的最终价值。因此，要遵循价值主导的原则，用价值体系引领知识体系的构建。教师在传授知识的基础上，必须引导学生把握正确的政治方向、坚定马克思主义和社会主义的信心信仰、提升个人的思想道德境界；要培育学生树立正确的爱国意识，深化爱国主义情怀，以课程思政的理论感染学生，用课程思政的案例影响学生，努力把学生培养成为德智体美劳全面发展的时代新人。无论在课堂上传授什么样的知识，重点都应该放在培养社会主义建设者和接班人上，而不是单纯教授知识。不忘初心，方得始终。只有这样，课程思政的作用才无可替代，课程思政的教育作用才能发挥出最大的威力。

（三）促进知识体系与价值体系的互动

实践是知识体系与价值体系互动的现实基础。通过实践，知识体系和价值体系才能实现双向转化，才能使学生把内化的科学理论和价值观念外化为自己的日常行为。

二、推动价值性与知识性相统一的课程思政与实践第二课堂协同

第二课堂是指“针对第一课堂而言具有素质教育内涵的学习实践活动，即学

生在教学计划规定课程之外自愿参加、有组织进行的各类活动"①。它与第一课堂共同构成完整的教育整体，是优化高校人才培养方案、培养学生实践能力、提高学生综合素质的重要载体，发挥着将知识内化成行为及促进人的全面发展的作用。因此，要推动价值性与知识性相统一的课程思政与主题教育、社会实践和校园文化等三个主要的实践课堂相协同。

（一）坚持主题教育与课程思政教学内容相耦合

主题教育活动是实现思想引领的有效载体，与课程思政教学有着天然的契合性。为实现主题教育活动与课程思政教学内容的耦合，提高教学的实效性，首先要使教育活动主题与课程思政教学内容相连接。例如，举办升国旗、举行建党100周年等爱国教育的主题活动或者讲座，是以活动的形式承载爱国主义情怀，传播民族精神，推崇文化自信；举办"世博会"，是与传授"以改革创新为核心的时代精神"的内容相耦合；举办校园运动会，是与传授"以大学生全面发展为目标，深入进行素质教育"的内容相耦合等。也可以根据学校特色，设计主题符合自己校情的思政主题教育活动。

其次，针对不同年级的学生设计的主题教育应该有所不同。正如实践调查显示不同层次的学生学习能力具有差距，鉴于此，对于不同学习能力的学生要有针对性地开展差异性活动，更好地适应学生之间不同的学习接受力，普及爱国主义教育和集体主义活动。

（二）坚持社会实践与课程思政教学目的相统一

课程思政教学的最终目的是要实现学生的全面发展以及知识的融会贯通，其依托的平台包括社会实践。从社会实践实施的过程来看，一共产生三个环节，一是打造社会实践基地。

高校可通过区校、村校、校企共建服务活动，积极搭建思想政治理论课第二课堂。学生可以学院、班级等组织为单位，根据就近原则选择建设基地，而且各学生队伍要与实践单位保持长期的联系，以期实践活动能更好地达到教育目的。同时，还可让经验丰富的学生带领新生组团开展活动，增强实践基地的传承性。二是要丰富大学生社会实践的形式和内容。在社会实践中要充分考虑实际情况，针对地方需要大力开展志愿服务和公益活动，如往贫困地区支教、送医疗和科学设备，往留守老人和儿童区送生活必需品和文艺活动等。三是完善大学生社会实践的考核机制，把社会实践成绩记入学分，参与到学期期末考核中来，以提高学生参加社会实践的积极性。实践活动一定要求学生深入下去，不能浅尝

① 谢相勋.高校第二课堂活动课程研究[M].成都：四川大学出版社，2012：9.

辄止、做表面文章，只有实实在在的行动，才能真正提升学生思想品德素质，培养大学生服务社会的本领，才能达到课程思政的教学目的。

（三）坚持校园文化与课程思政课堂文化相衔接

高校课堂文化是大学生在课堂上师生互动中所接触到的最直接和直观的文化，在促进学生社会化的学术过程中构成“显性课程”。而高校校园文化是一个由校园景观、校园氛围、校园活动和师生员工等众多因素构成的开放系统，在促进学生价值性与知识性相统一的过程中构成了“隐形课程”，对课堂文化起着补充衔接作用。因此，促进课程思政价值性与知识性相统一除了利用好课程思政课堂主渠道之外，还要利用好校园文化这个辅助阵地的作用。首先，要突出建设校园文化主旋律。用科学的马克思主义理论武装人，用正确的社会主义核心价值观引导人，用高尚的思想品德精神塑造人，以整体提高校园文化水准，营造风清正气的校园文化氛围。其次，要注重校园文化环境建设。一方面通过打造优秀名师的雕像、建设主题文化广场、打造“艺术精品”、栽养花草树木、张贴文明标志牌等物质文化建设来激励大学生前行，强化大学生的审美能力。另一方面通过宣传学校的校训、校歌和校史向学生传播精神文化，引导师生的人文情感。最后，组织开展校园社团活动。通过参加各类社团活动，可以让学生自己在社团的阵地上尽情发挥所学到的知识，同时也能培养学生的人际交往能力和组织管理能力，对学生的全面发展有着不可估量的作用。

三、强化价值性与知识性相统一的课程思政与网络第三课堂互补

一般来说，网络第三课堂是指教师与学生以现代信息技术作为学习手段，以网络资源作为学习内容，以互联网作为学习平台，进行在线交流讨论、合作研究、自主学习的虚拟课堂。相较于传统第一课堂是以系统的马克思主义理论讲授为主，进行全面系统、循序渐进式的学习，网络第三课堂则是一种借助信息技术对学生进行碎片化的学习，能够弥补传统第一课堂教学的不足，对其发挥着延伸和补充的作用。因此，在对大学生进知识教育与价值教育的过程中，要充分认识网络在提升课程思政价值性与知识性相统一方面的互补作用。

（一）建好课程思政网络课堂与办好思想教育示范网站相呼应

首先，要积极利用新媒体技术为大学生学习提供服务，教育与引导大学生的价值观。高校要建好课程思政网络课堂，把网络的优势与大学生的知识观与价值观的培育相结合，创新课程思政教学方式。目前高校授课的教室几乎都有网络设备，可利用慕课、微课等多种形式作为教学互动的载体。有条件的学校甚至还可以利用最新的 AR 技术，通过 AR 这些新技术的投入，教师在课堂上展示生动的视频、图片甚至创造出身临其境的场面，化抽象的理论为具体，变枯燥为情

趣，达到情景交融，潜移默化地使大学生接受知识的熏陶和价值的塑造。

其次，高校可建立形式多样的有关大学生思想政治教育的网站与思政网络课堂相呼应。例如全国思想政治教育示范网站——“中国大学生在线”，根据大学生关注的热点、热门话题，引导学生的价值导向，以贴近校园、走进生活的形式，通过学生身边的榜样激励学生奋发向上，用学生自己的观点解析校园的热点、焦点，引起学生的共鸣，起到良好的教育效果。

（二）用课程思政的话语体系引领学生网络生活

技术是工具，是要为人所用的。目前，网络是大学生所最能接受的主流学习方式，利用新媒体将课程思政的话语体系融入网络学习，让学生在潜移默化的影响下吸收思政知识，塑造正确的价值，从而引领学生网络生活，以更好地促进课程思政价值性与知识性相统一。

日常学习中我们可以在网络互动中为大学生答疑解惑。课后可借助微信、微博、QQ、抖音等多元化的网络平台为学生回答问题、阐释疑惑。亦可将网络热点文化融入课程思政元素内容，让课程思政话语更具时尚性、创造性，让大家处在相同的环境更容易引起共鸣，从而使课程思政的话语体系真正走进学生头脑，走进学生的心里，成为大学生网络生活不可缺少的部分。

四、创新课程思政价值性与知识性相统一的保障机制

为了全面推进课程思政教学效果，充分发挥课程思政教学的主渠道作用，发挥第二课堂与第三课堂的有效补充作用，切实提高课程思政教学质量，保证课程思政坚持价值性与知识性相统一进入良性、稳定、长效的运行轨道，必须要建立比较完善的党政齐管的组织机制、师资保障机制、思政课程与课程思政同向发力的协调机制和科学有效的评价机制。

通过对课程思政坚持价值性与知识性相统一的剖析，落实思想政治课对大学生开展价值观教育的成果，改变过去单纯的知识传授，实现知识教育与价值观教育相统一的教学目标，将价值观教育真正落实到思想政治课当中，这有益于推动高校思想政治理论课改革创新，满足大学生个人成长成才的需要，提高高校思想政治理论课实效性，使学生能够在把握理论学习的基础上，内化于思想自觉，外化于行动自觉，成为德智体美劳全面发展的时代新人。

【参考文献】

[1]习近平主持召开学校思想政治理论课教师座谈会强调：用新时代中国特色社会主义思想铸魂育人　贯彻党的教育方针落实立德树人根本任务[N]. 人民

日报,2019-03-19.

[2]中共中央、国务院关于加强和改进新形势下高校思想政治工作的意见[N].人民日报,2017-02-28.

[3]罗月霞.高校思想政治理论课由知识体系向信仰体系转化研究[J].职业教育,2016(12):165-166.

[4]董雅华.论思想政治教育中的知识性与价值性[J].贵州社会科学,2017(2):12-19.

地方本科院校音乐学专业融合课程思政的研究*

何雨婷**

摘要：习近平总书记在高校文艺座谈会上与学校思想政治理论课教师座谈会上强调，艺术思想政治理论课是当下学术研究的重要领域。艺术教育不仅具有特殊的魅力，还具有引导正确的政治意识、道德观念、人格品质的独特育人功能。地方本科院校在建设思想政治理论课中，也要积极探索艺术教育的路径，将课程思政与艺术教育相融合。文章从理论到实践重点对地方院校音乐学专业融合课程思政的背景、路径与举措、创新性三方面，阐述充分发挥艺术的感染力，挖掘艺术文化中的真、善、美，达到以美育人、以德传艺的功效。

关键词：课程思政；艺术教育；以美育人；以德传艺

党的十八大以来，以习近平同志为核心的党中央对思想政治工作高度重视，始终坚持马克思主义的指导地位，大力推进中国特色社会主义学科体系建设，为思政课建设提供了根本保证，为用新时代中国特色社会主义思想铸魂育人指明了方向。习近平总书记在文艺工作座谈会上强调："追求真善美是文艺的永恒价值。艺术的最高境界就是让人动心，让人们的灵魂经受洗礼，让人们发现自然的美、生活的美、心灵的美。"艺术教育具有特殊的吸引力、感染力与影响力，具有引导正确政治意识、道德观念、人格品质的独特育人功能。高等学校在办好思想政治理论课的实践中，积极探索思政教育与艺术教育的融合，用好艺术教育美育和德育的功能，显得尤为重要。发挥艺术教育的特点与优势，推动思政教育与艺术

---

* 基金项目：九江学院校级教学团队思政教学型项目"地方本科院校音乐学专业钢琴课程思政"阶段性成果。

** 作者简介：何雨婷，九江学院艺术学院副教授，博士，研究方向为音乐与舞蹈学。

教育深度融合，使思政教育在学校教育的各个方面、各个层次都有所体现。同时也将思政教育融入人才培养，用“大思政”的理论达到以美育人、以德育人的目的。

一、地方本科院校音乐学专业与课程思政融合的形成背景

（一）思政教育与专业教育融合的必要性

当今信息多元化的时代，大学生们的人生观与价值观也出现了多元化的取向。在全球信息化高度发达的今天，学生们可以通过多样性的方式接触到各种信息，网络上接触到的信息时常与现实教育产生分歧。大学生们还处于吸取各类养分的时期，但大学生还缺乏甄别筛选正确信息的能力，思想道德品质、三观容易被错误低俗的信息所摆布，加之高校大学生正处青春叛逆期，更极端的是被反噬其身。艺术教育的根本目的在于育人，提高学生的审美和人文素养，促进学生的健康成长；思政教育的根本目的在于培养学生形成正确的人生观、价值观，帮助学生身心健康的成长，达到以美育促德育的功效。而当代大学生对中国传统文化的认知不够充分，对我国的红色文化也渐渐淡忘，甚至出现盲目的崇洋媚外现象，对于中国优秀的传统文化缺乏深入的认知。

思政教育与专业教育不应该是单纯的“两张皮”，目前有些高校开展思想政治教育出现了“瓶颈”，甚至有些高校出现了“重专业，轻思政”的现象。2018 年 9 月 17 日，教育部《关于加快建设高水平本科教育全面提高人才培养能力的意见》中提出：“把思想政治教育贯穿高水平本科教育中，强化课程思政和专业思政，做好整体设计，根据不同专业人才培养特点和专业能力素质要求，科学合理设计思想政治教育内容。强化每一位教师的立德树人意识，在每一门课程中有机融入思想政治教育元素，推出一批育人效果显著的精品专业课程，打造一批课程思政示范课堂，选树一批课程思政优秀教师，形成专业课教学与思想政治理论课教学紧密结合、同向同行的育人格局。”构建高校思想政治课程体系，将思想政治教育与音乐教育有机融合，把思想政治工作贯穿教学全过程，实现全程育人、全方位育人。

（二）音乐专学业课中融入课程思政与形成正面价值观的必要联系

笔者是一名专业音乐的教育工作者，在教学活动中感受到，音乐专业大学生不仅有着普遍的思想意识、认知意识，还有思想活跃、个性鲜明、个体意识强、集体意识薄弱、专业技能突出、文化底蕴薄弱等特点。但音乐专业的学生们在专业技术训练学习过程中花费了大量的时间，有着相对系统、稳固的专业思想，端正的专业学习态度，执着的专业投入态度；学生们对专业课教师也有较高的信任感与敬佩感，专业课教师与学生接触的时间相对其他专业多，专业学习属于实践性

的课程，将会伴随学生们的整个学习阶段甚至是更长的时间。因此，音乐专业教师可以很好地利用这一特点，将课程思政与专业教学有机结合起来，充分发挥艺术的感染力，挖掘艺术文化中的真、善、美，达到以美育人、以德传艺的功效。

笔者所工作的一所地方本科院校设有市交响乐团、市歌舞团、市合唱团，这些社团的排练实践课也纳入了教学培养方案中，学生们在专业训练中适当地融入课程思政，将这两者进行适当的结合，既能提高学生的德育素养，培养学生们正确的世界观、人生观、价值观，从而更好地影响学生。音乐专业课程融合课程思政，不但可以开发学生对音乐作品的诠释，更好地进行二度创作，还能共同提升学生们的德育素养、思想政治素养、艺术素养，使学生们成为思想品德与专业都很优秀的人。

二、地方本科院校音乐学专业与课程思政融合的创新性

（一）开展相互交流，共同推进课程思政的建立

笔者曾与自己家乡一所部属高校的音乐学院进行合作，参与部属高校校级教学重点思政类项目、国家一流本科课程“艺术思政课”。笔者所在高校的院、校两级领导非常支持教师们与率先开展这类课程的高校进行合作交流，也于今年成立了“钢琴思政课程”的教学团队。部属高校艺术思政教学团队负责人将先进的教学理念、强大的教学团队引入地方院校，以疫情时期的抗疫故事为主题、联合文学院与马克思主义学院师生们对艺术作品创作、对抗疫故事进行记载、编写与疫情相关的音乐剧、小品等。与其他地方院校有所不同，帮扶地方院校音乐学专业的部属高校专家（也是部属高校“艺术思政课”教学项目的负责人）为音乐专业副教授、硕士生导师，并担任音乐专业课教研室主任多年，笔者所工作的地方高校课题负责人也为二级学院音乐教研室主任；部属高校联合多个二级学院，采用线上、线下相结合地授课方式进行教学实践，把这些感人的故事、优秀的作品引入课堂教学中，将课堂教学理论与实践进行有机融合，向学生们传递正能量与正确的价值观，将思政元素融入教学中，成为课堂教学的补充。

校级领导曾邀请多位名师、名家在笔者所工作的高校开展课程思政方面的讲座，并提供相应的指导与技术顾问，这是加强艺术与思政交叉融合的有效手段。南京理工大学钟秦教授与上海大学顾俊教授两位专家在讲学中，从艺术家、文学家以及世界历史学领域进行挖掘，慢慢地延伸拓展到自己的专业学科中，为学生寻找感兴趣的思政素材，启示我们将思政内容与专业授课融会贯通，达到相辅相成、互相促进的效果，让我们在教学中寻找艺术与思政的交叉点。

（二）将教学与实践结合起来，充分挖掘思政内容

弘扬中华优秀的传统文化，将课堂与舞台实践结合起来，培养专业的演奏者

的同时，在教学与舞台实践排练中融入育人理念，实践教学中强化艺术与德育理念熏陶，将中华优秀的传统文化通过教学传递给学生，提升学生的综合素养。江西作为革命根据地、红色文化的摇篮，通过爱国主义教育学习、采风红色基地，创作体现革命精神、反映社会热点、新农村新气象的文艺作品，有助于让学生更深入地理解红色文化。达到以美育人、以德传艺的功效，贯穿立德树人的理念。

俗话说："成才者，先成人；学艺者，先为人。"始终教导学生在作品中反映真善美，学生们在展现专业技能的同时提高自身的文化素养。院校的党组织与团组织活动充分学习领会党的纲领，定期开展党日活动、团日活动，对学生们进行鲜活的党性教育。教师教学工作的重点应在"育人"上，而不仅仅是教书上。教师与大学生都要积极学党史，教师更是要学习教师职业道德、规范师德师风，要关心、爱护学生，师生要对党、对国家有一颗热爱之心与忠诚之心。师生们应积极参加下基层服务活动、运用自己的专业优势为农村的中小学开展帮扶工作，编配文化艺术作品，展演宣传正能量的节目、活动，培养师生们的责任感，达到教书育人的功效。

笔者所工作的地方院校音乐学专业的一位教研室主任，在毕业文艺晚会上专门留出提供给用人单位的专座区，这位教研室主任邀请了各个大中型企业与中小学来观看毕业文艺晚会，在晚会上通过演绎红色作品、红色歌舞剧等，传播江西的红色文化，彰显中国传统文化特色。音乐会后，各个用人单位与二级学院建立合作关系，并成立了实习实践基地，通过合作发挥双方各自的优势，推进共同合作。不但为学生们搭建丰富多彩的文艺演出平台，还为学生们提供了实习、就业的各种机会，丰富学生们的思政教育内容，发挥艺术类课程思政的以美育人、以德传艺作用。

三、地方本科院校音乐学专业与课程思政融合的路径与举措

（一）贯穿思政的新思想，充分将思政内容体现在音乐教学与实践中

在地方院校音乐学专业贯穿思政的重要思想，使思政教育内容在教学内容中体现出来。现实中，有的艺术院校的学生更追求个性化，对于社会时政不太关注，学生们弹奏的作品、欣赏的作品也脱离了时代性。因此，在音乐学专业课程教学中，教师们需要进行充分的备课，要使用合理的教学手段，利用网上的课程学习平台，对思政内容进行深度挖掘。切忌单纯的对学生进行思政教育，这样会使学生感到枯燥乏味。专业课教师应该将思政的有关内容通过间接的方式、易于为学生接受的方式传递给学生，让学生们在学习过程中进行体会、感悟。在教学设计的过程中，笔者所在的艺术学院每年会定时修订专业人才培养方案，通过研讨的形式充分论证案例、提炼专业中的文化基因和价值内涵，融入思政元素，

教学上灵活运用"一对一"或"一对一小组"的授课模式，每位导师既是专业技能教师又是思政专业教师，在授课时适当用案例、故事情节进行讲述、比较和研讨，运用多种教学方法从作品背景、文化差距、代表人物、历史文化等多个角度引导学生追求真、善、美。思政元素为传统的授课方式添加了新元素、注入了新能量，在授课中起到点睛之笔，真正让教师做到"传道授业解惑"，真正达到立德树人的目的。

作为毕业不久的音乐专业博士、地方院校的一名钢琴教师，笔者有幸与市交响乐团合作，承担了高雅艺术进校园系列活动之江西省非物质文化遗产传承活动，与市交响乐团合作共同演绎交响乐与双钢琴作品《庐山组曲》，此次活动不仅为学生们献上了具有九江市非物质文化遗产特色的经典作品，还传递了庐山文化的精髓，更培养了学生们的人文艺术精神。笔者所工作的高校与城市文化团体、政府机关团体签订了共同合作协议，政府机关的文艺团体在高校进行访问演出、合作排练等，在"不忘初心，牢记使命"之庆祝中国共产党建党 100 周年市职工合唱团音乐会中，笔者担任市合唱团的钢琴伴奏并与相关单位进行交流学习，全体师生们聆听了此次音乐会，让学生们通过音乐感悟党史，透过歌声铭记初心。音乐学专业教师在实践课程教学中，融入积极的思政元素，潜移默化对学生们进行音乐专业思想教育，成为课堂外思想教育的补充与拓展，也使专业教师不但是专业课教师同时还是一位思想政治课教师。

笔者所工作的高校院、校两级领导非常注重思政教育，也非常注重有意义的支教活动，校领导曾在博士教师座谈会上谈到，艺术专业博士具有扎实的专业功底、先进的学术理念，如果能在自己的教学生涯中为农村中小学的留守儿童上一节音乐课将是人生中最有意义的事。尽管笔者未担任学生班主任工作，但在从事教学工作时，笔者总会鼓励学生发挥自己的专业优势积极参加支教活动，充分利用假期、利用本科最后一年的实习期积极参加社会实践活动，不仅可以弥补个人不足，积累就业经验，还能为学院"就业思政"拓宽视野、开辟思路。

（二）将红色文化引入艺术课堂，传承红色基因弘扬革命精神

笔者所在的江西省地方院校，2021 年 4 月以钢琴与器乐教研室为单位举办了一场"中国红色钢琴作品音乐会"，6 月与 7 月分别举办了声乐红色经典歌曲音乐会与市红色合唱作品音乐会。师生们、市老年合唱团、音乐爱好者、省艺术家们等都加入音乐会计划并精心设计，结合作品的背景、音乐文化、作品表演的二度创作等环节，让在座的观众们回顾历史、学习文化，在诠释作品、体会音乐表现情感的同时进行爱国主义教育与不忘初心、牢记使命的教育，引导学生们树立正确的"三观"。音乐学专业以实践教学、音乐会排练为主，学校通过联动市交响乐团、合唱团、歌舞团等城市艺术团体为学生们提供了辅助教学实习的主阵地，并

以此为依托,通过各种汇报演出活动对外宣传。在不同方向的音乐舞蹈表演实践教学活动中,为在专业课教学中融入实践教学课程思政,专业教师们带领学生根据不同的主题,精心设计安排各种活动,达到以美育人、以德传艺的目的。在交响乐团与歌舞团为庆祝中国共产党成立100周年文艺巡演中,学校的艺术社团用丰富的艺术形式进行党史教育,在为市民提供高雅艺术的同时,也培养学生们的爱国主义精神。在校合唱团的红色歌曲合唱比赛中,先后演唱了《唱支山歌给党听》《映山红》《保卫黄河》《我爱祖国的蓝天》《我的祖国》《迎风飘扬的旗》等红色歌曲,诠释了一段不朽的历史,体现了崇高的人生理想与信念,也让学生们了解到,红歌是中国革命历史真实的写照,是激励我们继续奋斗的号角,内化学生心中积极向上、努力奋斗的情感,让学生们不懈追求爱祖国、爱家乡、爱他人。院、校两级领导大力支持学生的艺术社团,充分发挥学生们的创造力,挖掘学生们的艺术想象力、鼓励并赞扬学生们对艺术作品进行创作。

四、结语

总而言之,音乐是一种审美艺术,也象征着积极乐观向上的生活态度。音乐既能使人们紧张的情绪得到放松、能使浮躁的心情变得舒畅,还能帮助人们将遇到的难题及时地解决,大大提高工作的效率,更能陶冶情操、提升自己的精神境界。师生们在学习专业课程时,切忌忽略"艺术思政"课程,地方本科院校在专业课程教学中始终融入"课程思政",让学生们养成良好的道德品质,提升自己的专业能力,让音乐艺术教育与思政教育融为一体,通过开展作品创作、展演等实践活动,引导学生们通过各种音乐艺术活动逐渐接受思政教育,打破传统的说教式课堂思政教育,使艺术与思政产生共鸣。地方本科院校的艺术学院通过依托专业课教学、艺术团实践、借助各种艺术场所等,给学生们灌输社会主义核心价值观,真正做好美育工作,达到以美育人、以德传艺的最高境界。

【参考文献】

[1]习近平在全国高校思想政治会议强调:把思想政治工作贯穿教育教学全过程 开创我国高等教育事业发展新局面[N].人民日报,2016-12-09.

[2]习近平在文艺工作座谈会的讲话[N].人民日报,2014-10-15.

[3]张建化.艺术院校"课程思政"建设路径研究——以浙江音乐学院声歌系为例[J].当代音乐,2019(2):44-46.

[4]教育部关于加快建设高水平本科教育全面提高人才培养能力的意见(教高〔2018〕2号)[Z].2018年10月8日.

[5]蒋代力.地方本科院校舞蹈专业“艺术思政”融合教学改革[J].艺术大观,2020(5):56-57.

[6]王园园.艺术类院校“课程思政”中的实践育人载体研究[J].教育现代化杂志,2020(14):194-196.

新时代高校课程思政建设与专业教育融合研究

杨渐雨　林江海[*]

摘要:新时代,党中央高度重视高校的思想政治与教育工作,采取了系列措施,不断推进教育领域的综合改革。“课程思政”成为当前学术界讨论的热门话题,通过明确课程思政的要义、明晰课程思政的推行价值、遵循课程思政的实践路径,进一步回答课程思政“是什么、为什么、怎么办”等问题,从而更好地将课程思政建设与专业教育进行融合,从而培养德智体美劳全面发展的社会主义建设者和接班人,为建设特色社会主义强国储备充足的人才资源。

关键词:课程思政;高等教育;德育

潜移默化,润物无声。教育是国之大计、党之大计,是培根铸魂的浩大工程,教育几乎与我们每个人的成长与发展息息相关,“课程思政”正成为当前学术界讨论的热门话题。在新时代,全国高校的思想政治工作受到党中央和国家的高度重视,教育领域的综合改革正在不断被推进。党中央和国家采取了一系列举措旨在促进受教育者德智体美劳全面发展,培养新时代社会主义建设者和接班人。与以往相比,教育工作的面貌正在发生着格局性的崭新变化,“课程思政”正春风化雨般地融进高等教育工作的每个环节中,影响着教育工作的发展进程。

一、聚焦主业:明确课程思政的核心要义

明确课程思政的核心要义是回答“课程思政是什么”的基础性和统领性问题。只有在完全掌握课程思政的定义的基础上,课程思政才能更好更快地被推进,课程思政的建设才能达到预期效果。

---

* 作者简介:杨渐雨,三峡大学马克思主义学院硕士研究生,研究方向为马克思主义中国化;林江海,三峡大学马克思主义学院硕士研究生,研究方向为马克思主义基本原理。

（一）课程思政是党中央和国家提出的综合理念

思想政治工作在教育活动中具有重要作用，犹如矗立在茫茫大海中的灯塔，成为一只明灯，不断为教育工作指明方向。从 2004 年伊始，党中央先后出台了加强和推进大学生思想政治教育工作的文件，学校思想政治教育和德育课程改革的开启之路从上海出发，随后课程思政之路在全国迅速铺开。2016 年 12 月，习近平总书记在全国高校思想政治工作会议上指出："要用好课堂教学这个主渠道，思想政治理论课要坚持在改进中加强，其他各门课都要守好一段渠、种好责任田，使各类课程与思想政治理论课同向同行，形成协同效应。"2020 年 5 月，教育部印发了《高等学校课程思政建设指导纲要》，这说明课程思政通过法律法规的形式被确立下来，让课程思政有了法的依据，党中央和国家通过课程思政构建"全员""全程""全方位"育人——"三全育人"教育工作格局的思路日益清晰。

（二）课程思政是实现专业知识与真善美的高度融合

实现专业知识与真善美的高度融合，从而来展现课程思政双重功效。所谓的"推动课程思政建设"就是要促使不同学科之间相互连接、交融互动式发展，使各门课的授课教师都要守好一段渠、种好责任田，逐步形成思政大教育格局和体系，让受教育者达到"既学到科学文化知识，又提升道德修养"的双重提升，助益受教育者协同式、立体式发展，从而达到教育的真正目的，实现人的价值。有学者指出，课程思政教育理念旨在通过充分挖掘通识课、专业课、思想政治理论课等各类课程中所蕴含的思政元素进行思想政治教育实践活动，形成系统的思政育人体系，实现寓价值观引导于知识传授和能力培养之中，帮助学生塑造正确的世界观、人生观、价值观。"课程"与"思政"是一个内在相连、高度统一的过程，课程思政就是要达到专业课和真善美完美结合的目的。人类所学的知识是在不断追求真善美的过程中逐步形成的，在每一门专业课的界域中，都天然地蕴含着真善美的有益因子，而这些因子又自然而然地回归到各个专业知识领域中去。从本质上而言，推进课程思政建设是一种升华与回归的过程，要深入挖掘课程本身内在丰富的思想政治的元素和资源，实现高度融合、有机统一，不断打造品质金课，提升育人效果。

二、活的灵魂：明晰课程思政推行价值

明晰课程思政的推行价值是掌握"为什么要开展课程思政建设"的关键性问题。课程思政要在重视"价值"与"意义"的基础上回归学生的精神成长，进一步丰富受教育者的精神世界，让课程学习体验转化为个体的价值追求。

（一）课程思政是铸魂育人的重要举措

铸魂育人是开展教育工作的核心所在。各学科专业知识的学习如果失去了

与课程思政的结合就如同无源之水和无本之木，整个教育环节就失去了“活的灵魂”。课程思政的推进实施需要将专业知识与受教育者的意识形态转化和精神家园构建相结合。铸魂育人就是“通过铸魂而育人，铸魂和育人一体同构。”教育工作不能失去灵魂，铸魂就是以中华民族优秀传统文化和马克思主义中国特色社会主义思想为引领，让教育者拥有民族意识和爱国情怀。育人就是培养德智体美劳全面发展的、多方位发展的人才，更好地为社会主义建设和发展服务。铸魂育人是“思政教育本质核心内涵的准确表达”。

（二）课程思政能引导教育从知识传授到价值引领

现如今的高等学校的课程体系纷繁复杂、种类多样，不同学科与不同学科之间的知识体系与学习方法不尽相同，各学科的思维方式亦不一样。课程思政不是将专业知识与思政知识进行简单相加和机械拼凑，而是将思政知识如盐化水般地融入专业知识中，形成知识传授与价值引领的高度统一。推动课程思政建设有利于丰富课程内容，提升教学质量。课程思政所涉及的领域及内容十分广泛，包括公共课、专业课、实践课等等，发挥课程思政的积极作用有利于让每门课程都发挥育人的功效，实现专业课与真善美的结合，要充分挖掘蕴藏在每门课程的具体内容之中的思政课元素，如政治认同、家国情怀、道德修养、人文素养、法治意识、传统文化、价值追求等等，从而可以优化课程的内容供给，赋能各个学科和各门课程，增添每门专业课程的层次感和厚重感，从而激发受教育者的兴趣与对课程的热爱，真正能够引导教育过程从知识传授到价值引领。

（三）课程思政充分彰显“以人民为中心”的立场

教育的发展最终是要回归的人的发展上去，推动课程思政建设能充分彰显“以人为本”“以人民为中心”的价值立场。2019 年 8 月，中共中央办公厅、国务院办公厅印发了《关于深化新时代学校思想政治理论课改革创新的若干意见》，与此同时，教育部等中央八部门又下发了《关于加快构建高校思想政治工作体系的意见》，这些文件明确地回答了课程思政建设“为什么要做”“做什么”“谁来做”“怎么做”等一些基本性的问题，标志着课程思政推进工作进入了一个全新的阶段，更是一次革命性的飞跃，通红头文件的形式规定学生是教育整个过程中的主体，培育学生的目的是更好地为社会、为人民服务。有学者强调，在意义世界视域下，推动课程思政走深、走实需要以“以文化人”为根本遵循，明确育人目标、文化内容和化人方法，让文化有机渗透课程思政建设的全方位、全过程，使课程学习体验转化为个体的价值追求和精神成长。

三、立德树人：遵循课程思政实践路径

课程思政是了解“课程思政应该怎么办”这一实践性问题的具体实践路径。

必须在构建立德树人宏大格局下推进课程思政建设，让其取得实效。“立德”和“育人”需同向而行，立德树人是课程思政的本质体现。

（一）抓准抓实全面推进课程思政取得实效

2020年6月，教育部组织召开了全面推进高等学校课程思政建设工作视频会议，在会上，教育部部长陈宝生要求，各地各高校要落实好《高等学校课程思政建设指导纲要》，抓准抓实，全面推进高校课程思政建设取得实效。教育教学工作同样具有规律可言，教育工作者要全面掌握教学规律和要求，通过显性与隐性教育相结合的形式来推进课程思政，更要准确地阐述和展示课程内容真善美的具体含义，从而达到有效的价值传导，实现立体式传输，塑造“精神与灵魂之人”，达到春风化雨、无声渗透的教育效果。有学者指出，课程思政是一项系统工程，挖掘思政元素需要多方协同配合、互相支持。应将校际、不同学科和学科组集体备课常态化作为重要抓手，让各门课的教师在交流互鉴中形成共识，实现整体上的谋划平衡，达至各门课皆有思政元素的理想状态，在群策群力中创新挖掘的方式方法，加大挖掘的力度与深度。同时还应坚持守正与创新相统一的原则，努力将契合本课程育人导向且与时俱进的正能量内容呈现于课堂。

（二）因地制宜全方位拓宽课程思政渠道

课程思政建设具有针对性特点，开展教育工作的单位和部门要做到因地制宜、因人制宜。中华大地幅员辽阔，各地区经济发展程度不尽相同，文化背景、教育条件、语言文字等存在差异，导致教育资源呈现出不协调的局面。推进课程思政建设应当运用不同方法和策略针对不同背景的学生群体进行知识传授。总而言之，就是要总体设计，试点先行，以点带面，逐步推开，全方位拓宽课程思政的渠道，绝不能采用“大水漫灌”“一刀切”模式。

（三）紧跟时代步伐稳步推进课程思政

马克思的历史唯物主义表明，事物的发展具有波浪式或螺旋式特点，任何事物的发展都有转折点。恩格斯在《自然辩证法》中说道：“由矛盾引起的发展或否定的否定——发展的螺旋形式。”螺旋式上升的基本特点和特征是前进性、曲折性、周期性。课程思政也要紧跟时代持续推进，实现“螺旋式”上升。事物发展总的方向和趋势是由低级到高级、由简单到复杂的前进运动，课程思政的推进也是如此，要采用不同方式逐步推进，做到深入研究和大胆创新，课程思政建设不是纸上谈兵，更重要的是深入实践，做到落地生根。要在教育的前、中、后等不同阶段采用“一体化设计”，将课程思政的理念有效融入课程教学，做到将课程教材的内容做到线上、线下有机融合。在教学中，课程思政也要做到与时俱进，思政元素跟上时代步伐，要把国家的新思想、新思维、新理念等及时传递给学生。用最新发生的事件为案例，提出问题，引导学生正确思考、发言讨论，使其在课堂讨论中加深对事件的认识和理解，提升学生分析问题和解决问题的能力。

教育兴则国家兴，教育强则国家强。推进课程思政，助力立德树人。站在新时代的历史方位，推进课程思政要依据党和国家的教育方针政策，准确把握新时代课程思政建设的焦点目标、厘清其难点问题、找准其着力方向，要让课程思政引领教育过程的每个细节，要在课程教学过程中深挖课程思政中的真善美元素，采用针对性方式推进课程思政建设，不断实现教育的改革创新，做到立德树人与育人育才的有机结合、辩证统一，让课程思政和专业教育同频共振，不断培养有理想、有信念、有担当的社会主义建设者和接班人，为实现中华民族伟大复兴的中国梦不懈奋斗。

【参考文献】

[1]习近平在全国高校思想政治工作会议上强调：把思想政治工作贯穿教育教学全过程　开创我国高等教育事业发展新局面[N]. 人民日报，2016-12-09.

[2]汤苗苗，董美娟. 高校课程思政建设存在的问题及对策径[J]. 学校党建与思想教育，2020(22)：54-55＋70.

[3]钟启东. 习近平铸魂育人思想研究[D]. 东北师范大学博士学位论文，2017.

[4]李忠军. “铸魂育人”是思想政治教育本质核心内涵的探讨[J]. 思想理论教育导刊，2015(10)：104-108.

[5]聂迎娉，傅安洲. 意义世界视域下课程思政的价值旨归与根本遵循[J]. 大学教育科学，2021(1)：71-77.

[6]郑敬斌，孙雅文. 高校课程思政的本质意涵与建设[J]. 中国德育，2020(17)：30-4.

[7]周青军. 高校课程思政建设核心问题和解决思路探讨[J]. 教育教学论坛，2020(7)：70-71.

基于POA理论的大学英语课程思政建设的研究

周　新*

摘要：习近平总书记指出"高校立身之本在于立德树人"，强调"要用好课堂教学这个主渠道，使各类课程与思想政治理论课同向同行，形成协同效应"。以往的大学英语教学过分注重语言知识和外国文化的学习，忽略了中国文化在对外输出中的重要性。本文基于文秋芳教授的POA理论，强调"学习为中心""学用一体"等理念，引导学生用英语讲好中国故事，倡导在大学英语教学中实现知识学习和价值引领相融合，积极推进大学英语课程思政建设的教学改革。

关键词：POA理论；大学英语；课程思政

一、引言

2016年，习近平总书记在全国高校思想政治工作会议上指出，"高校立身之本在于立德树人"，强调"要用好课堂教学这个主渠道"，并要求"其他各门课都要守好一段渠、种好责任田，使各类课程与思想政治理论课同向同行，形成协同效应"。2020年5月，教育部印发《高等学校课程思政建设指导纲要》，提出高等学校人才培养是育人和育才相统一的过程，要把思想政治教育贯穿于人才培养体系，全面推进高校课程思政建设，发挥好每门课程的育人作用，深入挖掘各类课程和教学方式中蕴含的思想政治教育资源。《大学英语教学指南》(2020版)在"课程定位与性质"部分明确提出，大学英语教学应主动融入学校课程思政教学体系，使之在高等学校落实立德树人根本任务中发挥重要作用。

* 作者简介：周新，山东协和学院人文艺术与教育学院副教授，硕士，研究方向为英语教学。

二、大学英语教学中融入课程思政建设的必要性

从“大学英语”的课程性质来看，作为一门语言，兼具工具性和人文性。教师在平时的教学过程中培养学生语言知识应用能力的同时，还要培养学生的跨文化交际能力，开拓学生的国际视野，树立学生的家国情怀。然而在教学过程中，教师过多地注重了“大学英语”课程的工具性，重心都放在了学习英美国家的语言和文化知识上，只注重外国文化的输入，而中国的本土文化却被排斥在外，没有将大学英语学习提升到传播中国文化知识的高度。

此外，作为通识必修课的“大学英语”，学习时间相对来说比较长、受众面比较广，因此，课堂是学生们与西方文化接触最频繁的地方，在各种西方文化的交流碰撞中学生的思想很容易受到西方文化、主流意识形态的影响，甚至出现崇洋媚外的情况。因此，把立德树人作为英语教学的中心环节，融入社会主义核心价值观和中国优秀传统文化教育，消除学生对中外文化和意识形态的认知偏差，坚定政治理想信仰，培养学生们的爱国主义情怀，增强民族自信心。

三、产出导向法理论与大学英语课程思政教育

文秋芳教授提出的 POA 理论是为解决“大学英语”教学中“学用分离”这一现象，致力于构建中国特色外语教学理论。该理论由三个部分组成：教学理念、教学假设和教学流程。教学理念包括三个学说：“学用一体说”“学习中心说”“全人教育说”。教学假设包括：输出驱动假设、输入促成假设、选择性学习。另外，教学流程的三个步骤包括：驱动、促成和评价。

（一）POA 教学理念与课程思政建设目标高度统一

培养什么样的人、为谁培养人和怎样培养人是教育的根本问题，检验高校一切工作的根本标准是立德树人的成效，而全面推进课程思政建设是落实立德树人根本任务的举措。POA 理论中的“学习中心说”要求老师在设计教学任务和教学目标时要考虑到学生能学到什么，而不是老师教了什么。而“学用一体说”又强调语言输出和输入的紧密性，杜绝学用分离。这两个理念都指导教师解决怎么培养人的问题，合理安排教学活动，这与课程思政的育人目标也是高度切合的。“全人教育说”的理念与我国高等院校课程思政建设的目标高度一致，就是在完成语言知识技能培养目标的同时，对学生进行价值引领，引导他们坚定社会主义信念，培养他们的爱国主义情怀，增强民族自信心，帮助学生树立正确的世界观、人生观和价值观，这就解决了培养什么样的人的问题。总而言之，POA 理论中的教学理念和大学英语课程思政建设的目标是高度切合的。

（二）POA 的教学流程与课程思政教学设计高度契合

课程思政建设强调春风化雨，润物无声，不能将思政元素强行植入课堂，生搬硬套，要巧妙地将思政元素融入教学工作中，潜移默化地提升学生的思政意识，提高他们的思辨能力和辨别是非的能力。文秋芳教授的产出导向法有三个教学流程，即驱动、促成和评价。在教学流程的设计过程中，每一个环节都要求教师注重学用一体，注重课堂活动设计的真实有效性，要用英语做有意义的事，而不是单纯的知识灌输和一味地讲道理，要让学生在解决问题的过程中感悟到其中的道理。

在驱动环节，学生通过产出任务认识到自己的不足，然后产生内在驱动力。驱动环节的成功与否取决于老师设计的产出任务的真实性、认识挑战性和产出目标恰当性。

促成环节是要帮助学生完成任务，并搭建脚手架，要贯彻“学用一体”的教学理念。教师首先给学生提供输入的材料，同时设计一系列教学活动，学生在完成这些活动的过程中逐渐把老师提供的输入材料从被动接受性知识转变成产出性知识。在这个环节中，脚手架的搭建必须要遵循三个原则：精准性、渐进性和多样性。

评价环节既包括对产出活动的即时评价，也包括对产出效果的即时或延时评价。产出导向法主张“师生合作共评”，但是学生评价必须在教师的专业指导下进行，不是盲目胡乱评价，要客观具体，这样才能使评价成为学生复习、巩固、强化新知识的契机，最终促进学生学习。

POA 理论指导下的大学英语教学，是以学习为中心的，强调学生学到了什么，并且把输入性学习与产出性运用紧密结合，一切教学活动的运行都要与语言的运用紧密相连。如果教师巧妙地进行课堂教学活动设计，把思政内容无缝隙地融入教学中，虽然学生的水平存在差异性，但是他们在课堂上都能根据自身的英语水平用英语来输入和输出相关信息，让他们在潜移默化中接受、理解和内化思想教育的内容，在提升语言知识技能的同时实现价值引领，坚定学生的民族信仰，践行社会主义核心价值观，厚植爱国主义情怀。

四、产出导向法在大学英语课程思政教学中的应用

以往的“大学英语”教学更多地侧重语言知识的传授、跨文化交际能力的培养，但是忽略了学生的价值观引领。而作为通识课的“大学英语”具有受众面广、学时多的特点，所以在“大学英语”课程中进行思政建设势在必行。传统的英语课堂总是以教师为主导，学生的学习积极性不高，文秋芳教授的产出导向法倡导三个教学流程即“驱动—促成—评价”，可以解决传统“大学英语”课堂存在的问

题。本研究选取《新视野大学英语读写教程 1》中的"Unit 4 Heroes Among Us"为例进行基于 POA 的课程思政教学设计。

(一)驱动环节

上课之前在学习通平台上传一些中国抗击疫情过程中涌现出的一些英雄人物及其事迹以及中国人民如何团结一心抗击疫情的视频材料,同时也给学生上传一些国外主流媒体关于中国疫情不实情况甚至负面的报道材料,要求学生课前观看学习这些音视频材料,并在讨论区发布讨论话题:(1) Who is the greatest hero in your mind in the war fighting against the epidemic? (2) Why can China succeed in the war so quickly? (3) If you are asked to introduce how the Chinese people fight against Covid-19 to the the world, what would you say? 在讨论区完成相关话题的讨论任务后,为课堂展示做好准备。在抗击疫情的过程中,世界上出现了许多不实的关于中国疫情的报道,有些甚至是诬蔑性的,所以老师要引导学生作出正确的判断,用英语讲好中国故事,树立中国形象。

课前,学生们根据老师布置的任务进行学习,查阅资料,并在学习通讨论区完成相关话题的讨论。在完成任务的过程中,针对国外媒体的负面报道,学生会产生强烈的维护民族形象的使命感,但是由于英语水平不足,就会苦于无法用英语正确表达自己的想法,这就产生了"饥饿感",也叫"内驱力",为语言材料的学习奠定了基础。

评价驱动环节的设置是否合理有以下三个维度:交际环境的真实性、认知的挑战性和产出目标的恰当性。驱动环节的任务围绕着课程思政展开,是教给学生用英语做有意义的事情,和 POA"学用一体"的教学理念高度契合。

(二)促成环节

促成环节是为了帮助学生顺利完成驱动环节设置的产出任务而进行的教学活动。促成不是一味地知识灌输和进行练习,这个环节也需要设计多样化、精准化的输入和输出活动,提高学生的语言技能和思辨能力。POA 促成环节是否有效的三个标准是渐进性、精准性和多样性。"渐进性"是指输入促成材料要设计成循序渐进的活动,为学生提供抓手,帮助学生顺利完成产出任务。"精准性"是指老师提供的输入材料直接对接产出目标需要的内容、语言和语篇结构知识,同时还要解决产出困难。"多样性"是指教学组织活动要多样化,不能形式单一,无法引起学生的兴趣。

在促成环节,老师首先设置了一个猜词游戏,根据课前提供的关于疫情的相关词汇,老师提供给学生一些关于疫情词汇的图片和中文版,要求学生根据图片和中文意思进行英文词汇的抢答,并且将学生的成绩计入平时成绩进行鼓励,调动学生参与的积极性。猜词游戏结束后,老师进行词汇听写的任务,对刚才游戏环节的词汇进一步巩固强化。这两个环节结束后，老师让学生根据驱动环节设置的三个讨论问题进行小组展示，让他们在学习通进行小组之间互评，成绩计入平时成绩。老师根据学生们的展示情况进行指导，教给学生如何针对国外主流媒体的不实报道进行还击。老师播放全国大学生辩论赛的视频，让学生根据视频内容总结如何对别人的观点进行反击，提示学生从文化冲突出发，找准对方观点的漏洞，摆事实，讲道理，有礼有节、不卑不亢地进行还击。

在促成环节的课堂活动设计中，老师特别注重循序渐进的原则，让产出任务从易到难，老师一步一步搭建脚手架，帮助学生一步一步完成产出任务。另外，老师提供的输入和输出材料也比较精准，都紧密围绕疫情这一主题展开。为了调动学生们参与的积极性，老师也设计了多样化的课堂活动，包括小组讨论、抢答、观看音视频材料等，多方面锻炼了学生的听说读写能力。本次活动以教师为主导，以学生为中心，根据循序渐进的原则，引导学生讲好中国故事，给学生进行了思想政治教育的同时也让他们体会到了学习英语的意义。

（三）评价环节

促成环节结束以后，要对学生的产出成果进行及时且有效的评价。文秋芳教授创设了师生合作评价，具体做法是：课前教师选择评价典型样本进行详细批改，课堂上在教师的指导下学习小组合作评价样本，课后学生根据老师的评价焦点开展自评。

本次课结束以后，教师在学习通平台查看学生完成任务的情况，确定本次任务的评价焦点为被动语态和现在分词的翻译，根据学生们完成任务的质量选取6位学生的作业为评价样本，作业质量从优秀到及格不等，可以较为全面地反映了本班学生的语言水平。同时，老师将选取的评价样本发给学生，学生小组根据教师规定的标准和焦点开展评价活动，评价结束后每组撰写评价报告分享到学习通群聊。

（四）教学反思

在整个教学活动过程中，POA教学理论起到了提纲挈领的作用，让大学英语融入课程思政的改革能落到实处。但是在教学活动设计过程中还要注意以下问题：(1)为了促成学生输出任务的顺利完成，教师要围绕这些国内外出现的现实问题组织教学并适当地补充思政教育的语言元素，脱离现实问题的教学内容无法引起学生的兴趣。(2)教师要引导学生“发现问题—分析问题—解决问题”，培养学生的思辨能力。

POA教学理论主要是解决英语教学过程中“学用分离”的弊端，提高课堂教学质量。POA的教学理念、教学假设和教学流程都与课程思政的理念高度契合。因此，在POA教学理论的指导下进行的大学英语课程思政教学改革是富有成效的实践，是具有中国特色的全新尝试，是能落到实处、见功见效的全人教育。

五、结语

综上所述，基于POA理论进行大学英语课程思政教学设计是将POA中教学流程的各个环节均融入课程思政元素，在POA理论“学用一体”理念的指导下转变传统的大学英语教学模式，以“学习为中心”“学生为中心”，促进学生的产出能力，学会用英语做有意义的事。在大学英语课程思政的教学中，教师课前为学生提供思政素材，深入挖掘教学内容中蕴含的价值观，创设有意义、和实际相结合的交际场景，让学生在进行语言知识学习的同时实现价值观的引领，改变传统大学英语教学只重视语言知识和外国文化学习的弊端，将中国优秀传统文化、社会主义核心价值观等寓于语言知识的学习中，帮助学生树立正确的世界观、人生观和价值观。

【参考文献】

[1] 关于加强和改进新形势下高校思想政治工作的意见［N］. 人民日报，2016-12-09.

[2] 教育部关于印发《高等学校课程思政建设指导纲要》的通知(教高〔2020〕3号)[Z]. 2020年5月28日.

[3] 丁水芳. 协同育人：大学英语“课程思政”教学模式建构研究［J］. 东华理工大学学报(社会科学版)，2020，39 (1)：67-70.

[4] 黄佰宏. “课程思政”视域下的大学英语教育改革与实践[J]. 浙江理工大学学报，2020(44)：1-7.

[5] 邱琳.“产出导向法”促成环节的辩证研究［J］. 现代外语，2019，42 (3)：407-418.

[6] 何莲珍. 新时代大学英语教学的新要求:《大学英语教学指南》修订依据与要点［J］. 外语界，2020(4)：16.

[7]武慧兰. 基于“产出导向法”的大学英语“课程思政”教学探索[J]. 海外英语，2021(10)：53-55.

[8] 文秋芳.“师生合作评价”：“产出导向法”创设的新评价形式［J］. 外语界，2016(5)：37-43.

[9]文秋芳. “产出导向法”教学材料使用与评价理论框架［J］. 中国外语教育，2017(2)：19-25.

[10]蓝洁. “课程思政”背景下基于产出导向法的大学英语课程设计例析［J］. 上海第二工业大学学报，2021，34(2)：100-104.

课程思政建设与专业教育融合研究

——以会计学专业“财务分析”为例

王丽丽　韩　跃*

摘要：立德树人是教育的灵魂。高校教育落实立德树人的根本任务，依托于人才培养，启发于思政课程，挖掘于专业知识，绽放于新时代、新征程。思政课程、课程思政与专业教育融合，是构建“三全育人”格局的重要途径。本文以会计学专业为例，针对如何将课程思政与专业教育融合，与思政课程形成协同效应，探讨“财务分析”课程思政教育的基本思路，以期为会计学专业课程思政建设提供理论支持。

关键词：课程思政；会计学专业；财务分析

一、引言

百年人计，教育为本。教育的灵魂在于立德树人。2016年，习近平总书记指出：“要用好课堂教学这个主渠道，思想政治理论课要坚持在改进中加强，提升思想政治教育亲和力和针对性，满足学生成长发展需求和期待，其他各门课都要守好一段渠、种好责任田，使各类课程与思想政治理论课同向同行，形成协同效应。”①2017年，中共中央、国务院印发了《关于加强和改进新形势下高校思想政治工作的意见》，提出“要加强课堂教学的建设管理，充分挖掘和运用各学科蕴含的思想政治教育资源”，“要坚持全员全过程全方位育人原则，把思想价值引领贯穿教育教学全过程和各环节”。2018年，教育部下发《关于加快建设高水平本科

* 作者简介：王丽丽，山东协和学院商学院助教，中级会计师，硕士，研究方向为财务会计；韩跃，山东协和学院商学院助教，硕士，研究方向为财务会计。

① 习近平在全国高校思想政治工作会议上强调：把思想政治工作贯穿教育教学全过程　开创我国高等教育事业发展新局面[N]. 人民日报，2016-12-09。

教育，全面提高人才培养能力的意见》(也被称为“新时代高教40条”)，明确提出强化“专业思政”。2019年，中共中央、国务院《关于加强和改进新形势下高校思想政治工作的意见》提出：“坚持全员全过程全方位育人，把思想价值引领贯穿教育教学全过程和各环节，形成教书育人、科研育人、实践育人、管理育人、服务育人、文化育人、组织育人长效机制。”2020年，《高等学校课程思政建设指导纲要》再次指出：“将课程思政融入课堂教学建设全过程。”可见，高校落实立德树人的根本任务，不仅需要单一思政课程的循循善诱，更需要其他学科课程的春风化雨。

会计学专业主要研究资金的运动，其课程具有很强的基础性和实践性。本文以会计学专业的必修课“财务分析”为例，立足于立德树人的根本任务，以专业定位和培养目标为出发点，对课程思政建设与专业教育融合进行探索。

二、“财务分析”课程思政建设现状

现有关于会计学专业课程思政建设的文献较少，多集中于“基础会计”“税法”“财政学”，也有几篇文献涉及了“中级财务会计”“财务管理”。大部分文献聚焦课程思政建设的必要性以及思政建设过程中存在的问题，如殷俊明等指出，会计学专业建设忽视了价值引领与育人功能，未能与思政教育同向同行。也有文献主要从加强教师专业知识储备的层面出发，如安存红等、王小春提到，会计学专业课程思政建设主要是通过制度规范，提高教师专业技能，并完善考核方式。而关于如何引入思政元素，实现专业教育和课程思政有机融合的研究相对较少。

“财务分析”课程实践性很强，教师教学过程中更多关注如何增强学生的实践操作能力，而忽视育德任务，导致传道授业解惑与思想价值引领出现“两层皮”现象，这可能是由于课程定位不够明确，以致专业课教学活动中师生的重视程度不足。

三、“财务分析”课程思政建设目标

课程思政与思政课程在方向上保持高度一致，即认同政治大局，统一育人方向，坚持文化认同；并在频道上保持步调一致，即坚持同行。课程思政与专业教育融合，需要教师深刻理解课程思政的价值导向和人文素养内涵，需要有机融合专业知识和思政元素，更需要充分发挥学生的主观能动性，切实做到润物无声。

借鉴王小春全人发展理念，“财务分析”课程的建设目标分为知识目标和价值目标，在加强学生专业知识理解与掌握的同时，挖掘思政元素，注重思想政治元素的渗入，即不仅要培养具备会计技能的专业人士，更要塑造“四讲人才”，即讲政治、信仰、思维、智慧。

四、“财务分析”课程思政建设实施

(一)提高教师思政素养,突显课程价值引领

过去教师在教学活动中注重知识目标的实现,注重专业知识的储备和实践技能的训练,忽视思政资源的注入,但单一的专业技能人才已然无法适应新时代中国特色社会主义的建设。根据习近平总书记的指示以及高校思想政治工作的要求,各个学科、专业、课程都要立足新时代的发展,都要坚定不移地走思政育人路线,坚持育才又育德。教师作为实现立德树人根本任务的重要人员,更要从思想上端正教学态度,提高自身的思政素养,如万力提出,课程团队建设中教师的人文社科底蕴必不可少,教师育德意识非常重要,必须加强他们的“思政思维”。具体地,专业课老师要从思想和意识上认可课程思政,不断学习,努力提升自身的思政涵养;任课老师明确课程定位,积极寻找思政元素,并在课堂教学中自然融入,使学生在提高专业技能的同时受到道德修养、科学精神等思政元素的熏陶;任课老师积极参与思政团队建设,通过打造专业团队、搭建交流平台、进行专题培训,进一步提升教师的思政意识与育人能力。

(二)优化课程思政教学设计,激发师生课堂双向互动

教师需要充分发挥课堂教学的育人效果,这就需要我们优化课堂思政教学设计。具体地,思政元素融入时需要了解学生需求,找准突破点;创新教学方法,多元化课堂教学形式,如案例设计、小组讨论、角色扮演,于无形中实现立德树人的目的;完善教学评价机制,鼓励学生积极参与课堂活动,重视学生课堂思政意识的培养,并及时对学生思政意识和能力进行评价,如高燕提到,广东高校在课堂教学评价中,将学生价值提升情况纳入考察范围。

(三)“财务分析”课程思政元素示例(部分)

表 1 “财务分析”课程思政元素示例(部分)

“财务分析”课程内容		课程思政融合点
财务分析理论	财务分析起源	涉及财务分析的起源发展,渗入哲学知识,理解马克思主义理论中的事物发展。
	财务分析内涵	涉及狭义广义概念,引入:认识事物不能仅局限于某一方面,要全面客观。
	财务分析基础	涉及四大假设、八大原则,注入思政元素:谨慎性、客观性等。
	财务分析方法	不同分析方法各有利弊,引入辩证思维,分析问题要有辩证思维,一分为二地分析问题。

续表

"财务分析"课程内容		课程思政融合点
资产负债表分析	资产质量分析	不同资产质量分析需要关注的重点不一，学会具体问题具体分析；如应收账款案例中，通过案例分析××公司如何做假账、粉饰报表，最后神话破灭。引导学生认识从事审计、会计实务，一定要诚信，遵守法律，提升他们的法律意识；在确定存货可变现净值的资料中，引导学生意识到"估计"要合理、客观，未来处事、工作要客观对待。
	负债质量分析	税费缴纳让学生深刻体会国家在税收方面的政策(允许企业推迟缴纳)，从而培养学生的爱国情怀及责任担当；同时激励学生积极关注国家政策，养成不断学习、终身学习的好习惯。
	所有者权益质量分析	实收资本、留存收益对比，引入思政点，企业要想获得长远发展，需要股东注资，更需要自身的用心经营获利。激发学生的奋斗精神，端正学生的价值取向。
所有者权益变动表分析	所有者权益变动分析	思考企业的利润分配政策有哪些，引导学生思考高比例派发股票、股利带来的影响。对于企业而言，派发股票、股利可以带来良好的声誉，但高比例派发又会产生负面效应，可能会导致每股收益下降。使学生理解到凡事要注意"度"，从而提高他们批判性思维能力。
利润表分析	利润表项目质量分析	企业粉饰报表，"花样扭亏"，培养学生客观、公允的处事态度以及诚信品格，不弄虚作假。
	利润质量分析	职业道德，爱岗敬业，诚实守信。
现金流量表分析	经营活动产生的现金流量	民族意识，热爱中国制造。
	投资活动产生的现金流量	辩证分析，抓住机遇，敢于投资，培养创新创业思维。
	筹资活动产生的现金流量	"有借有还"，讲诚信。
	现金流量表补充资料的内容	独立思考，团结合作。
合并报表分析	合并报表分析方法	差异分析，敢于创新。

续表

“财务分析”课程内容		课程思政融合点
财务报告其他信息分析	会计政策、会计估计变更和差错更正	坚持职业操守，遵守会计职业道德。
	关联方关系及其交易的披露	警惕虚假交易。
	资产负债表日后事项	资产负债表日后事项可能会影响资产负债表日的评价，应该全面分析，综合考虑，培养严谨、客观的科学精神。
	审计报告所包含的质量信息	坚守职业底线，独立行使审计职责，公允客观评价。

五、小结与展望

课程思政与专业教育融合，并与思政课程保持同向同行，已成为高校育人育德的重要途径。这是高校教育教学人才培养模式的新发展，也是新征程中社会主义核心价值观实现途径的新变化。专业教育融思政元素于一体，不仅拓宽了思政教育的路径，也提升了专业课程的教学效果。“财务分析”课程作为会计学专业的必修课，报表分析过程中涵盖家国情怀、责任担当、个人品德等多方面，进行思政教育不可或缺。本文基于专业思政教育被高度重视的时代背景，通过对“财务分析”课程思政建设现状分析，发现“财务分析”课程中存在教师轻思政教育、课堂思政注入突兀等问题，并提出加强教师思政素养、优化课堂思政教学设计等建议。除上述建议外，高校也需要完善思政教育的相关政策文件，如拓宽不同学科教师的沟通渠道、完善教师竞聘中师德师风的考核。

立德树人，任重道远。不同学科、专业、课程都需要重视思政教育，不断创新、不断改革，将思政课程、课程思政与专业教育有机融合，培养新时代新人才，实现高校教育教学的新飞跃。

【参考文献】

[1]贾兴飞，徐奕蕃.“基础会计”课程思政的内在逻辑与元素挖掘[J]. 中国管理信息化，2020，23(9)：230-232.

[2]殷俊明，张兴亮. 会计学“专业思政”建设的思考与探索[J]. 财会通讯，2020(15)：163-166.

[3]单洁，卢光跃，田巧娣. 基于课程思政的教学设计研究与探索[J]. 高教学

刊,2021(5):189-192.

[4]董必荣,刘海燕.会计学一流课程建设的思考与实践[J].中国大学教学,2019(10):75-79.

[5]樊丽明.财政学类专业课程思政建设的四个重点问题[J].中国高教研究,2020(9):4-8.

[6]万力.论高职院校课程思政建设的必要性——以会计学专业课程为例[J].辽宁高职学报,2018,20(12):49-50.

[7]安存红,周少燕,石琦.高校会计学专业课程思政建设的探索与实践[J].商业文化,2021(2):120-123.

[8]王小春."基础会计"课程思政教学设计初探[J].黑龙江教育(高教研究与评估),2020(6):41-43.

[9]吕伶俐,余伟.会计专业"课程思政"现状及其治理对策[J].科学咨询(教育科研),2020(9):94.

[10]陈舒.浅谈会计学专业思政、课程思政与人才培养教育实施途径——以CJ学院《基础会计学》课程为例[J].中国乡镇企业会计,2021(3):182-183.

[11]李锡成.基础会计教学中的思想政治教育研究[J].经济师,2019(11):177-178.

[12]邱仁富."课程思政"与"思政课程"同向同行的理论阐释[J].思想教育研究,2018(4):109-113.

[13]肖香龙,朱珠."大思政"格局下课程思政的探索与实践[J].思想理论教育导刊,2018(10):133-135.

[14]谢兆辉,焦德杰,李学贵,王丽燕,许禔森.穿石于滴水,润物在无声——生物化学课程思政建设的实践与探索[J].生命的化学,2020,40(5):782-788.

[15]魏博通.经济学专业课程思政建设的主要问题与应对策略[J].教育现代化,2020,7(45):107-109+114.

[16]高燕.课程思政建设的关键问题与解决路径[J].中国高等教育,2017(Z3):11-14.

新时代高校师范类专业教师教育课程思政教育内容体系构建研究

吴向丽*

摘要：落实立德树人的根本任务，实现思政课程和专业课程思政的有机融合是高校师范类专业迫切需要研究的课题。重构师范院校教师教育课程内容体系，将教师教育与思想政治教育深度融合，具体涵盖包括政治信仰教育与爱国主义教育、教师职业认知教育、教师职业认同教育、教师职业情感教育以及教师从教信念教育课程体系。

关键词：教师教育；课程思政；内容体系

“课程思政”是高校以习近平新时代中国特色社会主义思想为指导，以习近平总书记关于教育工作的重要论述为根本遵循，落实立德树人根本任务的重要举措，也是完善推进“三全育人”的重要抓手。实现思想政治教育从思想政治理论课为主渠道向所有课堂为主渠道的转变，将课程思政作为一项系统工程，实现教育的改革创新，加快由思想政治课程向课程思政的转变，形成专业课程思政的思想政治教育格局。

目前已有以高等师范院校专业教育课程思政内容体系的相关研究和实践，仍处于起步阶段，教师教育课程思政元素的挖掘、课程体系的构建、教育教学规律的探究以及思政课程与教师教育课程思政协同育人机制尚需进一步深入探索。深入挖掘教师教育课程思政元素，推进教师教育课程思政内容体系建设是专业教育课程思政的重要基础。本研究将在前期文献研究和实证分析的基础上，积极建构以政治信仰与爱国主义教育、教师职业认知教育、教师职业认同教

* 作者简介：吴向丽，山东协和学院人文艺术与教育学院讲师，硕士，研究方向为课程与教学论。

育、教师职业情感教育、从教信念教育为核心的师范生职业理想教育的内容体系。

一、政治信仰与爱国主义教育

(一)政治信仰教育

高校师范生的政治信仰培育是师范类高校教师教育课程思政教学体系的前提和基础,因为只有引导高校师范生树立正确的政治信仰,才能够使其真正深刻理解中国特色社会主义教育的目标和方向,才能够真正理解教育为谁服务,确保师范生从事教育事业的政治性和方向性。理想指引人生方向,信念决定事业成败。高校师范生是未来教师队伍的主力军和后备力量,要充分做好政治信仰教育,树立科学的世界观、人生观和价值观,使其认识到共产主义信仰是一种生动的实践理性。在引导师范生科学理性看待人类社会发展规律的基础上,引导高校师范生深入学习马克思主义基本原理,感受马克思主义的真理价值和实践魅力;要带领高校师范生充分学习和认识习近平新时代中国特色社会主义思想,坚定走中国特色社会主义道路的信心、勇气和底气,在优化思政课程的基础上推进课程思政工作,要让政治信仰教育与高校师范生的专业学习、校园生活、党团建设、社团活动充分融合,让高校师范生形成中国特色社会主义的共同理想。

(二)爱国主义教育

苏联著名教育家苏霍姆林斯基认为,教师的职责就是创造真正的人,要让每个人首先成为热爱祖国的爱国主义者和真正的人。习近平总书记强调:"希望广大教师认清肩负的使命和责任,教育和引导学生热爱祖国、热爱人民、热爱中国共产党,教育和引导学生心中要有国家和民族。"①

高校师范生必须努力培养自身的爱国品质,这是高校师范生职业理想教育的政治前提和重要基础。当前,职业理想教育要按照《新时代爱国主义教育实施纲要》的相关要求,积极培养高校师范生的爱国情感和家国情怀。要将爱国情感和家国情怀教育贯穿于师范生专业教育的全过程,坚持以马克思主义中国化的最新理论成果为指导,引导高校师范生深刻认识自己作为未来教师的特殊角色定位,高举爱国主义伟大旗帜,培养学生的家国情怀、强国之志,使爱国主义成为高校师范生的坚定信念。引导高校师范生积极将自我塑造为新时代爱国主义精神的积极践行者和坚定传播者。

---

① 习近平在北京市八一学校考察时强调:全面贯彻落实党的教育方针 努力把我国基础教育越办越好[N].人民日报,2016-09-10.

二、"教育强国"的职业理想教育

高校师范生职业理想教育是我国"教育强国"战略以及教师队伍建设的关键。新时代背景下要引导广大高校师范生抵制不良社会思潮背后的价值陷阱，避免职业选择的世俗化、功利化，注重培养正确的职业理想信念。高校师范生的教师职业选择要求师范生培养对教育的挚爱，坚定教育强国信仰。激发高校师范生怀揣"立志、修身、博学、报国"的雄心壮志，也应坚定中国梦和教育强国梦的追求。

职业理想教育的内容体系构建，需要以习近平总书记提出的"四有"好老师和"四个引路人"的整体要求为目标指引，具体涵盖师范生职业认知教育、师范生职业认同教育、师范生职业情感教育以及师范生从教信念教育等四个方面。

（一）职业认知教育

高校师范生职业理想教育以职业认知为基础，将习近平总书记关于"四有"好教师和"四个引路人"的基本要求细化落实到教师职业认知教育全过程。还包含教师工作实践辛苦程度及价值实现特殊性的认知教育。具体包括：对教师角色及职业目标的认知、对教师职业责任的认知以及职业的专业性和专业知识等方面的认知。通过学习与体验坚定学生选择教师职业、为教育事业奋斗的理想与信念。

在高校师范生职业认知教育中，要引导高校师范生认识到未来职业所需要的专业技能及其习得方式、实现路径等问题。结合高校师范生的专业学习特点及新时代基层教师岗位专业性需求特点，教师职业专业知识的认知教育就是要引导高校师范生掌握本专业的理论常识（包含本专业领域的基础理论知识、学科最新的理论前沿研究成果等）以及实践技能，同时能够熟练掌握教师岗位实践的教育技巧与方法，诸如解决问题、沟通与表达、教育教学改革等。

（二）职业认同教育

教师的职业认同是对其教育事业的目标、社会价值的看法。教师职业认同教育是师范生职业理想培养的重要组成部分。师范生教师职业认同的培养是教师职业情感的内在动力，在促进师范生客观、深入了解教师职业的基础上，形成对今后从事教师职业的充分肯定和赞许。教师职业认同教育包括职业目标认同教育、职业素质认同教育和教师职业价值认同教育。职业素养认同教育包括教师职业的职业认同。众所周知，教师职业是一个高度专业化的职业，也是一项崇高的事业，需要扎实的专业知识、技能和素养，需要积极主动地提高自身在未来从教所需要的专业素养和能力。职业目标认同包括认同师范专业和教师职业选择，深刻认同和感受教师职业的特殊价值，认同"四有"好老师的职业目标，坚定奉献教育事业、促进教育事业发展的职业追求，明确专业选择和教师职业选择的目的和社会价值。职业价值认同是教师职业认同的基础。正确的教师职业价值观有利于形成对教师职业的良好态度和责任感，有利于认识教师工作的重要意义和价值，有利于坚定学生的职业选择，有利于坚定为教师职业奋斗的信念，并将这种情感凝聚成强烈的教育信念和情感。

（三）职业情感教育

针对高校师范生开展的教师职业情感教育，主要指的是要教育和引导师范生充分认识到教师在从事教育行业中必须遵守的道德和行为准则，并积极培养与之相关的道德观念和道德情感。师范院校重视高校师范生在大学期间的职业道德培养，将对助力师范生向未来教师角色的转化。为了引导高校师范生关注教育实践和自我修养，并在观察、体验和反思中塑造自我职业道德，师范院校要把培养学生良好的职业道德和人格作为专业思想政治教育的主要任务。师范院校要引导师范生注重道德人格和思维方式的有效融合，明确未来所从事的教师职业的特殊使命，并内化于心，外化于行动，升华为稳定的职业素质和职业精神。其中包括教师职业获得感与荣誉感教育、教师职业兴趣引导教育。引导这些师范生逐渐感受到教师岗位的崇高性与挑战性，能够在专业学习和实践教学中感受特殊幸福感并培养以教师为业的使命感。

（四）从教信念教育

高度重视从教信念培育，引导师范生树立终身从教、爱岗敬业的职业信念。重视教学信念的激发和培养，通过专业知识学习和教育实践体验等让师范生增进教师职业认同，坚定学生的从教信仰，激发师范生从教的内在动力，自觉把教书育人作为终身职业追求。在确立师范生教学信念的基础上，再进一步充分利用教育实践锻炼、优秀教师榜样激励、同辈群体以及环境熏陶等途径，激发师范生的内生动力，破解可能出现的职业懈怠问题，提升为教育事业不断奋斗、创新的意志品质，形成持久的从教意愿，并在专业学习和教育实践中不断巩固这种职业选择和从教信念，并能够经得起时间考验和困难考验，不断巩固职业理想教育的成效。

教师教育课程思政的教学内容体系是师范生职业理想教育的重要基础和重要依托。本研究在前期文献研究和实证分析基础上，积极建构以政治信仰与爱国主义教育、教师职业认知教育、教师职业认同教育、教师职业情感教育、从教信念教育为核心的高师院校教师教育课程思政教育的内容体系。

【参考文献】

[1]孟旭琼,汤志华.改革开放以来课程思政教育理念的历史演进[J].河南师范大学学报(哲学社会科学版),2021,48(3):151-156.

[2]张岩,李新纲,朱秋莲.产教融合视域下应用型高校“课程思政”建设的问题与策略[J].教育与职业,2021(11):77-82.

[3]林素琴.高职院校深入开展“课程思政”建设的具体路径[J].教育与职业,2021(11):83-88.

[5]李敏.构建高校课程思政“三全育人”模式的思考[J].中学政治教学参考,2021(20):43-45.

[6]明平芳.大学体育课程思政建设的价值与实现路径[J].学校党建与思想教育,2021(10):54-55+60.

课程思政体系建设的现状及相应的策略研究

张　凯[*]

摘要：“课程思政”的主要内容其实就是将思想政治教育内容其中包括思想政治教育的理论知识、价值观和精神追求等和各门课程联系起来，也就是把知识传授、创造价值和能力的培养联系并统一起来。本文首先弄明白何为“课程思政”，其次归纳出“课程思政”在高校建设过程中存在的困难，在此基础上根据专家学者们的观点，以出现的问题为中心，按照先高校再教师最后课程三个方面进行探究和讨论，并据此提出相应的对策。

关键词：课程思政；高校；大学生思政教育

思想政治教育在我国高等教育中历来占据着极其重要的地位，党的十九大报告指出：“落实立德树人根本任务，发展素质教育，培养德智体美全面发展的社会主义建设者和接班人。”①通过上述文件发现，推行以课程思政为目标的教学改革，是对“教书育人”的教学本质的回归，但是，由于各种不确定的主客观因素的制约和影响，使得各大高校在课程思政建设的过程中，出现了各种各样的问题，使课程思政建设的效用并未完全发挥出来。对于高校思想政治教育实践来说，有效地开展高校课程思政，是一种新思路。本文就是为了解决高校“课程思政”在推广及使用过程中面临的相关问题。通过根据不一样的课程对大学生的思想政治教育进行系统规划与设计，从而让高校更好地推行“课程思政”教学理念并为此提出合理的方法与策略，同时也为高校的思想政治教育发展提供依据。

通过对文献的分析，可以了解到，教育部在2017年印发《高校思想政治工作

---

* 作者简介：张凯，山东协和学院医学院教师，硕士，研究方向为康复治疗学。

① 习近平.决胜全面建成小康社会　夺取新时代中国特色社会主义伟大胜利——在中国共产党第十九次全国代表大会上的报告[M].人民出版社，2017：45.

质量提升工程实施纲要》后，全国各大高校纷纷开展“课程思政”的改革，专家学者们主要从“课程思政”的含义、必要性与重要性等几个方面进行阐述。其中邱伟光认为教师是建设实施的关键，教材是建设实施的依托，制度保障是建设实施的重要对策。胡洪彬认为在高校课程思政建设过程中，存在着建设资源缺乏、学科协同育人乏力、教育教学能力不足、理念意识缺失等四方面的问题。目前来说，其他各国对德育的理解是一致的，都是将德育教育确定为学校最主要的职责之一，如何利用课堂、更有效地对学生进行德育教育是一个共同的难题。美国学者埃尔卡·纳维奇(Erca Navci)曾经用了5年时间研究了不同国家的德育质量，其中包括中国、美国、瑞士等多个国家的有关德育方面的文章，为此他的研究成果为世界各国研究高校德育的开展提供了参考依据。

一、“课程思政”存在的问题及原因分析

目前我们关于对“课程思政”的研究还并不完善，我国高校虽然在各门课程的授课过程中融入了思政元素但是都存在一定的问题，导致“课程思政”的理念并没有完全树立，针对这类问题，文章首先通过文献搜集的方法，整理不同专家学者已经发表了的优秀成果并且深刻领悟国家领导人的会议讲话精神，同时也要关注思想政治教育方面的一些问题。其次，通过对不同的高校进行调研走访，资料整理，并深刻分析高校“课程思政”中存在的问题。最后再根据问题进行分析，并结合当今时代及形势为所存在的问题提出相对应的对策，从而达到践行全课程育人理念的目标。

(一)高校领导重视度需提高

现如今在高校人才培养体系的规划中之所以不能灵活地将“课程思政”加入人才培养的目标中，那是因为“课程思政”的开展以及课程建设需要联合如学校管理部门、教育部门等多方面的组织，相对多数其他方面的课程建设来说涉及范围较广，开展的困难程度相对来说也比较大。高校“思想政治”课程建设的有效实施，以及高层次的设计和统筹规划都需要高校领导来组织各个部门合作，因此，高校领导在“课程思想政治教育”课程的有效实施中也发挥着重要作用。我们在对“课程思政”这一体系建设落实过程中可以根据本校的办学理念、特色以及学科上的优势，对课程建设进行整体规划，同时为本校“课程思政”建设发展制定出适合的措施。

(二)教师思政观念需改变

教师作为课程建设实施的关键人物，也是课程思想政治工作的直接实施者，因此，高校教师在课程建设中也发挥着重要作用。教师可以及时发现教学过程中存在的问题，及时纠正，更好地推进“思想政治课”建设。当前，“课程思想政

治"建设过程中存在一些问题,其中最重要的是"课程思想政治"这一理念的认识不足、无法完全将思政思想与专业课知识联系到一起、课堂教学方式需要改进这三个方面:

(1)高校教师需要加强对"课程思政"这一理念的认识。所谓教育者先受教育。想更好地实施"课程思政"建设,就需要大学教师将实现中华民族伟大复兴的梦想、社会主义核心价值观的内涵和生活的基本原则融入专业课程的讲授中。大学教师在专业教学过程中必须明确"课程思政"的教学内容,才可以更好地设计教学目标,有效地对学生的思想政治进行教育,从而将"课程思政"这一理念付诸实践,加快这一课程的建设。

(2)思政理念与专业课知识联系不密切。"课程思政"这一理念最基本的要求是让高校教师在各类专业课讲授中融入思政方面的元素,但是,大多数高校教师做不到这一点,基本都是以比较生硬的方式将思政元素融入专业课课程的设计与讲解的过程中,比如先讲解专业知识,然后再单独将思政元素的那一部分摘出来,再向学生进行课堂讲授,表现给人的感觉是"两张皮"。要想解决这种问题,就需要各教研室老师根据教材制定出专业知识的讲解计划,再将共同探讨出来的课程的德育资源与德育教育目标相互结合,灵活运用"课程思政"教学模式,以润物细无声的方式,在不影响专业知识传授的前提下融入思政元素。

(3)高校教师的课堂教学模式待改进。就目前来说,我国正处于信息化发展的高速阶段,高校学生可以利用网络渠道获取教育资源和信息。高校学生是青年人的主要群体之一,高校教师如果以灌输式教育的方式在课堂上对学生进行知识的传授,会激起学生的逆反心理,从而影响本课程知识的传授,导致达不到教师预期的效果。所以高校教师要与时俱进,在运用传统教学方式的前提下运用好网络,改进自己的课堂教学模式,发挥好网络育人的作用。例如,专业课教师在课堂设计上加上一些带有思政元素的教学案例,让学生提前在网上进行预习,并将专业知识的讲解上融入进来,这种教学模式既能提高学生对专业课知识的兴趣,还能有效落实"课程思政"这一教学理念。

(三)课程建设合力尚未形成

《关于进一步加强和改进大学生思想政治教育的意见》提出"高等学校各门课程都具有育人功能"。这就要求各大高校不同的课程之间也要互帮互助,让课程思政和不同的课程联系起来,只有这样高校的"课程思政"建设才能不断的发展。如果教学目标不一样以及有所谓的"学科保护主义"现象,不仅会影响各类课程之间的讨论,导致高校课程各自发展,即使某一类课程的建设会有成效,但是由于缺乏和其他不同课程的沟通,从而导致"课程思政"在高校建设过程中难以发展下去;教育者在讲课过程中对学生的思想政治教育也会难以继续,从而影响学生德智体美劳的发展。

二、构建“课程思政”的策略与路径

(一)校党委重视

毛泽东同志曾经说过:“政治路线确定之后,干部就是决定的因素。”[①]当前,我国提出的教育理念就是要推进“思想政治课”的建设,这也是我国当前教育的基本要求,针对这一要求,不仅要求学校干部对课程建设进行落实,还要由党校党委公布实施,所以,要想使“课程思政”在各大高校进行落实与发展校党委必须发挥出自己的作用。

高校要想得到发展和建设,而且要符合国家所要求的高校教育目标,就需要校党委的大力支持,让校党委在“课程思政”的建设上起到专业带头人的作用。在此基础上要想落实高校“课程思政”这一课程理念的建设,其中一方面是要引起校党委的重视,另一方面也需要做好宣传,发挥宣传部门的意识引领作用。通过这两种手段首先让各大高校老师认识到“课程思政”的存在,然后再通过其他手段让各大高校师生多方面去了解“课程思政”并能有自己的见解,最后再让各大高校师生根据自己的理解将“课程思政”这一教育理念融入各类课程中,从而被各高校师生认可。

(二)思政教师和专业教师协同发力

师道,传道授业解惑也,将“课程思政”代入课堂中去离不开教师的支持。因此,教师要把建设“课程思政”当作自己的教学任务,牢牢地把“课程思政”的教育理念刻在自己的脑子里,发挥好自己作为教师的主导作用,并且在教学过程中严格落实好教育理念。

1. 加强立德树人意识

教师在思想政治教育元素融入专业课当中发挥着必不可少的作用,教师在课堂讲课的过程中,不单单传授理论知识,同时还要告诉受教育者做人的道理,以达到“育人”的职责。只有当教育者了解到“课程思政”的重要,才能对受教育者进行德育教育。因此,这就要求教师要遵循教师自身的道德规范,坚持走马克思主义道路,坚持党的领导。在课堂中融入思想政治元素,潜移默化地影响学生的思想。在这个过程中需要教师以身作则,从而成为学生的道德修养榜样。

2. 明确“课程思政”定位

作为一名教师自己不但要熟知“课程思政”的内容而且还要深入了解“课程

---

① 毛泽东选集:第2卷[M].北京:人民出版社,1991:526.

思政”的潜在内容，从而将自己所理解的“课程思政”融入自己所讲授的科目中。举个例子来说，把国家的发展和自己的专业知识联系起来，根据民族复兴的重任再结合当前时代下我国国情及教育方式，在专业课知识讲授过程中引导学生将来用自己所学为国家作贡献，推动社会主义建设。各教研室老师在骨干教师的带领下，以润物细无声的方式将“课程思政”的内容融入专业知识学习中，引导学生树立正确的社会主义核心价值观，实现对学生的立德树人教育。

3.教学方式的改革

思政课以前大多是灌输式教育，这种教育方式只是简单地把理论知识讲解给学生，容易激起学生的逆反心理，产生负面效果。我们要利用自己的优势引导学生从被动的接受变为主动地去学习课本内容。习近平总书记讲到“重视思政课的实践性，把思政小课堂同社会大课堂结合起来”①。高校教师可以利用时事政治事件来进行导入，通过让学生进行一系列的讨论，让学生对本节课的教学内容有一定的了解。长此以往，有利于让学生自觉树立社会主义核心价值观，激起学生的爱国主义情怀。这样不仅可以拉近师生关系促进师生互动，而且还能提高学生专业课知识学习的积极性，更重要的是帮助学生树立正确的世界观、人生观、价值观。

（三）思政课程和专业课程同向而行

现如今各大高校都非常重视专业课程，专业课程在所有课程中所占的比例也非常大。所以，要想更好地落实“课程思政”必须要将“课程思政”和各专业课程联系起来。专业课老师在课堂上结合自己学科的特点寻找适合自己学科内容的思想政治内容，并且按照自己学科本身的发展规律，建立起利用学科育人的教育体系。例如，在讲解专业课时，把当今时代我国的发展情况和自身专业课内容联系起来，从而让学生产生强烈的爱国主义情感。同时，也可以在讲课过程中把自己的行业精神融入进去，专业不同所对应的工作岗位自然也会不同，因此教师在自己的教学设计上，完全可以与学生所学专业对应的职业精神结合起来，为学生树立良好的职业道德观，从而加强学生的职业道德建设。

三、结语

现如今我们国家对高等教育的建设提出了一个新的要求，就是要进行“课程思政”的建设。这篇文章的写作顺序是，首先弄明白“课程思政”这一内容，其次归纳出“课程思政”在高校建设过程中存在的困难，在此基础上根据专家学者们

---

① 魏华.把思政小课堂同社会大课堂结合起来[N].光明日报，2019-08-01.

的观点，以出现的问题为中心，按照先高校再教师最后课程三个方面进行探究和讨论，并据此提出相应的对策。在高校这一方面包括引起校党委的重视、加强宣传部的引导。在教师这一方面主要是从教书育人、“课程思政”的定位、授课方式的变化这三方面进行展开。在课程这一方面的具体路径是把思政内容和专业课联系在一起，从而为高校进行“课程思政”建设提供了理论基础。这样做不仅可以促进“课程思政”在各大高校的落实，而且也为社会培养出各级各类优秀人才，整体提高中华民族文化素质，促进我国社会主义建设。

【参考文献】

[1]邱伟光.课程思政的价值意蕴与生成路径[J].思想理论教育，2017(7)：10-14.

[2]胡洪彬.课程思政：从理论基础到制度构建[J].重庆高教研究，2019，7(1)：112-120.

[3]中共中央、国务院关于进一步加强和改进大学生思想政治教育的意见[N].人民日报，2004-10-15

[4]习近平.用新时代中国特色社会主义思想铸魂育人　贯彻党的教育方针落实立德树人根本任务[J].旗帜，2019(4)：5-7.

“课程思政”助力高校体育核心素养培养体系构建研究

李晓汝*

摘要:《中共中央、国务院关于加强和改进新形势下高校思想政治工作的意见》指出,要加强对课堂教学和各类思想文化阵地的建设管理,充分发掘和运用各学科蕴含的思想政治教育资源。本文以高校体育核心素养培养体系构建为主线,围绕体育课程教学与课程思政理念的结合展开研究,重点分析了如何在课程思政理念指导下开展体育教学,借此来增强体育课程的开展效果。积极探索课程思政的本质和理念,不断推动体育核心素养培养体系构建内容与时俱进,全面提升课程思政的助力作用,培养出可以为中国特色社会主义的发展终身奉献的高素质人才。

关键词:课程思政;核心素养;体系构建

一、引言

党的十九大指出:“中国特色社会主义进入了新时代。”①我国高等教育的开展,需要以为国家培养全面发展的人才为目标。高等教育的开展,目的在于为国家和政府提供全面发展的社会主义事业接班人和建设者,明确教育所坚持的政治方向,在于为建设社会主义提供人才,培养可以为中国特色社会主义的发展终身奉献的高素质人才,这同时也是现代化教育的第一要义。

在高校的各类课程中融入“课程思政”理念,可以弥补以前我国高等教育中存在的不足之处。据相关研究可知,以往学校中的众多体育课程教学过分在意传授体育知识和技巧,不够重视德育问题。因此,为了增强学生的综合素质,教

---

* 作者简介:李晓汝,山东协和学院基础部副教授,硕士,主要研究方向为体育教育。

① 习近平.决胜全面建成小康社会 夺取新时代中国特色社会主义伟大胜利——在中国共产党第十九次全国代表大会上的报告[M].人民出版社,2017:10.

师需在开展体育教学时帮助学生健全人格，更好地锻炼其意志品质。在这一背景下，需要不断建设学校体育课程，发挥“课程思政”的作用，深度结合思政教育理念和体育课程，发挥体育教学在学校思政教育工作质量提升过程中的关键作用。同时，建设学校体育课程的“课程思政”是深化教育改革的重点内容，也是素质教育全面推进过程中的核心环节，是对全国学校思政工作会议的精神贯彻落实的具体表现。

二、课程思政在体育核心素养培养体系构建中的意义

中国教育科学研究院于素梅教授认为体育核心素养是运动能力、健康行为、体育品德的形成情况。可以总结为体育核心素养的核心能力包括运动认知能力、健身实践能力和社会适应能力，体育学科核心素养是对知识与技能、过程与方法、情感态度价值观的整合，是以发展学生素养为核心价值追求。体育课程的学习对于学生成长最直接、最显著的价值是，促进学生身体的正常发育和身体健康水平的提高。这种价值主要有两种表现形式：一方面体现在身体形态和机能的变化方面，通过教师课堂指导参加日常体育活动，能够学生增强体质、体能，使学生身体健康水平得到提高。另一方面则体现在体育锻炼意识和行为的变化方面，通过长期的运动实践和体验，学生不但能形成对身体锻炼和健康的正确观念，增强自我保健的意识，同时还将逐步养成健康的行为习惯和生活方式。

（一）课程思政与体育课程纵向结合

体育课程教学与课程思政理念有机结合，就是要求在课程思政理念的指导下开展体育教学，借此来增强体育课程的开展效果。通过以多种线上学习平台为依托，克服传统体育课堂教学模式的弊端，更新教师固有的课堂教学观念，实现混合式教学模式信息化，通过“思政模块＋课堂实践”框架，即加入课题实践任务驱动，让学生的创新精神、实践能力得到提高。以此提高学生多元化技能的掌握能力，为培养复合型人才奠定基础。

（二）课程思政与体育课程横向融入

“课程思政”潜移默化融入高校体育核心素养培养体系构建中，通过拓展体育教师驾驭课程思政建设内容和方法的能力，优化师生在体育课程思政建设中的互动过程，提升体育教师开展课程思政改革创新的主动性，构建起系统的体育教师课程思政建设核心能力体系。对目前高校课程思政教育理念的教学实效性，立德树人的教育本质和协同育人的理念都具有重要的理论价值和现实意义。

三、课程思政理念对体育核心素养培养体系的助力作用

(一)课程思政助力体育健康理念

体育课程是身体直接参与的一门课程,具有独特的功能和作用:增强体质,强健体魄;培养人们勇敢顽强、克服困难、超越自我的意志品质;培养人们竞争、团结、协作的社会意识。这就决定了体育课中蕴含着大量的思政元素和政治教育资源,挖掘出体育课中的这些元素,将这些元素与体育课中的多个项目相融合,通过体育与健康教育表现出的多个功能,在潜移默化中使学生自主加强体育运动锻炼和体育品德修养,培养团结奋斗精神,提升综合素质,把运动能力、健康行为、体育品德的养成落实到学习与生活中,并形成三位一体的体育核心素养。

(二)课程思政助力体育育人思想

思想政治工作是一件润物细无声的事情,在点滴之中感化人、塑造人。学校体育的育人特点也是循序渐进,激发兴趣,两者的相通之处就在于此。可以说,思政工作是学校教育的血脉,为学生培养输送给养,体育工作则是学校工作的肌肉,展现的是学校的健与美,两者之间互为补充。体育课堂是学生养成体育道德品质和积累体育运动经验的"主战场",在体育课程中,应牢牢把握课堂常规与教学实施,在教学过程中抓住习惯养成的良好契机,将课程思政元素与体育教学方法、实施手段等有机结合,引导学生在体育与健康课程学习、体育技能掌握和日常体育锻炼过程中增强体质、获得快乐、提升人格、培养意志。

(三)课程思政助力体育课引领"德智体美劳"五育并举体系

高校体育工作包括日常体育课、运动训练、各种表演比赛和各体育社团组织等内容。体育课围绕提高学生体能与技能、促进学生健康展开,思想政治教育贯穿于一堂课的始终,从准备部分、开始部分、基本部分一直到结束部分。准备部分课堂中让同学们懂得尊师重教,懂得中国的传统美德"礼""仪";开始部分的热身环节,同学们不仅养成了运动前要充分热身的好习惯,还在游戏中认识到团体合作的力量;基本部分中同学们在技术训练里明确思想态度的作用,在体能训练里不断强化吃苦耐劳的精神;结束部分掌握运动后的自我恢复和调节,养成不怕苦、不怕累的意志品质和自我调节的能力。至于各种训练和比赛则是一个以提高竞技水平为目的的思想阵地,要想取得好成绩,首先要思想端正,不畏艰辛,才能在赛场上赛出风格、赛出水平。学生体育社团以兴趣为导向,以思想建设为活动纽带,培养学生的集体荣誉感。可以说,高校体育工作的各个环节都与思政教育有着千丝万缕的联系,课程思政为高校体育核心素养体系的构建注入了一剂强心针。

四、课程思政助力高校体育核心素养培养体系构建的路径

(一)体育核心素养培养体系构建中“课程思政”的融入

在“大思政”工作格局的背景下,学校需要以育人目标为主要内容,由系统理论进行指导,在大学生的思政教育中构建对应的育人格局。在国家提出“课程思政”理念之后,学校为了积极响应号召,尽快构建育人格局,开始结合实际情况,完善对应的课程思政体系,把思政教育落实到课程的各个环节。学校从“大思政”角度出发,优化学校体育课程的设计,科学合理地设计体育课程,意识到开展体育教学不仅仅是为了向学生传授理论知识和基本技能,而且要结合不同学生的具体特征和心理状态,制定针对性较强的教学方式、内容和目标,采取差异化的评价标准,真正发挥“课程思政”理念的作用,将体育课程育人的功能落实到实践中。

(二)优化大学生体育核心素养培养体系制度

大学生体育核心素养培养体系的构建是由体育健身、健心、健美功能的多维体系组成,可以总结为以下几点。

第一,培养学生的体育兴趣,回归大学体育的本质功能。体育的本质功能就是健身,增强体质,顺应时代的要求和社会的发展。著名教育家马约翰先生曾说:“体育是培养健全人格的最好工具。”身体是革命的本钱,体育的本质就是培养健康的身体,给健全的人格提供物质根基。所以在教学中要注意发现学生学习体育的兴趣,并善于保护和培养,教师要鼓励学生动起来,从中更好地挖掘学生的创造思维,培养学习兴趣的同时也培养了学生的核心素养。

第二,创新发展开放式育人氛围,培养学生成为课堂的主人。学习者不应该是信息的被动接受者,而应该是信息获取过程的主动参与者,开放式教育充分利用现代多媒体手段,拓宽教育视野,拓展教育手段。在开放式育人氛围中,学生可以尽情发散自己的思维,表现自己的能力,这也正符合了我们提倡的“少讲多学,精讲多练”,利用学生的天性把课堂活跃起来,真正把课堂交给学生,让学生成为课堂的主人。

第三,培养学生正确的审美观,提升学生的审美素养。体育是通过身体的活动达到健身、健心、健美的目的,在体育活动中通过身体感知的能力来提高审美能力,通过正确的审美观来更好地适应社会。现代社会各方面的压力很大,若不具备良好的自我调节能力和正确的审美观,会产生各种心理疾病和非正常审美意识,这就要求每一个个体都要具备健康的审美意识,增强自身的社会适应能力,来更好地适应社会。

(三)深度挖掘体育课程中的思政元素,优化教学内容

学校和教师需要对体育课程中的思政元素进行深度挖掘,对思政教育进行加强,合理配置课程资源,既要注重课堂教学的作用,又要整合校内外的体育资源,按照活动内容和目的的不同,合理选择相关的素材和资源,在体育教学中融入思政教育理念。学校需要在体育课程中深入挖掘其中隐藏的思政育人元素,借助体育教学课堂合理设计教学内容,不仅需要在教学课堂中结合思政元素,还需要拓展至教学课堂外,如课间活动、各类竞赛活动等,在各项活动中合理应用思政育人元素。此外,在体育教学中逐渐内化思政教育中的隐形元素,让学生能够在技能练习中潜移默化地接受思政教育,在教学过程、教学方向上全面贯彻社会主义核心价值观,促使学生在体育教学这个载体上养成良好的道德品质和思想意识。

优化教学内容,提升育人效果。根据学生自身身体状况、兴趣爱好、价值取向,结合思想品德的形成和发展规律,深入挖掘体育课程中的德育元素,将思政元素和体育教学无声融合。如将蹴鞠等项目纳入教学内容,可以将中华民族优秀传统文化和爱国主义教育融入其中,将奥运精神纳入体育知识和理论教学,结合正在进行的奥运会中运动员的摘金背景和经历,因势利导,引燃学生对体育学习的火花,激发学生的共鸣。

(四)增强体育教师的综合素养与育人意识

教师在育人上发挥着重要作用,肩负着重要的使命。教师作为传道者,首先自己要具备较高的素质。学校的体育教师既要肩负开展体育教学的重任,也要在这一过程中向学生传播先进的思想文化,为学生的身心健康发展提供指导。学校内广大体育教师在建设学校体育课程思政中占据主导地位,所因此需要不断增强自身的政治素养。学校也需要重视对体育教师能力的培养,组建专业的“课程思政”建设团队,定期开展培训,提高对体育教师的要求,不断增强体育教师的政治素质,进而增强各类课程授课教师的专业技能和素质。

高校在加强体育教师综合素养过程中,需要让体育教师充分理解培养社会主义建设者对国家进步、社会发展的重要意义,从而加强教师对教书育人的责任感、荣誉感。同时,高校也需要系统性地对体育教师进行全面培训,有效提升任课教师的政治素养,加强其思想道德理论能力,确保教师能够在体育课程内融入思政元素。课程思政助力背景下,需要体育教师既能传授体育运动技巧、理论知识,还能立足于思政角度多元评价学生是否具备良好的身体素质和思想观念,利用体育教学开展各项丰富的政治活动,促使体育教育与思政教育实现相互融合,共同实现高校立德树人的根本任务。

课程思政理念助力高校体育核心素养培养体系构建,本着首先在高校体育

教学设计中坚持融入课程思政的教学理念，其次对比研究理论指导实践教学与传统教学的优缺点，最后研究并设计"理论模块＋实践模型"的教学模式的一条路径进行，具体如图 1 所示。

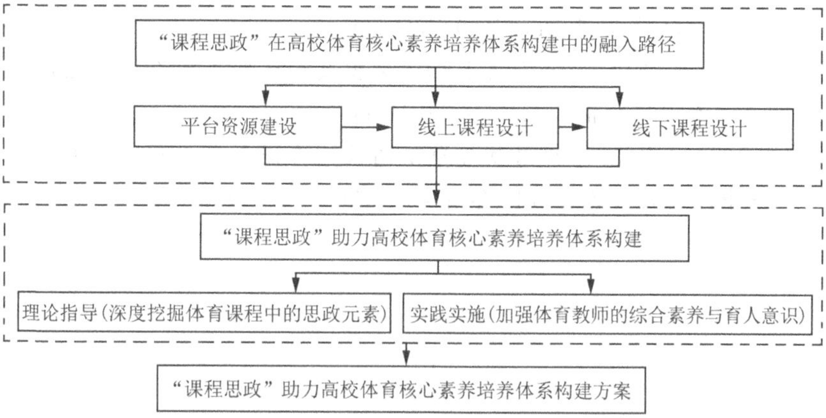

图 1　"三轮并驱"的教学思想

五、结语

综上所述，在体育教学中应用课程思政教育理念便是在不同课程中结合思政教育，转变体育教师以往注重培养学生体育技能、体育知识的观念，注重加强体育科目育人性质、德育功能，在体育教学中全面培养学生各项能力，促使学生具备较强的综合能力，培养人格健全、身体健康、意志坚韧、观念正确的新时代优秀人才。因此，体育教学中只有逐渐渗透思政教育，将二者在有机结合推动体育教育发展，才可以满足学校立德树人的教育目标。

【参考文献】

[1]易文波."课程思政"视域下战"疫"思政元素融入体育专业课的探究[J].大学，2021(24)：113-115.

[2]刘会平，谢旭东.课程思政视域下大学生体育与健康核心素养提升的价值探索与实践创新[J].南京体育学院学报，2021(6)：2-3.

[3]马福兴.体育核心素养培养体系构建中"课程思政"融入研究[J].武当，2020(8)：82-83.

[4]杨祥全.铸魂育人：体育课程思政建设的紧迫性与自身优势探究 [J].天

津体育学院学报 ,2020(1):14-15.

[5]陈丽.新形势下"课程思政"理念融入高校体育篮球课程的路径[J].黑河学院学报,2021,12(4):41-43.

[6]姜卫芬,刘文烁.新时代推进体育课程思政改革的理论认知与实践路径[J].天津体育学院学报,2021,36(4):435-441.

[7]赵富学,李壮壮.习近平总书记体育重要论述融入体育课程思政建设研究[J].武汉体育学院学报,2021,55(3):16-17.

[8]夏贵霞,舒宗礼.课程思政视角下高校体育课程育人质量提升体系的构建——以华中师范大学为例[J].体育学刊,2020,27(4):7-13.

“旅游学概论”课程思政教学的改革与探索*

魏　薇**

摘要:“课程思政”与思政课程同向同行是高校思想政治教育的必然趋势。本文以“旅游学概论”课程为例，将课程思政内容总结为政治认同、家国情怀、文化素养、法治意识、道德修养五个方面，并提出课程思政教学目标，从旅游活动、旅游要素、旅游市场和旅游组织及目的地管理四个模块深入挖掘了课程思政元素，并根据教学改革实践提出了具体的实施建议，探索了高校专业课“课程思政”的实施途径。

关键词:课程思政;旅游学概论;教学改革

一、“旅游学概论”课程介绍

“旅游学概论”课程是旅游管理专业的专业核心课程，是构建旅游管理研究框架与旅游学科知识体系，启蒙旅游职业发展选择，帮助学生理解旅游活动、旅游现象的基础性课程。

二、“旅游学概论”思政教学的核心内容和目标

(一)课程思政的核心内容

根据课程思政实施总体要求，本课程的教育教学活动主要包含以下课程思政核心内容。

1.政治认同

政治认同主要是培养学生拥护中国共产党的领导，坚定中国特色社会主义

* 项目基金:2019年山东协和学院校级一流课程、2021年校级课程思政示范课程“旅游学概论”阶段性研究成果。

** 作者简介:魏薇，山东协和学院商学院教师，副教授，硕士，研究方向为旅游管理。

理想信念，增强政治意识，强化使命担当，引导学生认同并传承中华优秀传统文化，坚定文化自信，通过旅游业传播中华优秀文化、弘扬社会主义核心价值观，推动“以文促旅，以旅彰文”的文旅融合发展，利用国际旅游活动，讲好中国故事，把推动旅游业的高质量发展和祖国的前途命运紧紧系于心中，认识到个人命运、企业命运与国家的发展紧密相关。

2.家国情怀

家国情怀主要是培养学生以爱国主义为核心的民族精神，引导学生树立正确的世界观、人生观、价值观，践行社会主义核心价值观，将个人价值与社会价值相结合，践行“游客为本，服务至诚”的旅游行业核心价值观，认真践行新发展理念，紧紧围绕满足人民日益增长的美好生活需要发展新时代旅游业，创新推出受人民群众欢迎的、生态、环保的高质量旅游产品，服务“一带一路”、旅游扶贫等国家战略，为建设世界旅游强国不懈奋斗，为实现中华民族伟大复兴的中国梦贡献旅游力量。

3.文化素养

文化素养主要是培养学生深厚的人文学养，提高人文素质，养成人文精神，以人文精神传递人文价值，具有人文内涵以及深厚的艺术素养，能够通过艺术思维激发对旅游的感觉和悟性，发挥旅游的文化特色，引导学生具有求真务实、实事求是和开拓创新的科学精神和现代化科学素质，推进“文化＋旅游＋科技”高质量融合发展，在旅游活动中具备较强的社交能力、业务实施能力、自控能力、应变能力，为游客提供高质量的产品和服务。

4.法治意识

法治意识主要是培养学生对中国特色社会主义法治的认同感，具备法治思维、规则意识和依法办事的观念，在掌握旅游管理基本知识技能的同时，了解和掌握我国旅游业相关法律法规，树立贯彻落实旅游法、深入推进依法治旅、依法兴旅、依法从事旅游经营活动的理念，坚决维护旅游市场正常经营秩序，营造和谐旅游消费环境，明确旅游从业人员应承担的法治责任，自觉履行义务，能够运用法治思维和法治方式，促进旅游业健康有序高质量发展。

5.道德修养

道德修养主要是培养学生“明大德，守公德，严私德”，培养学生爱国守法、诚信明理、勤俭好学、友善团结的美好品德，在旅游活动中，自觉崇德修身，践行社会主义核心价值观，开展文明旅游活动，绿色消费，具备对旅游业的职业认同感、职业责任感和职业素养，践行“游客为本，服务至诚”的旅游业核心价值观，遵守家庭生活中的道德规范，争做社会主义家庭文明新风尚的推动者，成为有大爱大德大情怀的新时代好青年。

（二）课程思政的主要目标

在总结课程思政核心内容的基础上，结合课程特点，注重知识传授、能力培养与价值塑造的统一，在思政教育上要达到以下目标：

（1）通过对旅游管理专业知识的学习，牢固树立“绿水青山就是金山银山”的理念，建立生态旅游、文明旅游意识，强化人类命运共同体意识，践行绿色发展、旅游可持续发展理念。

（2）在掌握旅游资源类型和特点的基础上，引导学生热爱祖国的大好河山和灿烂文化，树立文化认同与文化自信，增强国家荣誉感和民族自豪感，成为中华文明的继承者与传播者。

（3）在学习旅游管理专业基础知识的过程中，培养爱岗敬业、开拓创新、精益求精的职业精神，强化文旅从业者的使命感和责任感，为实现人民的美好生活而不断努力。

“旅游学概论”课程培养学生在掌握旅游学科基本知识的基础上，让学生具有一定的人文素养、科学精神和创新精神，具备传承民族文化的家国情怀、服务国家战略的责任担当、追求卓越的时代精神以及文旅创造美好生活的职业理想，践行社会主义核心价值观。

三、“旅游学概论”思政元素的挖掘与运用

“旅游学概论”教学内容可分为旅游活动、旅游要素、旅游市场、旅游组织与目的地管理四大模块，根据课程教学设计思路，分模块总结设计了“旅游学概论”课程知识点与思政教育“契合点”及教学实施方式（详见表 1）。

表 1 “旅游学概论”思政教学设计

课程模块	知识点	思政元素	教学实施建议
模块一：旅游活动	新中国成立后的旅游发展历程	1.伟大祖国的认同感 2.坚定党的领导和中国特色社会主义信念	采用小组讨论的方式，在授课中引入习近平总书记关于丝绸之路经济带和 21 世纪海上丝绸之路建设的相关发言和新闻报道，让学生分组讨论“一带一路”对现代旅游业的影响。 通过对比，凸显改革开放前后中国旅游业发生的翻天覆地的变化，引导学生思考：中国目前已成为世界第一大客源国，背后的原因是什么？ 以古鉴今，利用我国旅游业从小到大、从弱到强，从规模发展到高质量发展的发展历程，总结出旅游的发展离不开社会的稳定和繁荣，坚定学生关于中国特色社会主义道路是实现社会主义现代化、创造人民美好生活的必由之路的思想。

续表

课程模块	知识点	思政元素	教学实施建议
模块一：旅游活动	近代旅游活动的发展	1. 为中华崛起而奋斗的理想信念 2. 伟大的梦想精神	通过案例分析和课堂分享，介绍近代爱国人士康有为、严复及后来的共产党人周恩来、朱德等为寻求救国救民真理，纷纷出国考察旅行和求学的事迹，让学生增强民族责任感与使命感，树立为党、为国、为人民作贡献的理想与信念。
	旅游活动的构成要素	1. 乐观向上、热爱生活 2. 职业兴趣 和热情	在学习“食住行游购娱”六要素的基础上，以“最有趣的旅行”为主题，开展课堂分享活动。通过课堂分享和思考讨论，让学生在旅游情境中感受旅游创造美好生活，培养对现实生活的热爱以及对旅游事业的兴趣和热情。
模块二：旅游要素	红色旅游资源	1. 爱国主义教育 2. 红色革命精神	开展红色旅游专题学习与考察活动，让学生了解当前红色旅游的发展现状及未来发展趋势，组织学生前往济南大峰山党性教育基地参观，通过馆内红色文物展览、红色故事讲解，了解英雄人物，感悟中国人民不屈不挠、英勇斗争的精神和中华民族伟大复兴的自豪感。
	人文类旅游资源的特点	1. 旅游审美意识和审美能力 2. 文化自信和民族自豪感	推荐学生观看《航拍中国》《旅游中华》《国家宝藏》《我在故宫修文物》等央视优秀文化旅游类节目，培养学生旅游审美意识和审美能力，从而提升学生热爱祖国、热爱民族的情怀。
	旅游资源调查	1. 对民族艺术的热爱和自豪感 2. 感受美、鉴赏美的审美素养 3. 文创中的工匠精神	依托校级实验室开放项目，通过任务导向的教学方法，让学生分组前往济南市趵突泉、大明湖以及百花洲等景区进行旅游纪念品调研，通过该任务，让学生在调查过程中掌握旅游调查的方法和步骤，近距离地欣赏剪纸、黑陶、泥塑等各类工艺品，与手工艺匠人访谈交流，挖掘作品蕴含的艺术美，培养学生的审美意识和审美情趣，进而增强文化自信和民族自豪感。

续表

课程模块	知识点	思政元素	教学实施建议
模块二：旅游要素	国家级旅游资源	1. 传统文化的认同感和归属感 2. 民族自豪感、旅游审美	通过小组任务和案例分析，在介绍国家级旅游资源时介绍截至2021年我国世界遗产总数达到56处，居世界第一，同时观看中国世界遗产介绍纪录片片段，让学生深刻感受中国的大好河山和悠久文化，培养学生感受美、鉴赏美的审美素养，增强学生的文化自信，树立热爱祖国山河的民族自豪感。
	旅游业的脆弱性和敏感性	1. 不惧疫后困难，奋勇争先的时代精神 2. 行业自救的敬业态度、竞争意识和创新意识	通过疫情下的旅游业案例，让学生更好地学习旅游行业的敏感性和脆弱性。通过问卷调查，了解学生对疫后旅游恢复的看法。引导学生关注行业和社会发展。 通过"跨越疫情、创见未来"2020龙耀奖精选案例分享，如2020年3月携程"旅游复兴V计划"、2020年4月飞猪旅游版"春雷计划"等，让学生感受到虽然新冠疫情将旅游业打入寒冬，但却浇不灭文旅人的斗志。很多知名的旅游企业积极凝聚行业力量，通过无尽的创意激活网络用户的旅游热情，为文旅产业疫后恢复奋斗不息。
	旅游产品开发	1. 打造旅游精品的工匠精神 2. 满足新时代旅游需求的创新意识	案例讨论。首先，通过拈花湾视频导入案例，让学生自行查阅拈花湾旅游信息，通过分享形成对案例的基础认知。其次，学生根据教师提供的案例材料，分组讨论拈花湾景区的特点和成功经验。最后，教师补充总结。通过拈花湾景区苔藓、篱笆、屋顶等元素的塑造过程，让学生感受景区开发者精益求精、一丝不苟的工作态度，培养旅游开发的工匠精神。 吴国平是灵山文化旅游集团董事长，拈花湾的创造者。通过观看吴国平"弘扬优秀传统文化，精心打造当代旅游精品"采访片段，鼓励学生大胆创新，勇于成为旅游潮流的引领者。

续表

课程模块	知识点	思政元素	教学实施建议
模块三：旅游市场	中国入境旅游市场的基本情况	1. 科学态度和科学精神 2. 国际旅游竞争意识	为学生提供 2001～2020 年中国入境旅游市场规模原始数据，要求学生制作条形图并进行数据分析，总结中国入境旅游市场变化的规律和原因。通过数据分析和总结，培养学生科学严谨的探索精神和务真求实的工作态度。
	我国国际旅游竞争力的提升策略	1. 国际旅游视野和竞争意识 2. 与时俱进的创新思维	发布主题讨论：我国在国际旅游市场上存在哪些不足，如何增强国际竞争力？ 案例分析：提供印象刘三姐、澳大利亚大堡礁、英国旅行社的长城体验式旅游线路以及英国"等你来命名"等国际旅游产品开发和营销的优秀案例，让学生通过小组讨论的方式提出自己的意见和看法。 通过国际案例分析，拓展国际视野，培养世界眼光；通过小组讨论提出对策，训练学生创新思维和创新意识。
	国内旅游市场的基本情况	1. 积极向上，追求美好生活 2. 伟大祖国和中华民族的强烈认同感	通过任务驱动，要求学生分组完成专题类旅游细分市场调研，如婚庆旅游市场、研学旅游市场等，通过分析得出各类细分市场的发展特点和原因。在任务过程中让学生感受日益细分的旅游市场得益于我国国力的强盛和人民的富裕以及人民对美好生活的追求，引导学生认同伟大祖国并为之不懈奋斗。
模块四：旅游组织与目的地管理	解读《旅游法》	1. 旅游法治意识 2. 职业法律规范	解读《中华人民共和国旅游法》《旅行社条例》《导游人员管理条例》等旅游相关的政策法规，增强学生旅游法律素养。 组织学生进行案例搜集和分析，运用相关旅游法律知识，对当前旅游市场零负团费、旅游购物、欺客宰客等案例进行分析，让学生树立旅游法制意识、遵守职业法律规范。

续表

课程模块	知识点	思政元素	教学实施建议
模块四：旅游组织与目的地管理	旅游目的地管理的主要内容	1. 旅游生态保护意识 2. 旅游服务社会的责任感	通过角色扮演和课堂辩论，针对张家界观光电梯案例进行辩论分析。课前，首先由教师提出辩题："张家界百龙观光电梯，yes or no"，学生自由分组并提前查找资料了。课堂上，两组学生分别扮演当地政府、游客、旅游开发商、当地居民等旅游利益相关者，模拟旅游产品开发讨论会形式，就张家界观光电梯项目是否可行进行辩论。在辩论中，一方面让学生感受"绿水青山就是金山银山"，领悟生态环境保护的重要性，另一方面培养学生旅游开发不能只追求经济效益、更要服务当地社会的责任感。
	旅游形象定位的影响因素	1. 齐鲁文化自信 2. 传统文化学养	在讲解旅游形象定位相关知识时，引入好客山东的旅游定位案例，详细介绍"好客山东"的文化内涵，让学生理解"好客"二字是对齐鲁历史文化的深刻总结，从而加强学生对中华优秀传统文化特别是齐鲁文化的学习与积累，提高人文学养，树立文化自信。
	智慧旅游	1. 开拓创新的科学精神 2. 旅游创造美好生活的职业理想	在讲解智慧旅游概念和发展情况的基础上，让学生下载"一部手机游云南"App，分组体验并发现其功能，然后从游客角度谈一谈使用感受并进行用户评价。通过案例和体验，让学生感受到"旅游＋科技"融合发展，为我们的旅游和生活带来极大便利，从而培养学生开拓创新的科学精神和以旅游服务生活、创造美好的职业理想。

四、结语

"旅游学概论"课程开设于低年级学段，是大学生世界观、价值观、人生观形成的敏感期，迫切需要正确的思想引导，构建正确价值观、坚定政治信仰。新时代背景下，通过该课程进行思政教育，既能帮助学生强化专业知识，也能达成润物细无声地引导学生形成正确价值观。本文探讨了该课程与"思政"的"契合点”,下一步将继续研究课程思政的教学方法,探讨课程思政与专业思政的融合路径。

【参考文献】

[1]梁晓梅.《旅游学概论》思政教育元素的挖掘与应用研究[J].旅游纵览(下半月),2020(2):190-192.

[2]金媛媛.高校专业课“课程思政”的探索与实践——以“旅游学概论”课为例[J].教育科研管理,2020(7):51-53.

基于混合式教学的“大学英语”课程思政实践研究

刘媛媛*

摘要:“大学英语”在我国高等教育课程体系中占有举足轻重的地位。《大学英语教学指南》(2020版)明确提出:大学英语教学应主动融入学校课程思政教学体系,使之在高等院校落实立德树人根本任务中发挥重要作用。以《新视野大学英语》(第3版)系列教材为例,研究大学英语混合式教学课程思政的具体实施方案。深入分析教材、挖掘文本中蕴含的思政元素,并与授课内容进行无缝衔接和融合,采用线上线下相结合的混合式教学模式,将国家形势与政策、中国传统文化等思政元素融入日常教学,充分利用多种网络学习平台和资源构建大思政格局的英语教学。

关键词:大学英语课程思政;混合式教学;实践研究

一、引言

习近平总书记在全国高校思想政治工作会议上强调:“把思想政治工作贯穿教育教学全过程,实现全程育人、全方位育人。”①这为课程思政的教学实践与运用奠定了坚实有力的基础,也让课程思政成为教育界的热点话题。因此,全国高校大力开展课程思政建设。“大学英语”作为高等院校学生必修的公共基础课程之一,受众面广,学习周期长,更应积极开展课程思政建设,为国家和社会培养德、智、体全面发展的合格人才,从而在“大思政”格局形成过程中贡献出一份力量。

---

* 作者简介:刘媛媛,山东协和学院人文艺术与教育学院教师,讲师,硕士,研究方向为大学英语教学及英语语言学研究。

① 习近平在全国高校思想政治工作会议上强调:把思想政治工作贯穿教育教学全过程 开创我国高等教育事业发展新局面[N].人民日报 2016-12-09。

作为人文学科的基础课程，学生在“大学英语”学习过程中能够接触到丰富的英文材料，进而了解西方国家的历史、经济、文化、风俗习惯等方面的内容，这些内容也涵盖了思想政治教育的多个方面。教师在授课过程中，要学会对课程思政的内容进行引申拓展，将传授基本的英语知识和思政教育相结合。借助中西方文化差异和价值观的共性及个性进行课程思政教育，潜移默化地培养当代大学生的社会主义核心价值观。教师在系统地讲授知识的同时，要有意识地对大学生进行思想引领、价值引导、精神塑造和情感激发教育，帮助他们把青春正能量凝聚到实现中华民族伟大复兴的中国梦中，更好构筑中国精神、创造中国价值、发挥中国力量，向世界“讲好中国故事，传播好中国声音”。

二、文献综述

近年来，随着课程思政研究的不断深入，学术界也越来越多的关注“大学英语”课程思政的研究。研究成果既有基础理论的研究，也有实践探索，但大多数集中于理论层面，研究课程思政的内涵、必要性以及路径探究等。例如，赵鸣歧以上海外国语大学为例，他认为应将外语院校人才培养的核心落在思想素质教育中，着力推进思政教育与外语教学相结合，构建具有外语学院特色的“大思政”格局。陈雪贞在最优化理论指导下探索“大学英语”的教学实现。学者王卉进行了基于泛在学习环境下“大学英语”课程思政的融入路径研究。总的来说，当前的研究主要是从宏观角度来分析课程思政与“大学英语”相融合的有效策略和实施路径，而且已经取得了极为重要的研究成果，对于促进高校“大学英语”教学改革和课程建设具有一定的借鉴意义和参考价值。然而，学术界很少有专家结合“大学英语”的具体教材来分析如何进行课程思政教育进而实现立德树人的根本任务。因此，本文以《新视野大学英语》(第 3 版)系列教材为例，探索“大学英语”混合式教学过程中融入思政元素的具体实施方案。

三、混合式教学中“大学英语”课程思政的实践方案

《新视野大学英语》(第 3 版)系列教材是笔者所在院校本科生所用教材，分为 4 册，课程历时 4 个学期，前两学期每学期 64 学时，后两学期每学期 32 学时。教材里的每单元主题都富含思政元素又与学生日常生活紧密相关。作为英语教师，如果能有意识地将这些经典文章按照思政培养目标转化为丰富的课程资源，一定会让学生受益匪浅，收获满满。教师在具体单元的讲解中挖掘与主题相关的思政元素，利用线上线下两种方式融入思想引领和价值导向(详见表 1)。

表 1　大学英语课程思政混合式教学模式

课前(线上)	推送学习资源,确定思政元素,引导学生自主搜集相关思政素材; 上传任务单,布置小组展示任务。
课中(线上+线下)	提出问题,导入课程,介绍重难点; 现场讨论、线上互动,结合 PBL 教学法、分组讨论; 梳理重点知识点、学习思政材料,传递情感价值。
课后(线上+线下)	布置课后作业,线上答疑解惑; 教学反思,修改教学设计。

(一)挖掘文章主题的思政元素

课文内容主要涉及西方大学生的学习、生活、未来以及西方国家的风土人情。教师要对每单元主题所蕴含的社会价值和内在价值进行充分挖掘,整理思政育人资源,引导学生用英语畅谈世界和中国,增强学生的社会责任感和使命感。

1. 理想信念教育

《新视野大学英语》第 1 册第一篇文章为"Toward a brighter future for all"(奔向更加光明的未来),内容为一名大学校长对大一新生所做的演讲。在演讲中,校长热情洋溢地欢迎新生迈入人生的新阶段——大学,鼓励他们珍惜大学时光,把握好各种机遇,充分利用校园里的各种线上线下资源,培养自己的兴趣和爱好,不断地丰富自己的知识,充实自己的内心和思想并不断地进行自我探索。只有这样,大学四年才能自我成长和取得长足的进步。校长在演讲过程中还对学生提出了几个问题:你们会获取什么样的知识?你们会发现什么样的兴趣爱好?你们怎样做才能为你们的子孙后代创造一个强大昌盛的未来?教师在授课过程中可以借助这几个问题,引导大一新生思考应怎样度过大学四年,思考他们对自己有怎样的期待和对社会的责任,培养他们成为有理想、有抱负的新时代大学生。《新视野大学英语》第 2 册第三篇文章为"Journey through the Odyssey years"(奥德赛岁月之旅),探讨的是青少年如何度过成长为成年人的阶段。教师可提前布置分组任务,让学生课后思考并讨论如果自己遇到奥德赛岁月的困难,应该采取什么样的态度,放弃还是奋斗?对未来的学习和生活以及职业有怎样的规划?从而引导学生做一个有目标有梦想的人,引用习近平总书记所说"奋斗是青春最亮丽的底色"①,激励他们努力奋斗去实现比"美国梦"前景更美好的"中

① 习近平. 在纪念五四运动 100 周年大会上的讲话[EB/OL]. 新华社,(2019-04-30). https://baijiahao.baidu.com/s?id=1632216293296246797&wfr=spider&for=pc。

国梦”，因为中国梦是在建设富强、民主、文明、和谐、美丽中国的同时，实现中国人为人类作出更大贡献、追求世界和平的梦想，实现不同文明、不同价值观相互包容和交融的梦想。

2.形势与政策教育

《新视野大学英语》第3册第六单元为“War and Peace”(战争与和平)。教师通过联系国际形势或新闻时政热点，如根据“庆祝中国共产党成立100周年”的热点新闻，组织学生开展一次主题为“和平与战争”的英语演讲比赛，没有经历过战争的新时代大学生通过与生活在战乱区的孩子进行比较，分析中国能够和平发展、长治久安的原因，自觉把个人的理想追求融入国家和民族的伟业中，引导学生树立为实现中华民族伟大复兴的中国梦而奋斗的坚定信念。在学习《新视野大学英语》第3册第七单元“Surviving an economic crisis”(经济危机中求生存)时，课前在学习通给学生推送双语文章《关于中国经济，习近平作出最新判断和部署》。2020年突如其来的新冠肺炎疫情，给各行各业带来了巨大的冲击和挑战，经过全国上下各方努力，我国前三季度经济增速由负转正，再次向世界表明，只要病毒能得到有效控制，经济就有可能快速反弹。文中摘录的习近平总书记的讲话要点展现了中国人民“坚持用全面、辩证、长远的眼光分析当前经济形势，努力在危机中育新机、于变局中开新局”的智慧和勇气。学生可借助文本了解国家为促进经济发展、改善民生所做的努力，增强国家认同和民族自信。《新视野大学英语》第4册第四单元为“Achieving sustainable environmentalism”(实现可持续性发展的环保主义)，本单元关注人与自然的关系，强调人与自然和谐共生。我国“十三五”规划中提出了“创新、协调、绿色、开放、共享”的“五大发展”理念，强调“绿色发展”，指出了当前我国大气、水、土壤污染问题仍旧严峻的现状，加快建设资源节约型、环境友好型社会，推进绿色低碳循环发展，是为国家乃至全球的生态安全作贡献。教师将这一理念融入单元教学设计，带领学生探讨近年来中国环境污染防治的积极举措与成效，引导学生对环境保护、生态价值观、人类命运共同体等主题进行思考与讨论。《新视野大学英语》第4册第七单元“Energy and food crises”(能源和粮食危机)，教师可以从我国能源政策、传统文化等方面入手，选取与主题相关的思政素材，鼓励学生思考当前能源发展现状、粮食危机等问题。比如通过展示学生耳熟能详的古诗《锄禾》的英译版本，让学生体会传统文化的魅力，树立文化自信。或让学生分组用英语讨论全球问题，培养学生综合分析问题的能力以及胸怀天下的世界观、价值观和人生观。通过形势与政策教育，一方面可以培养学生的审视、思辨和批判能力，另一方面也可以提高学生的思想政治觉悟，帮助他们准确理解党的路线、方针、政策，牢固树立“四个意识”，坚定“四个自信”。

3. 爱的教育

爱是人类的永恒话题。在教育中，爱更是教育的灵魂和生命。对学生进行爱的教育，是教育的基本要求。《新视野大学英语》第 1 册第二单元“Loving parents, loving children”（爱父母，爱孩子），聚焦“亲情”相关话题，探讨父母对孩子的关怀与期待，孩子对父母的依恋与敬爱。教师在授课中可播放中国古代歌颂母爱的经典之作《游子吟》的视频，视频中用英文逐句解析了该诗，教师安排学生观看后进行朗读，感受母爱的细腻与伟大，同时锻炼诗歌赏析能力。课后，教师通过学习通或者 QQ 群给学生提供作家朱自清的散文《背影》及其英译本，帮助学生提高英语阅读能力，欣赏汉语魅力，提高文化自信心。类似的内容还有《新视野大学英语》第 3 册第八单元“The art of parenting”（为人父母的艺术），教师可借助一些拓展材料让学生学习相关英语表达的同时了解家教家风在中国文化中的重要地位。教师也可在课堂导入环节播放一段《摩登家庭》中众人分享 parenting “experience”的搞笑暖心片段，在活泼的教学氛围中切入教学主题，也可以让学生尝试总结视频中提到的“育儿经”。同时引导学生思考爱的意义，帮助学生树立正确的家庭观。

教师还要引导大学生树立正确的爱情观、婚恋观。校园爱情是无法回避的现实话题，在学习《新视野大学英语》第 2 册第四单元“Dance with love”（与爱共舞）时，教师可以介绍马克思和燕妮志同道合、患难与共的爱情故事，让学生思考什么是真正的爱情。介绍周恩来和邓颖超的爱情婚姻：相濡以沫，患难与共，悲喜分担，无畏无私，引导学生思考爱情的要素是什么，什么是夫妻相处之道。引导大学生学会处理恋爱与学业的关系，正确对待感情挫折，不在爱情中失去理智，在爱情的道路上不走或少走弯路，让校园爱情促进学生的个人发展。异性之间是否存在纯洁的友谊是近年来广受关注的话题，《新视野大学英语》第 2 册第八单元为“Gender variables in friendship: Contradiction or not?”（友情中的性别差异：矛盾还是不矛盾？），阐述的是不同性别产生不同的交流方式，即男女之间存在着截然不同的情感和理性处理方式。在人与人的交流中，尽管表达的方式不同，但内心仍然有爱。教师可以给学生布置一个任务，要求学生针对不同性别间的友谊展开辩论，教师提供学习材料，辅助学生完成任务。引导学生解读他们的友情、爱情，帮助他们树立正确的“友谊观”与“爱情观”。

（二）充分利用线上资源

新媒体时代为“大学英语”课程思政教育带来了改革创新。教师在日常教学中要学会充分利用新媒体来自学以及为学生推送学习资源，如微信公众号、慕课学习平台和各种促进英语学习的 App。运用新媒体能够使教学内容变得更加丰富多彩，师生互动、生生活动更便捷，从而激发学生学习英语的兴趣。同时有利于将习近平新时代中国特色社会主义思想和社会主义核心价值观等国家政策文件及时融入日常的教学中，提升思政育人效果。如在英语课堂上播放英文纪录片“The lockdown —— One month in Wuhan”(武汉战疫纪)，全景展现武汉抗疫历程。学生通过观看视频，再次感受和思考疫情暴发带来的恐惧以及中国人民与之抗战时的勇气和不屈精神，感受抗疫英雄的伟大精神与家国情怀。推荐学生关注“中国日报双语新闻”等公众号，鼓励学生每天整理学习各类思政和新闻热点的英文表达，尝试每节课课前进行新闻播报。充分利用好外研社翻转外语小程序、Unipus 等拓展英语学习第二课堂。总之，教师要将课程思政育人模式多样化，关注学生的认知需求，逐步将教师主导的课堂转化为以学生为中心，实现英语语言学习和育人同向同行。

四、结语

针对混合式教学中大“学英语”课程思政的实践，教师要在深刻理解教学素材的基础上多方面、多角度挖掘每单元主题所蕴含的思政元素，运用线上线下相结合的混合式授课方式，将中国优秀传统文化、新时代中国特色社会主义思想等内涵潜移默化地渗透到教学中。正如肖琼和黄国文认为的，外语课程思政就是要“把价值观引领与语言知识的传授和语言应用能力的培养有机地结合起来，要有意识地在知识传授和能力培养的过程中，始终重视价值观的引领，并把价值观引领摆在重要的位置”。教师除了利用好课堂这个思政育人的主阵地之外，还要开展好学生的第二课堂活动，如组织学生参加“红星照耀中国”等主题演讲大赛、关于职业选择和人生规划方面的辩论赛、河南救灾感人事迹的写作大赛等活动。学生从活动中习得语言知识，增强语言技能和应用能力，进而激发情感，塑造核心价值观。

总之，“大学英语”课程思政的实践是对习近平总书记所提出的“立德树人”根本任务的积极回应。在“大学英语”教学中融入思政元素，不仅可以让教师深刻体会育人的重要性，也有助于提升英语教学效果，实现“大学英语”课程思政内涵式发展，推进课程思政与思政课程同向同行。

【参考文献】

[1]吴佩芬.讲好中国故事传播好中国声音的三大基础要件[J].求知，2019(3):20-22.

[2]赵鸣歧.高校专业类课程推进“课程思政”建设的基本原则、任务与标准[J].思想政治课研究，2018(10):86-90.

[3]陈雪贞.最优化理论视角下大学英语课程思政的教学实现[J].中国大学教学,2019(10):45-48.

[4]王卉.基于泛在学习环境的大学英语“课程思政”融入路径探究[J].教育教学论坛,2019(1):54-55.

[5]肖琼,黄国文.关于外语课程思政建设的思考[J].中国外语,2020(5):10-14.

[6]习近平在全国高校思想政治工作会议上强调:把思想政治工作贯穿教育教学全过程　开创我国高等教育事业发展新局面[N].人民日报,2016-12-09.

基于"专思创"融合的"旅游资源学"课程改革*

王爱鸟　淳于英楠**

摘要：混合式教学模式下，"旅游资源学"课程的"专思创"融合，必须确立教学中的"专业知识""思政教育""创新创业"的三轮驱动，以思想素养的增强、"双创"能力的培养促进知识体系的学习和深化理解，以知识体系的积累促进思想素养、"双创"升华提高。本文在分析课程和内容重构的基础上，以"特色民居"一节课程为例，举例说明了45分钟课堂的教学设计，着重分析了其"专思创"元素与实施路径。

关键词：旅游资源学；专思创；课程改革；教学活动

习近平总书记在全国高校思想政治工作会议上强调："要用好课堂教学这个主渠道，各类课程与思想政治理论课同向同行，形成协同效应"，强调"要坚持把立德树人作为中心环节，把思想政治工作贯穿教育教学全过程，实现全程育人、全方位育人"。① 同时结合当前"大众创业、万众创新"的时代背景，思政教育、"双创"教育已成为高等院校提升人才培养质量的重要抓手。

根据落实立德树人、培养创新创业能力的根本任务，课程组以改变老式教学方式、革新传统教学课堂、实现全过程育人为目标，结合习近平新时代中国特色社会主义思想和中国发展实践，以课程专业知识为核心，在深入挖掘课程思政元素、"双创"元素的基础上，对课程进行了全方位的改革。

---

* 基金项目：山东协和学院2020年校级一流课程"旅游资源学"阶段性成果。

** 王爱鸟，山东协和学院商学院讲师，工程师，硕士，研究方向为旅游教育与教学改革；淳于英楠，山东协和学院商学院本科生，研究方向为旅游管理。

① 习近平在全国高校思想政治工作会议上强调：把思想政治工作贯穿教育教学全过程　开创我国高等教育事业发展新局面[N]. 人民日报，2016-12-09.

一、三轮并驱的教学思想(见图1)

(一)基础要素:专业知识

专业素养的养成在于专业知识的循序渐进的学习和积累,专业知识是一切思想、能力的基石,是基础要素,需要教师、学生双方的深耕细作和持续学习。

(二)价值融合:思政教育

深入挖掘"旅游资源学"本身存在的思政元素和精心探索不同类型元素的课堂融入方式,完成专业课程讲授中思政内容的渗入,以增强大学生的理想认同、情感认同和政治认同。

(三)能力培养:"双创"能力

结合当前"大众创业、万众创新"的时代背景,以课程专业知识为核心,深入挖掘课程"模块—项目—任务""双创"元素,完成课程建设和改革。

图1 三轮并驱的教学思想

二、"旅游资源学"课程分析与内容重构

(一)课程性质

"旅游资源学"以旅游资源为研究对象,是一门综合性强、实践性强的专业课程。它以旅游学的基本理论为基础,阐述了对旅游资源进行分类、评价、规划、开发和保护的理论和方法,它的内容涉及资源学、地学、经济学、规划学、历史学、建筑学、天文学、环境学、美学以及文学、艺术、宗教、民俗等诸多方面,是一门综合性的边缘学科。

(二)学情分析

1. 教学对象:课程开设在大一第二学期。旅游管理专业的学生作为"00后",思维活跃,有创造性有求知欲,具有一定的表达能力,但自主学习能力有限;信息化2.0时代下,喜好手机搜索,喜欢各种新媒体工具。

2. 知识基础:上过先期课程——"旅游学概论"等,对旅游资源有所知又不全知;专业思想不牢固,专业敏感性不强;对枯燥的理论知识不感兴趣,不明白教学意图，缺乏专业的学科思维。

经过 2020 年疫情防控期间的线上教学（腾讯会议＋超星泛雅学习通），学生对基于学习通的线上线下相结合的混合式教学接受度良好。

（三）教学目标分析

1. 知识目标：使学生掌握各类旅游资源的概念、类型、特征与成因；熟悉不同地域的旅游景观。

2. 能力目标：具有旅游资源认知能力、欣赏能力、分析能力；培养良好的旅游业可持续发展的思维模式。

3. 思政目标：激发学生对本专业、旅游产业的热爱；激发学生对家乡、对祖国的情感；树立正确的人生观、价值观。

（四）课程内容重构

依据学科前沿动态与社会发展需求动态更新知识体系；以立德树人、培养创新创业能力为根本任务，融入课程思政、创新创业等教学思想；要符合教育特点和培养目标，采用项目—任务式结构，重组课程内容，促成学生深度学习、自主学习；构建课程的“模块—项目—任务”三级式课程结构体系（见图 2），具体内容如下：

模块一：基本理论。概括旅游资源的概念、特点，进行旅游环境解说，目的是帮助学生打好基础，便于后边章节的理解和掌握。包含 2 个项目，共 4 课时。

模块二：旅游资源分类介绍。目的是帮助学生认识、了解各类旅游资源的性质特点和开发价值，增加知识储备。包含 6 个项目，共 22 课时。

模块三：实践应用。进行旅游资源的调查、评价与开发，属于旅游资源规划领域，实践性较强，目的是让学生获得将旅游资源打造成旅游产品的能力。包含 2 个项目，共 6 课时。

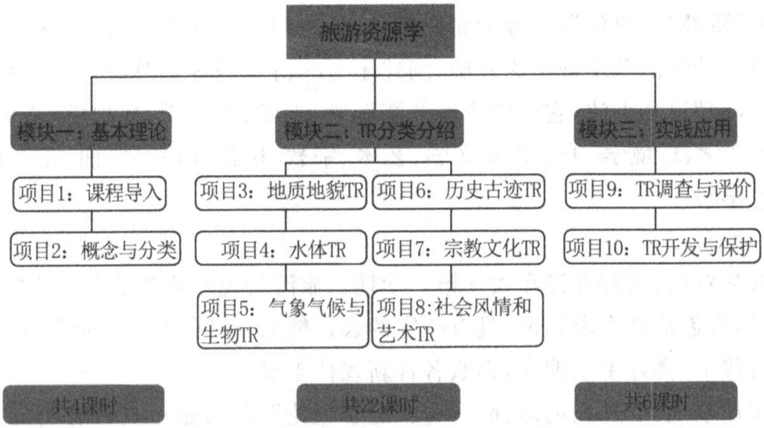

图 2 “旅游资源学”三级式课程结构体系

三、“旅游资源学”“专思创”融合课程改革样例

根据课程的“模块—项目—任务”三级式课程结构体系，选取模块二旅游资源分类介绍项目其中一个任务点——特色民居，作为“专思创”课程改革样例进行 45 分钟的教学设计。

（一）教学内容

教学内容包括两部分，第一部分即特色民居类别及特征，包括北方特色民居及特征、江南特色民居及特征、少数民族民居及特征三部分。第二部分为徽派建筑详细介绍，包括徽派建筑概述（包括徽派建筑历史发展、三大特征）和徽派建筑三大建筑形式——民居、祠堂、牌坊。

（二）教学目标

1. 知识目标：了解特色民居不同类别及特征。

2. 能力目标：理解不同地域、不同文化对传统特色民居特征的影响。

3. 素质目标：培养学生旅游业的职业素养，树立旅游业传统文化保护、可持续发展的思维。

4. 情感目标：激发学生对本专业、旅游产业的热爱；激发学生对家乡、对祖国的情感；树立正确的人生观、价值观。

（三）教学重难点

1. 教学重点：典型特色民居特征。

2. 教学难点：特色民居的理解及特色民居在旅游活动、旅游规划中的讲解与设计。

（四）45 分钟教学活动设计

1. 贯穿五大阶段——前期准备、课前、课中、课后、教学反思

在传统课程“课前、课中、课后”三阶段基础上，为进行混合式教学改革、翻转课堂、智慧课堂建设，增加“前期准备”和“教学反思”阶段，形成五大阶段。其中前期准备阶段，以教师为主导，完成教学设计、视频、课件、作业习题等。课前阶段，教师的任务主要是上传资料、设计教学任务，学生需要进行资料准备学习，完成教师课前发布的主题讨论、互动问答等，并反馈学习结果。课中，建设“双主”课堂（教师主导、学生主体），教师主要开展新课精讲、讲解重难点、小组讨论、总结演示、抢答、解答疑问等教学活动。课后阶段，学生完成课后作业、巩固知识、深化学习，鼓励开展学科竞赛、创新创业项目、社会实践等，其间教师需与学生保持沟通联络，进行个性化指导。教学反思阶段，以教师主导，教师需进行教学反思，反思教学存在的不足、提出具体改进措施、进行教学的再设计，促进教学质量的进一步提升。

2. 建设"双主"课堂——教师主导、学生主体

在混合式教学改革过程中，注重智慧课堂的建设，积极应用超星泛雅平台和学生端学习通 App，注重"双主"课堂中的互动式教学。在学习通和直播平台上多次运用主题讨论、选人、抢答等，注重学生知识的内化和技能的展示，同时运用翻转课堂的形式强化学生的主动学习能力，开展分组任务、演讲演示、交流分享、角色扮演等。

3. "专思创"设计——"专业知识""思政教育""创新创业"的三轮驱动

"专业知识""思政教育""创新创业"的三轮驱动教学改革思想，即以思想素养的增强、"双创"能力的培养促进知识体系的学习和深化理解，以知识体系的积累促进思想素养、"双创"升华提高。该"特色民居"学习任务，相关知识内容和教学方法的融合途径举例如下：

在知识导入环节，首先，通过图片观赏、互动提问、小组讨论的方法，观看济渎庙展示古建筑之美、天津博物馆展示现代建筑之美，总结建筑是凝固的艺术，提升学生对建筑的鉴赏能力，提升对艺术的审美素养，综合提升人文学养，增加文化自信和民族自豪。其次，在展示古建之美时，引入济渎庙摄影作品作者、民间古建摄影师——苏唐诗的故事，并欣赏苏唐诗的其他古建摄影作品。苏唐诗作为河南虞城县公安局民警，连续两年获得中国十佳"年度古建筑摄影师"称号。中国古建筑摄影权威林铭述给苏唐诗的评价是：苏唐诗是一位来自"最最不专业地方"的一位摄影师，却拍出了中国"最最专业"的古建筑片子。苏唐诗的摄影，缘起好奇心，不改专注和痴迷，终收获惊喜和荣誉。以此真实事例引导学生感悟个人的审美能力、人文学养、专业技能、创新创造能力的提升与锤炼。千锤百炼始成钢，百折不挠终成才。

本次 45 分钟的课程教学内容，思政元素贯穿始终。本节教学内容是特色民居旅游资源的概述和徽派建筑精讲，课程始终带领学生感受、鉴赏民居建筑之内涵、民居建筑之美，有利于提升学生的专业素养，培养对建筑的鉴赏能力，激发学生对艺术的热爱和自豪，对美丽中国的认同和热爱。

创新创业能力的培养更多体现在教学环节的设计上，如翻转课堂设计、任务式学习、小组讨论、互动问答、选人等环节。本节课堂的任务设计，即以小组为单位(4 人一组)选择一种特色民居，合作完成 PPT 并进行展示评比。这种方式能最大限度地激发学生的创新意识、创作能力、协作能力以及精益求精的进取精神。

具体教学活动设计如表 1 所示。

表 1　教学活动设计

<table>
<tr><th colspan="3">教学活动</th></tr>
<tr><th>教学环节</th><th>教师活动</th><th>学生活动</th></tr>
<tr><td>前期准备</td><td colspan="2">1. 教学设计与导学。
2. 课件丰富与更新。
3. 案例库更新。
4. 作业更新与批阅，掌握学生学习情况。</td></tr>
<tr><td>课前</td><td>1. 上传本节教学资源，包括课件、案例资源、作业等。
2. 发布课前学习任务。
3. 查看学生学习疑问与反馈。</td><td>1. 学生预习教材
2. 学习学习通相关资料，并反馈难点、疑问。
3. 及时与教师交流、互动。</td></tr>
<tr><td>课中</td><td>1. 结合学习通反馈学习情况，解答学生学习通课前疑问；知识回顾与导入，穿插课程思政内容(5 分钟)。温故知新，明确学习目标，思政、“双创”融入。

2. 问题引入，小组讨论，继而讲解典型特色民居代表及特点(15 分钟)。结合项目式教学、翻转课堂，设计“两性一度”课堂，提升实践能力和创新创业能力。
3. 总结特色民居类型，布置下一个学习任务，回答学生疑问(3 分钟)。总结串联知识点，时间留白思考，师生互动交流。
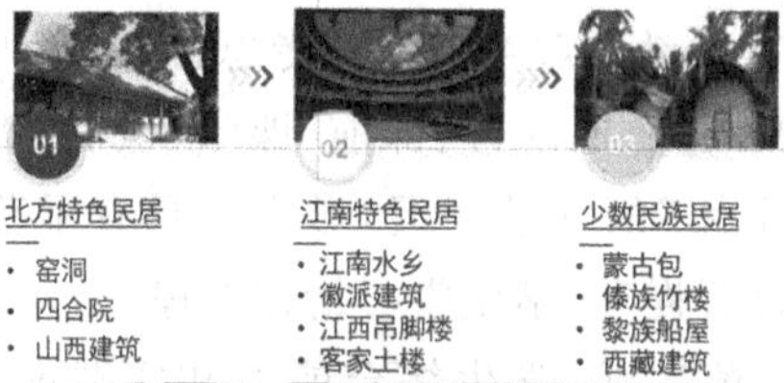

粉壁，青瓦，马头墙，飞檐，戗角，厚重而窄的大门，小的窗，窄道……
4. 结合图片和视频艺术导入，详细讲解特色民居代表——徽派建筑(17 分钟)。深度学习设计，图片视频讲解结合，增加趣味性，提升学习兴趣，增加专业认同、价值认同。
5. 总结，布置作业与任务(2 分钟)。回顾总结知识点，线上线下任务巩固学习。</td><td>1. 明确授课目标与任务。
2. 根据问题进行小组讨论，并进行发言。
3. 明确下一个小组任务内容，并提出疑问。以小组为单位(4 人一组)，选择一种特色民居，合作完成 PPT 并进行展示评比，具体要求如下：(1)时间控制在 8～10 分钟，视频时间不能超过 3 分钟。(2)组员分工明确，确定汇报、收集资料、制作 PPT、负责评分的人选。(3)评分原则：共 11(10+1)人，票高者胜，评选出一、二、三名。
4. 跟上教师思路，记录笔记，并配合教师讲授内容进行课堂互动。
5. 根据要求，完成任务和作业。</td></tr>
</table>

续表

教学活动		
教学环节	教师活动	学生活动
课后	1.发布作业。 2.批阅学生提交的小组任务成果，给出意见。 3.督促学生按时完成作业与任务。 4.学生的个别指导。	1.根据要求，完成任务和作业。 2.及时与老师沟通，高质量完成任务，掌握知识，拓展能力。
教学反思	本次45分钟的课堂教学，利用学习通打通学生的“课前、课中、课后”三大环节，更是连通了教师的“前期准备、课前、课中、课后、教学反思”五大环节，内容丰富、设置问题和任务恰当，尤其能通过学习通方式收集问题并进行课上解答，增加了互动环节和教学效果，提高了学生的学习兴趣。同时布置下一个翻转课题任务，体现了“教师主导、学生主体”的课程改革原则，体现了任务式学习、主动式学习。能够采用图片、视频多种形式增加课堂的趣味性，且内容设计上繁简得当，能一定程度上达到“三有”(有效、有料、有趣)课堂理念。创设情境、引导探究、感受课程与生活的密切，体现了生活场景化的教学理念。能够运用现代化的教学手段，推进混合式教学改革，提高教学效率。 不足与改进之处主要体现在以下方面：语言方面，课堂授课语言规范简练、表达清晰，仍需锻炼并加强语言的力度，增加感染力，吸引学生注意力。课堂设置了互动环节，仍需要给予学生充足时间，使学生能大胆想、充分问、多方位交流，进一步强化“学生主体”的教学改革目标。能够通过问题、任务、学习通功能随时掌握学生的学习情况，但仍需强化课堂知识的内化环节。除了布置小组任务外，还需增加不同形式的测试环节。	

四、结语

“旅游资源学”在省级精品课程、省级教改项目、校级一流课程建设基础上，推进“3D”智慧教学方法，进行混合式教学改革，进行“专思创”课程改革。利用学习通等智慧教学工具和线上资源，将前期准备、课前、课堂、课后、教学反思五个环节打通，注重“老师主导、学生主体”的互动互促，形成了具有示范效应的智慧课堂和“专思创”课程，教学效果显著提升，学生学习情趣浓厚。

通过“旅游资源学”课程的改革实践，学生综合能力和实践能力得到提升。该届旅游管理专业的学生中，90%以上的学生积极参加社会实践、参与创新创业训练活动；2018～2019年，学生参与与课程相关的实验室开放项目6项、国家级大学生创新创业训练项目10项；80%以上的学生积极参加“互联网+”创新创业大赛、全国高校商业精英挑战赛商务会奖旅游策划竞赛等省部级以上大赛，并获得五个一等奖的优异成绩；50%学生积极参与专业教师的科研课题，发表论文10余篇。

【参考文献】

[1]习近平在全国高校思想政治工作会议上强调：把思想政治工作贯穿教育教学全过程　开创我国高等教育事业发展新局面[N]. 人民日报. 2016-12-09.

[2]曾秀臻，李亚昕. 论高职“专创融合”的课程选择及实施路径[J]. 职教论坛，2020，36(7)：64-70.

[3]倪向丽. 高校“专创融合”教育教学体系的构建与探索——以财务管理专业为例[J]. 云南大学学报(自然科学版)，2020，42(S1)：153-157.

[4]何勇，刘玲，史习明. 旅游类专业课程思政建设现状与实现路径——基于东中西部319名本专科旅游教师的问卷调查[J]. 职业技术教育，2020，41(35)：74-78.

“大思政”格局下“经济法”混合式课堂教学改革策略研究

郭　羽*

摘要：“经济法”作为经济管理类学生的学科基础教育课程，山东协和学院每年有超过800名以上的学生进行学习。而“大思政”格局下“经济法”的教学改革，首先就要注重深挖“经济法”课程当中的思政要点，通过对经济法专业知识的学习，掌握经济法相关法律和规范，从而正确把握社会经济环境下的社会主义核心价值体系。山东协和学院“经济法”课程改革一直在不断努力尝试，但仍遇到不少难题，因此“经济法”授课过程中应采取有效教学方法，提升学生的兴趣与参与度，做到“两手抓，两手都要硬”。因此本文将探讨在“大思政”格局下“经济法”混合式课堂教学改革的策略。

关键词：大思政；混合式教学；课程改革

一、引言

课程思政概念自提出以来，对我国各大院校都带来了深刻影响。“大思政”格局理念要求把思想政治教育贯穿到高等教育的整体当中。习近平新时代中国特色社会主义思想为高校课程思政改革提供了新的思想动力，也提出了更高的要求。我们坚持“以人为本”的思想，以学生为中心，不仅针对理论课程的讲解，同时把注意力更多地放在日常生活与课外实践活动中，使得学生能够将理论与实际相结合，不断提高自身的思想觉悟，提高自身政治文化素养，从而不断提升学校的思想政治教育工作的实效性，实现“立德树人”的育人目标。为深入贯彻落实习近平总书记关于教育的重要论述和全国教育大会精神，贯彻落实中共中央办公厅、国务院办公厅《关于深化新时代学校思想政治理论课改革创新的若干

* 作者简介：郭羽，山东协和学院商学院讲师，硕士，研究方向为工商管理、企业文化。

意见》，把思想政治教育贯穿人才培养体系，全面推进高校课程思政建设，发挥好每门课程的育人作用，提高高校人才培养质量，山东协和学院“经济法”课程当中融入了大量思政元素。如何将思政元素有效地融入教学实践中、采用什么形式的教学方法是当前教学改革的关键性问题。

二、“经济法”课程改革面临的问题

（一）各专业经济法课程特点不同

“经济法”是山东协和学院商学院的学科基础教育课程，面向会计学、财务管理、市场营销、电子商务、物流管理、旅游管理、酒店管理等七大专业的全部学生设立。课程主要是讲授经济法的基本理论、原则和各部门法的规则，使学生能解决在日常生活及未来学习工作中遇到的各种经济问题。因此，其人才培养方案与法学类学生不尽相同。并且这七大类专业的经济法课程目标、课程安排、课程要求也略有不同，因此教学方法及教学改革策略也要因材施教，不能千篇一律。

（二）教学内容较多且课时较少

“经济法”课程共 32 课时，但在任务驱动型教学模式下，授课教师共需完成 48 个任务，授课压力较大，加之教材本身较为晦涩，在思政方面还要融合党的指导方针与新的精神。这些问题都需要大量的时间来融合，而现有的教学时长容易造成学生无法理解教材中的新理论，包括大量专有的法律名词及内容，继而无法对教学内容深入理解，最终导致理论与实际的脱节。这也是学生们经常提到的经济法内容枯燥、难以理解的重要原因。

（三）教学方法单一

传统的教学方法为“填鸭式”教学方法，为非法学类学生进行大量法律基本概念及专有词汇的解读，因此更为注重基本理论知识的传授，却忽略了学生的主动性和创造性。教师在进行基础理论知识的大量输出中，学生只能被动地接受，课堂氛围较为低沉，学生的学习主动性较低，在单一的教学模式影响下，逐渐失去了对经济法的学习兴趣，导致学习成绩普通，在课下也没有钻研探究的欲望，教学效率显著下降。所以课程改革势在必行，一方面要让学生掌握相关专业及行业的法律法规和相关政策，另一方面要让“经济法”与课程思政同向同行，将显性教育和隐性教育相统一，形成协同效应，构建全员全程全方位育人大格局。帮助学生树立正确的世界观、人生观、价值观、法律观，践行社会主义核心价值观，帮助他们迈好人生的坚实的一步。

三、“经济法”课程改革策略

为了让学生爱上“经济法”课程，山东协和学院积极探索，教师改变授课过程中“填鸭式”的教学方法，采用以教师为主导、以学生为主体的“双主”教育模式，更多地采用项目启发式、任务导向型的教学方法，真正做到坚持以习近平新时代中国特色社会主义思想作为教学主线，将思想政治素质的培养融入经济法课堂中，让学生爱上“经济法”课程。

（一）融合“经济法”思政目标与课程教学大纲

为了让学生爱上每一节思政课，学院积极探索，在经济法授课之前，由学院领导、教研室主任及授课老师参与，针对商学院七大专业的不同人才培养方案，制定符合各专业要求的教学大纲。设立以下三点课程思政目标：第一，将培养目标与法制观念、道德品质有机融合，从而正确把握社会经济环境下的社会主义核心价值体系。第二，在掌握各部门经济法的基础上，提高对国情、世情的理解和认识，树立正确的世界观、人生观、价值观，增强国家意识，树立制度自信、文化自信，认同中国特色社会主义发展道路。第三，在系统学习调整现代国家宏观调控和市场规制过程中发生的社会关系的法律规范的基础上，使学生获得良好的法律自学能力和职业道德素养，形成强烈的秩序观念和在秩序观念下创造的以主动进取为核心的法治精神，为下一步学习专业核心课程打下坚实的思想基础。

（二）实施混合式教学模式

因“经济法”课程体系较大，学习的各部门法律法规及国家政策较多，课时安排明显不足，以会计学专业为例，经济法课时为32学时，但在课程中要学习经济法理论基础、《公司法》、《合伙企业法》、《个人独资企业法》、《企业破产法》、《合同法》、《反不正当竞争法》、《消费者权益保护法》、《证券法》、《票据法》等十一个项目。教师教学任务繁重，只能选择性地重点讲解，学生参与度不高。因此，选择“3D”线上线下混合式教学模式是目前来说最好的一种方式。“3D”混合式教学即课前导思、课中导学、课后导练的线上线下混合式教学。甄选优质线上教学资源帮助学生完成课前预习。准备适合不同专业的教学案例帮助学生进行自主思考，丰富完善课程内容。例如，山东协和学院使用超星泛雅学习通，充分发挥学校给予资源的最大优势，设置符合学生学习要求的各功能板块，使经济法教学更有针对性，方便学生快速完成课前思考，同时便于学生进行课后复习及知识考核。

（三）创新教学形式充分调动学生积极性

在教学过程中将理论灌输、素质培养和能力提升结合起来，将专业课堂、思想政治、创新创业融合起来，综合运用启发式、参与式、讨论式、情景式、专题式等教学方式，关注社会法律热点问题，通过透彻的案例分析，使经济法中的思政问题真正入耳入脑入心。紧紧抓住教师队伍“主力军”、课程建设“主战场”、课堂教学“主渠道”，让学校、教师都承担好育人责任。同时充分调动学生的积极性，例如，根据教学目标，开展“以案学法、以案普法”的课堂实践活动。另外，可举行课前 10 分钟“学生上讲台”系列活动，例如“基础”课的经济新闻播报、“概论”课的经济时政聚焦、“纲要”课的历史与现实的对话，“原理”课的用原理点评经济热点等。这些活动能充分发挥学生的主体性作用，通过教师课外精心指导、课余学生认真研讨、各组依次展示的互动模式开展教学，让学生在动手动脑中加深对“经济法”课程要点的理解掌握。

四、结语

山东协和学院为贯彻落实立德树人根本任务，面向地方经济与社会发展需要，培养具有良好的政治理论素质和思想道德素质，德、智、体、美、劳全面发展，具备人文素养、诚信品质、较高的法律意识、社会责任感和职业道德，通晓行业准则及相关的经济法规，掌握较全面的专业实践规律，具有系统的专业基本理论知识，拥有基本的专业实践技能，具备现代信息技术和大数据分析能力，能在工商企业、金融企业、会计师事务所、旅游酒店企业、国家机关、事业单位及相关部门从事相关工作的应用型、复合型专业人才。而经济法是经济管理类学生实现“三全育人”，培养学生对中国特色社会主义法治的认同感，引导学生树立爱国奉献、明礼守法、正直善良的美好品德，对学生进行企业社会责任感教育，践行社会主义核心价值观中必不可少的一门课程。尽管在经济法授课过程中面临众多问题，但通过学校、教师、学生的共同努力，通过在教学实践中制定合理的教学大纲，实施线上线下混合教学模式与方法，创新教学手段，开展思政课堂等探索，一定能为“经济法”课程的教育教学改革带来新局面。

【参考文献】

[1]中共中国人民大学委员会.培养什么人　怎样培养人　为谁培养人[EB/OL].2020-09-02[2020-11-20].http://www.qstheory.cn/dukan/qs/2020-09/01/c1126430105.html.

[2]习近平主持召开学校思想政治理论课教师座谈会强调　用新时代中国特色社会主义思想铸魂育人　贯彻党的教育方针落实立德树人根本任务[N].人民日报,2019-03-19.

[3]中华人民共和国教育部关于印发《高等学校课程思政建设指导纲要》的通知[EB/OL].2020-06-01[2020-11-20].http://www.moe.gov.cn/srcsite/A08/s7056/202006/t202-00603_462437.html.

SSP 模式下开展“针灸学”课程思政教学探析

姜欣童　张燕杰　孙利利*

摘要:论述 SSP 模式下开展“针灸学”课程思政教学的可行性。“课程承载思政,思政寓于课程”,通过在针灸学教学过程中设置理论目标、实践目标和德育教育目标,借助 SSP 模式充分挖掘课程思政元素。医学生在教师的引导下,借助剧本设计演绎,主动学习,解决临床问题,其诊疗技能、医患人际沟通能力、学习效率、团队合作意识及辩证思维掌握力得到了较大的提高。学生能更扎实地掌握临床中应用的理论知识,并能提高知识的应用能力,树立“仁心”,有利于培养学生正确的价值观,实现学生的全面发展。

关键词:SSP 模式;针灸学;课程思政;教学探析

随着时代的进步,人们对健康越来越看重,对借助中医治病的方式越来越青睐。中医中的中医外治法因副作用小、绿色、安全、效果好而备受推崇,健康服务业的快速迅猛发展,人民群众对中医药服务的需求日益增加,只有继承利用好中医药,才能充分体现出中医药在深化医药卫生体制改革中的作用和价值,更好造福人类,保障人民健康。大力发展中医药事业过程中,急需大量具有中医技能的人才,培养新时代中医药事业接班人是中医药高等院校应承担的责任,而专业课程是人才培养过程中的重要抓手。“针灸学”是中医学的重要组成部分,为中医临床类专业的必修课程,也是中医外治法中较为突出的一种方式,而将思政教育融入“针灸学”课程教学中,对实现“健康中国”目标,培养中医技能型人才具有重要意义和现实价值。在“针灸学”教学过程中,借助 SSP 教学模式,利用剧本演

* 姜欣童,山东协和学院医学院讲师,硕士,研究方向为推拿治疗常见病;张燕杰,山东协和学院医学院讲师,硕士,研究方向为针灸治疗常见病;孙利利,山东协和学院医学院讲师,硕士,研究方向为药理学。

绎、临床见习等方式，将医者思想、智慧、仁心及仁术等潜移默化地传递给学生，使其成为全面发展的技能型人才。

一、SSP 模式应用于“针灸学”的可行性和必要性

SSP 模式即学生标准化病人的教学模式，借助剧本演绎、模拟场景，其间学生分享剧本创作过程与心得、对自己扮演角色的体会和对剧本中的疾病的病因、病机、诊断与治疗思考，考核学生依据剧本演绎的表现，对学生表演过程中展现的医患沟通水平、团队合作的完成度、疾病展现的完整度、诊治过程的准确度及个人思政体会，进行评分。“针灸学”属于临床学科，其借助中医理念来治疗疾病。在 SSP 模式下教学，能身临其境，更好感受患者的痛苦、更直观体验医者的耐心，发现医者逻辑思维的能力。在此模式教学过程中能更好评判学生是否掌握了疾病诊治，更好体现治病过程中需要具有的人文思政思维模式，有利于从病人角度出发，最大限度关注病人身心健康，减轻其痛苦。临床 SSP 病例考核中，考核教师还需要关注 SSP 病人被问诊过程中的舒适度，查体过程中有无不适感等，以此作为评分依据。最终将评分需要结合 SSP 病人的感受、学生的问诊时的方式及内容、查体流程及舒适度、病历书写及诊治水平进行评判。此处主要评判学生是否具有人文关怀意识及严谨的临床诊疗思维模式。

SSP 模式的实施，即通过分组，借助互动性学习及讨论的形式，不仅有利于增强团队合作意识，还利于增强学生的理论和实际结合的能力，促进学生在反思中进步。在剧本演绎中，多层次、全方位地了解疾病带给病患的痛苦以及对社会的影响，在培养医学生同理心的同时，也增强了其医患沟通能力，最大概率降低不良医患关系的发生，使学生更好地了解医生的职责，坚定医学生的职业归属感和信念感。SSP 培训将道德、理论知识与临床实践有机结合，充分杂糅，在强调理论学习的重要性的同时，加强临床实践技能，并全程关注其思想道德。注重思想和职业全方面的培养，除了不断提高医学生发现和解决问题的能力，还让学生体会到团队合作和创新的重要性，提升医患沟通技巧和临床技能。SSP 培训对医护工作者而言，更强调“仁心”的重要性，医护工作者更应该尊重生命、敬畏生命、全力守卫生命。从“学医术”“练医技”“悟医德”提升到“种仁心”“行仁术”“持大爱”的思想境界。以期能更好地培育具有高超医术、大爱思想的医学事业接班人和建设者。

二、课程思政与“针灸学”课程结合的必要性和可行性

“针灸学”作为生命科学的重要组成部分，主要探讨利用中医理论，从整体观念出发，借助经络腧穴，辨证论治，探讨疾病治疗中的规律，具有自然科学的属

性。与此同时,"针灸学"的理念是"以人为本",不仅强调人的自然属性,还强调人的社会属性,因而又具有社会科学的属性。治疗疾病过程中,不仅关注疾病本身,更注重关注个人,保障个人的身心均健康。针灸学理论体系的形成过程中影响因素众多,不仅受到科学技术和医学实践因素的影响,还受到古代哲学思想、社会文化的影响,其中蕴含的世界观、价值观、人生观、生态观等都是我们进行"针灸学"课程思政的理论源泉。例如,针灸学在治疗疾病中,讲究整体观念,不仅治疗疾病本身,还要关注地理环境、社会环境对疾病的影响。治疗过程中,保持乐观积极的态度,有利于疾病的痊愈,如果持有悲观消极的情绪,有可能会加重疾病。学习过程中,作为医学生不仅自己要有良好的心态,帮助自己身心健康,更要懂得帮助患者建立良好健全的心态,共同抗击疾病,这不仅能够帮助患者治疗疾病,还有助于启发学生形成厚德仁爱、正直善良、勤劳勇敢的品德,形成相互体谅、相互帮助的良好社会公德以及爱岗敬业、服务群众的职业道德。因此在开展"针灸学"教学过程中,要时刻提高思政意识,发现隐形思政内容,使"针灸学"理论教学更加充实、全面。

从事针灸推拿专业的医学生,在毕业之后踏入工作岗位面对的疾病较多的是中风、颈肩腰腿痛等,发生这些疾病的人群更多的是中老年人,这部分人群较消极,理解能力稍差,医者需要更多的责任心、爱心、耐心和同理心。因此,医学生在校期间除了需要掌握与疾病相关的专业理论知识,还需要在学习过程中注重职业道德和人文素养的培养。因此,在"针灸学"这门课程的学习中,势必要增加"思政元素",开启全程育人、全方位育人,从而帮助医学生提升综合素质。与此同时,由于思政元素的加入,增加了"针灸学"教学内容的感染力,提高了学习的趣味性,激发了学生的学习热情,更有助于培养学生形成爱国奉献、明礼守法、厚德仁爱、勤劳勇敢、身心健康、勇于担当的良好道德品质,提高服务群众、奉献社会的素质修养。

三、"针灸学"融入课程思政的教学设计

教学设计是根据课程标准、课程大纲和学生特点,以促进学生学习为最终目的,运用科学、系统、全面、富有逻辑的方法将教学的各个要素进行有序安排,最终确定最合理的教学方案的过程。在"针灸学"课程中融入思政教育,首先要做好该课程的教学设计,充分挖掘"针灸学"课程中的思政元素,找准切入点,使思政教育与各章节内容自然融合。其次,更新充实教学目标,在固有的知识目标、能力目标、情感目标的基础上,设立课程思政目标,把社会主义核心价值观、社会公德、职业道德、人文素养、个人品德等列入"针灸学"的教学目标,利用这种隐性教育的方式让学生感同身受,理解病患、尊重生命、敬畏生命。这种隐性教育,一

方面减少了学生对思想政治理论学习的抵触情绪，另一方面也在以润物细无声的方式引导学生形成健全的、正确的价值观。在教学过程中，教师应通过巧妙的教学设计，做到显性教育与隐性教育有机结合、互相补充，充分调动学生的学习兴趣和积极性，最大限度发挥教育教学的育人成效。

“针灸学”教学分为了绪论、上篇、中篇和下篇。绪论概述了针灸学的概念和范畴，全面阐述了针灸学的发展史、对外传播和国际交流，归纳了针灸学的学科特点和学习方法。这一篇章讲述过程中应注意结合树立正确的人生价值和民族精神等思政元素。讲解发展史时，通过讲解针灸学经历了一代代人共同努力的发展过程，激发学生的爱国主义情怀。讲解针灸治疗疾病的原理时，要引入树立科学态度，要求真务实、突破陈规、大胆创新、敢于创造，用现代科学理论逐步揭开针灸治疗疾病的面纱。讲解疫情防控期间，借助中药、艾灸降低传染率、预防疾病时，注意激发学生树立正确的价值观，应具有强烈的社会责任感，愿为他人和集体作出奉献和牺牲。上篇为经络腧穴，主要论述了经络腧穴的基本理论和知识，重点介绍了十二经脉、奇经八脉的循行路线和腧穴的定位、解剖、主治和操作等，其中对常用腧穴的定位、主治进行重点讲解，可采用案例分析、动画演示、实体演示和多媒体、模型等教学方法和手段，调动学生学习的积极性，以提高教学质量。在讲解腧穴的定位过程中，强调解剖的重要性，突出科学价值观的重要性，在学习专业知识技能的过程中，通过观察、实验、调查、查阅文献等方法，形成良好的思维方法、科学态度和科学精神。讲解腧穴的主治时，引导学生不仅要掌握各种疾病的特点，还要把握病患心情，要具有同理心，才能做到身心同治，加速疾病的痊愈。同时，在治病过程中要用联系的眼光看问题，要看到人的社会属性。中篇为刺灸方法，主要介绍了常用针具、针灸体位等基本知识，强调了常规针灸治疗量和针灸施术注意事项，重点论述了以毫针、艾灸为主的各种针灸技术的基本知识和操作要求等。在各种操作过程中，注重培养感同身受，如针刺前安抚病人，使其充分放松，不仅能避免针刺意外的发生，而且能使病人更有安全感和幸福感，有助于疗效的体现。再如拔罐前温下罐口，有利于使病人更能得到关怀，体现人文关怀，使学生更加敬畏生命，也能体现出医者爱岗敬业、仁心仁术、服务群众的良好的职业道德。下篇为针灸治疗，主要论述了针灸治疗的作用、原则和临床诊治特点、针灸处方等，重点介绍了各科常见病的针灸治疗，以适应临床需要。下篇更需要课程思政的渗入，在治疗疾病的过程中，培养以病人为核心，因人而异，树立好职业目标。获得职业认同感后，还应立德筑医魂，帮助学生树立大医精诚、救死扶伤的高尚医德和社会主义核心价值观，在此过程中多借用SSP模式，模拟病人和医者，更能体会病人的痛苦，更能感受医者的责任感，使医学生学好理论知识的同时，增强实践技能，并且逐渐提高学生服务群众、奉献社会的素质修养,培养具有仁心仁术的医学事业接班人。

四、结语

实现“健康中国”“全面推进中医药的发展”目标的支撑点在于培养大量具有高技术水平、高职业素养、高道德品质的医护工作人员。因此,中医类高职院校除了传道授业,还要努力提高学生的思想修养,帮助医学生树立振兴中医药事业发展的坚定理想信念,培养医学生热爱祖国的民族精神、树立发展社会主义先进文化的信心、增强服务社会和愿为他人与集体作出奉献和牺牲的强烈社会责任感。培养过程中,专业核心课程具有义不容辞的义务,课程思政是必不可少的教学环节。“针灸学”课程团队借助 SSP 教学模式,医教协同,思政教师共同参与发挥合力,培养具有仁心、仁术的高情怀医师,使思政教育贯穿整个“针灸学”教学过程中,探索出一条适用于中医药专业学生的培养模式。同时,加强对中华优秀传统文化特别是齐鲁文化的学习与积累,培养崇德向善、见贤思齐、孝悌谨信、重义轻利的价值取向,培养自强不息、厚德载物的精神,掌握和而不同、美美与共的处事原则,弘扬忠孝悌信、礼义廉耻等的中华优秀传统美德,引导学生具备人文知识、掌握人文方法、理解人文思想、遵循人文精神,树立以人为中心的理念。

【参考文献】

[1] 肖永华,闫璞,王世东,等. SSP 在中医内科学本科生教学中的实践与思考 [J]. 医学教育研究与实践,2020,28(3):536-539.

[2] 齐亚莉,李蕊,聂群成. 健康中国背景下高职康复治疗技术专业实践教学体系改革探讨[J]. 河南农业,2020(15):28-30.

[3] 蔡志奇. 高校课程思政的研究进展. 热点与展望[J]. 高教论坛 ,2019(12):178-179.

[4] 李杰,赵进喜,徐蕾,等. 中医学术,突显哲学智慧;临床治疗,重视标本先后[J]. 环球中医药,2019,12(12):1854-1857.

[5] 孟庆楠,郑君. 基于“课程思政”的高校课程转化:价值、目标与路径[J]. 北华大学学报(社会科学版),2018,19(3):139-145.

[6] 何红娟. “思政课程”到“课程思政”发展的内在逻辑及建构策略[J]. 思想政治教育研究,2018,33(5):60-64.

[7] 陆道坤. 课程思政推行中若干核心问题及解决思路——基于专业课程思政的探讨[J]. 思想理论教育,2018(3):64-69.

[9] 高德毅,宗爱东. 从思政课程到课程思政:从战略高度构建高校思想政治

教育课程体系[J].中国高等教育,2020(1):43-46.

[10] 习近平在全国高校思想政治工作会议上强调:把思想政治工作贯穿教育教学全过程　开创我国高等教育事业发展新局面[N].人民日报,2016-12-09.

[12] 高锡文.基于协同育人的高校课程思政工作模式研究——以上海高校改革实践为例[J].学校党建与思想教育,2019(24):16-18.

[13] 钱海红.情感教学目标的优化达成[J].思想政治课教学,2018(1):44-47.

[14] 邓海龙.医德交融:"大思政"视域下医学生思想政治教育的新理念[J].山西高等学校社会科学学报,2018(7):71-74.

基于财会专业的“财务管理”课程思政建设研究

崔元丽*

摘要：为发挥专业课程育人效果，“财务管理”课程进行了一系列的教学改革，首先在原有以财务决策为核心的课程目标的基础上，融入了思政目标，重塑为课程育人目标；挖掘课程的深度与广度，丰富课程资源的建设，提炼和孕育思政元素，依托“案例、新闻、时事、热点、人物”等，精心设计每一知识模块的思政切入点，最终形成了“基于岗位要求的职业引领——基于专业知识的价值引领——基于精神内涵的信念铸造”的思政育人体系。

关键词：财务管理；思政育人；思政元素

“财务管理”课程是财务管理、会计学专业的专业核心课程，是研究财务管理基础知识、基本理论、基本方法，开展财务分析、财务决策的综合应用性课程。该课程对培养财会人才专业素养起着非常重要的支撑作用。

基于“各类课程与思想政治理论课同向同行，形成协同效应”的要求，“财务管理”课程要承担好育人责任，守好一段渠、种好责任田。在本校“育人为本、德育为先、能力为重、全面发展”的应用型人才培养理念指导下，“财务管理”课程要坚持立德树人的根本任务，在知识传授、能力培养的过程中，发挥价值引领作用，实施专业教育与思政教育同频共振。

一、“财务管理”课程育人目标的重塑

一直以来，“财务管理”课程目标主要是围绕“财务决策”制定的知识、能力和素质目标，为实现课程育人效果，在财务管理、会计学专业育人目标指导下，结合

* 作者简介：崔元丽，山东协和学院商学院副教授，硕士，研究方向为财务管理、会计学。

课程特点，注重知识传授、能力培养与价值塑造的统一，重塑的课程育人目标如下：

（一）基于岗位要求的职业道德与素养目标

在财务管理基础知识的学习过程中，逐步塑造学生遵纪守法、诚实守信、忠于职守、廉洁奉公等财务职业道德；培养一丝不苟、严谨认真、精益求精、科学决策的职业素养。

（二）基于专业知识的价值观念引领目标

在系统学习财务管理价值观念、了解财务前沿知识的过程中，引导学生树立科学的财富观、合理的消费观、终生学习观和可持续发展观念。

（三）基于精神内涵的理想信念铸造目标

在全面掌握筹资、投资、营运、分配活动的管理和决策的基础上，了解国家政策的前瞻性、正确性，增强政治认同、“四个自信”，培养家国情怀、社会责任感，树立社会主义核心价值观。

二、“财务管理”课程思政元素的建设与挖掘

“财务管理”课程思政元素来源于课程资源，丰富的课程资源是厚植思政元素的沃土。课程资源包括课程自身的内部资源和与课程紧密相关的外部资源。“财务管理”课程思政元素依托于课程资源，需要从课程资源的广度和深度上去挖掘和提炼。目前，可以挖掘和提炼的思政元素大体可以归结为两类：一类几乎蕴含于“财务管理”课程所有知识模块，另一类蕴含于某一知识模块中，自成体系。

（一）从所有知识模块中挖掘、提炼的思政元素

“财务管理”课程中的法制意识、诚信意识、科学决策意识等思政元素几乎蕴含于所有知识模块中。

在各项财务活动筹资活动、投资活动、营运活动和利润分配活动中，都要遵守相关的法律法规，如《会计法》《公司法》《税法》《证券法》《票据法》《企业会计准则》《企业财务通则》等，通过学习法律法规对财务活动的各项规定，可以培养学生的法治认同感、建立法治思维，树立法治意识。

在处理国家、社会、公众、投资者、借款人、供应商、客户、员工等利益相关者的财务关系时，企业要以诚信为本。企业要老老实实做账、向国家足额缴纳税款；要承担环保、减排等社会责任，向公众提供合格产品；按照预期发放股利，按合同约定到期还本付息；按期向供应商支付货款，向客户提供产品；向职工提供工资、福利待遇等。学习这些知识的过程中，可提炼诚实守信这一思政元素。

在企业资金需要量的预测、债券发行价格的制定、资金成本的计算、资本结

构的决策、现金流量的估计、项目决策指标的计算、现金最佳需要量、最佳订货点、信用标准的制定、股利政策的制定等财务决策过程中，要学习各种财务决策方法，这些方法结合财务、数学、统计学、经济学、管理学等相关学科知识，具有严密的逻辑性。从这些财务决策方法的学习中让学生感知科学决策的意义。

(二)从某项知识模块中培育、提炼思政元素

除蕴含于全课程的思政元素外，还可以依托某一项知识模块，培育、提炼思政元素。例如，在“资金时间价值”这一知识模块中，在单利计息、复利计息的计算中可以培育学生的财商意识；在不同计息方式下计算利息的过程，可以演示“网贷”“校园贷”等高额利息的产生过程，进而挖掘科学的财富观、合理的消费观等思政元素。

在“投资项目可行性分析”的学习中，可以引入“环境保护、低碳减排”等思政元素；在“项目投资的意义”中，可以引入“创新创业意识、竞争意识”等思政元素；在“投资决策实训”环节，可以培养学生的“团队协作能力、承受挫折能力”。

在“营运管理”中，通过学习现金管理、存货管理、应收账款管理，可以引入效率意识、培育辩证思维；在“现金管理”中挖掘“珍视资金、廉洁奉公”等元素，在“存货管理”的学习中通过保险储备量引入“忧患意识”；在“应收账款管理”中引入底线思维、防控风险意识。

在“利润分配管理”中，通过解决“积累与分配”这一关键问题，引入长远发展观念和合理的消费观念。通过企业分配的过程，拓展伟大复兴中国梦的实现，激发学生的爱国意识。

三、“财务管理”课程思政切入点的设计

在重塑“财务管理”课程育人目标，提炼、挖掘课程思政元素的基础上，还需要巧妙设计思政育人的切入点，使专业知识与思政元素水乳交融，达到润物无声的效果，避免专业知识、育人元素形成两张皮。

思政切入点可以是案例、新闻、时事、热点、人物等，它是连接专业知识与思政育人的纽带和桥梁。精心设计的思政切入点可以使专业知识到思政育人的过渡水到渠成，浑然天成，使专业知识的传授和思政育人的效果相得益彰、互相促进，也可以使课堂效果大放异彩，师生之间实现真正的灵魂碰撞。

如在“资金时间价值的计算”中，选择“校园贷真实案例”作为切入点，教师提出“本金并不高的校园贷为什么还不起”的问题，激发学生探究欲望，分小组完成不同计息方式下高额利息的计算，之后师生共同探讨对“君子爱财，取之有道，用之有度”的认识，引导学生树立科学的财富观、合理的消费观。

在“筹资管理银行借款”的知识点中，引入“信用中国”，让学生登录“信用中

国”网站，查询某地区“拖欠农民工工资”、“躲债公司”、信用“黑红榜”企业名单，“失信黑名单”等信息。感受现代信息技术下，政府对企业、个人信用的高效管理，使学生树立“珍视自身信用”的意识。

在“投资管理项目——投资的意义”这一知识点中，引入“互联网＋大学生创新创业大赛”，介绍其举办的重要意义、在国内外社会的影响以及项目落地后产生的实际效益，使学生理解项目投资带来的社会财富积累、就业增加功效，同时有利于提高微观主体的经济实力、创新创业能力和竞争意识。很多优秀的、前瞻性的项目“功在当代、利在千秋”，鼓励学生利用聪明才智拟定互联网＋大学生创新创业项目，激发学生创新意识、创业意识和竞争意识。

四、“财务管理”思政育人体系的建立

重塑课程思政育人目标，挖掘和建立课程思政元素，选择合理的思政切入点后，建立“基于岗位要求的职业引领——基于专业知识的价值引领——基于精神内涵的信念铸造”的思政育人体系。“财务管理”思政育人体系图如图 1 所示。

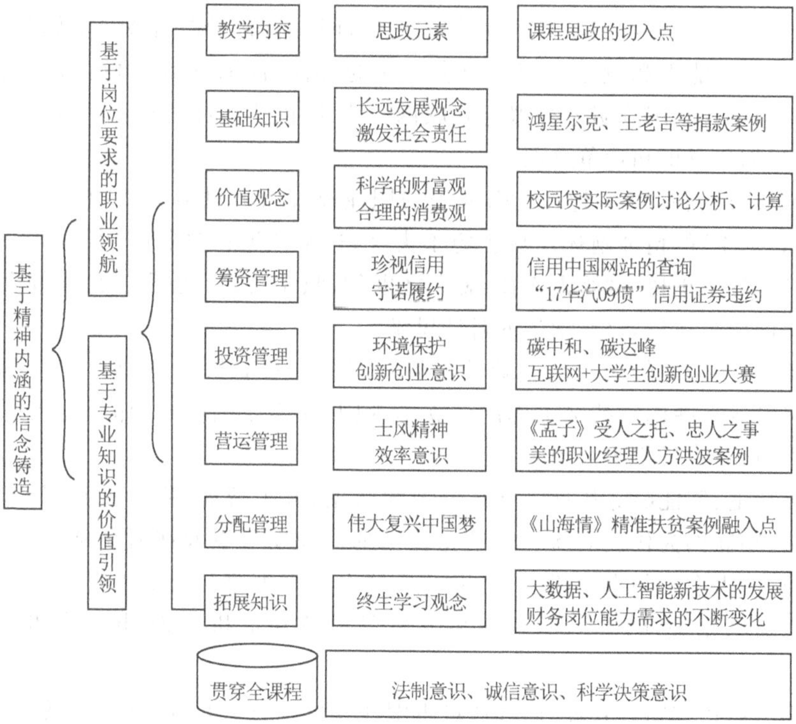

图 1 “财务管理”思政育人体系图

“财务管理”每一模块内容、思政切入点及主要思政元素如下：

模块一：认识财务管理。通过引入鸿星尔克、王老吉等企业向受灾地区无私奉献、捐财捐物，引发社会各界好评，长春长生“假疫苗”和三鹿“三聚氰胺”损害公众利益，最终走向覆灭的案例，使学生树立长远发展观念，树立责任担当意识，要有爱国情怀。

模块二：财务管理价值观念。以“校园贷”作为切入点，激发学生探究欲望，分小组完成不同计息方式下的高额利息计算，之后师生共同探讨对“君子爱财，取之有道，用之有度”的认识，使学生树立科学的财富观、合理的消费观。

模块三：筹资管理。引入“信用中国”和华晨集团“17 华汽 05 债”信用违约案例，让学生登陆“信用中国”网站、查询某地区“拖欠农民工工资”企业名单、“躲债公司”、信用“黑红榜”，“失信黑名单”等信息。感受现代信息技术下，政府对企业、个人信用的高效管理。使学生树立“珍视自身信用”的意识。分组讨论“17 华汽 05 债”对证券市场、整个社会的危害和影响，激发学生守诺履约的责任意识。

模块四：投资管理。引入“互联网＋大学生创新创业大赛”，介绍其举办的重要意义、在国内外社会的影响以及项目落地后产生的实际效益，使学生理解项目投资带来的社会财富积累、就业增加的功效，同时有利于提高微观主体的经济实力、创新创业能力和竞争意识。很多优秀的、前瞻性的项目“功在当代、利在千秋”，鼓励学生利用聪明才智拟定互联网＋大学生创新创业项目，激发学生的创新意识、创业意识和竞争意识。

模块五：营运资金管理。引入美的职业经理人方洪波案例和《孟子·尽心上》中，对“士”的精神阐述：“故士穷不失义，达不离道；穷则独善其身，达则兼济天下。”引导学生树立“受人之托、忠人之事”的职业操守。引入三角债等案例，激发学生的效率意识，培育学生的辩证思维。

模块六：分配管理。从企业分配管理层面拓展到国家分配管理层面，引入《山海情》等反映国家扶贫工作的优秀影视剧，使学生增强对“伟大复兴中国梦”的憧憬，树立责任担当意识。

模块七：智能财务拓展。通过介绍大数据、人工智能、移动互联网、云计算、区块链、物联网为代表的新一代信息技术的快速发展以及在财会领域带来的巨大变革，四大会计师事务所引入“财务机器人”，某烟草公司引入财务共享系统、财务人员大幅缩减的案例，让学生要有紧迫感和危机意识，树立终生学习的观念。

综上所述，“财务管理”课程通过重塑课程思政育人目标，挖掘和建设课程思政元素，精心设计思政切入点，使课程在专业教育的基础上实现育人效果，切实做到知识传授、能力培养和价值塑造相融合。

【参考文献】

[1]周谦，赵娟.“课程思政”视阈下财务管理学课程教学改革探索[J].财会通讯，2021(11)：165-168.

[2]陈中斌，杜春华.财务管理专业实施“课程思政”的问题及对策[J].湖北经济学院学报(人文社会科学版)，2021，18(6)：138-141.

[3]宋淑琴，刘凌冰.财务管理课程思政建设研究——基于布鲁姆教学理论[J].商业会计，2021(9)：109-112.

[4]魏少玲.应用型本科高校财务管理专业人才培养的课程思政研究[J].经济研究导刊，2021(12)：84-87.

课程思政背景下山东省大学生诚信教育研究

曹立静*

摘要:如何有效地提高新时代大学生的诚信意识,使诚实守信成为大学生自觉遵守的行为准则,是塑造诚信山东,践行社会主义核心价值观的客观要求。但是当前大学生考试作弊、简历造假、拖欠助学贷款等这些诚信缺失现象还很多。本文对大学生诚信研究的必要性及诚信缺失的表现进行了探讨,最后提出了课程思政背景下大学生诚信教育建议。

关键词:大学生;诚信建设;诚信山东

诚信是我们从古至今一直推崇的传统美德。战国哲学家韩非说:"内外相应,言行相称。"战国诗人屈原说"善不由外来兮,名不可以虚作"等名言诗句数不胜数。山东作为"孔孟之乡,礼仪之邦",孔孟思想中的诚实守信是山东的优良传统,是山东人的金字招牌,但是随着经济全球化,互联网技术的快速发展,大学生面对互联网带来的信息量冲击,各种思潮的交流与碰撞,出现了各种失信现象,对高校的思想政治教育工作提出了挑战。大学生作为新时代知识分子,是新时代社会主义建设的栋梁,是中国特色社会主义事业的接班人,不仅需要掌握先进的技术知识,更应该养成诚实守信的品德。在课程思政大背景下,对新时代大学生诚信教育问题进行研究,是大学生自身成长的需要,是践行社会主义核心价值观的内在要求,也是全面推进诚信山东建设的需要。

* 作者简介:曹立静,山东协和学院工学院讲师,硕士,研究方向为工程造价管理。

一、新时代大学生诚信研究的必要性

(一)诚信是大学生提高自我修养的必然要求

孔子有“言必信，行必果”“人而无信，不知其可也”等名言。诚信思想不论在过去还是现在，都具有鲜明的民族特色，都有其永不褪色的时代价值，作为中华民族优秀传统文化的瑰宝，应该成为新时代大学生个人道德品质修养的标准，成为立身处世的基本原则。

古人云：治国平天下，先从修身始。新时代亦然，诚实守信应成为大学生提高自身修养的重要内容，日常生活中用社会主义核心价值观来严格规范自己，养成良好的道德品质，将诚信思想内化于心、外化于行，不断完善自我修养，才能成为社会主义现代化事业建设的合格的接班人和建设者。

(二)诚信是大学生成功走向社会的前提

随着国家对社会信用体系建设的不断推进，诚信作为新时代大学生的重要标签之一逐步引起各高校教育者、社会需求者的重视，也逐步成为大学生成功进入社会、融入社会的敲门砖。

每个大学生都应该清楚新时代背景下诚信是个人最重要的人格修养之一，也是个人最宝贵的无形资产。现实社会告诉我们，具有失信记录的人是寸步难行，具体表现在银行不贷款、用人单位不接纳、周围的人不信任等。鉴于此，大学生在校期间不仅要提高文化知识的修养，还要不断提高自身道德修养，培养和践行诚信意识，才能在将来进入社会后有信达天下、用我必成的基础。

二、新时代大学生诚信缺失的表现

随着5G、互联网技术的飞速发展，智能手机给新时代大学生带来各种复杂信息冲击，各种思潮的交流与碰撞，出现了各种失信现象，主要表现在以下几个方面：

(一)学业方面诚信缺失严重

一是考试作弊花样百出。目前，大学生考试作弊时有发生，不是认真复习，而是寻找各种捷径通过考试，作弊手段也是花样百出，手段也越来越先进。二是作业抄袭习以为常。现在网络发达，各种学习App层出不穷，给学生弄虚作假提供了便利，有些大学生做作业直接通过搜题软件获取结果，实习报告去网站文库原样下载，实验数据靠假设推算。三是评优评先投机取巧。在优秀班干部、三好学生的评选中，一些同学靠搞小团体拉票，拉关系等各种途径投机取巧。因此，学业方面的各种不诚信现象一方面将社会上不良的风气带进校园，严重影响了同学之间和谐相处的友爱关系，破坏团结，另一方面也打击了同学们的学习积极性。

(二)就业方面弄虚作假

首先个人简历过分夸大,一些大学生在求职简历上面弄虚作假的现象时有发生,与事实出入比较大,简历上面大多写着"优秀班干部""班级三好学生",都有一流的外语和计算机水平,进而伪造证书,伪造学习成绩单。其次是随意违约,很多同学在选择就业单位时,把随意违约当成家常便饭,还有的同学签约的目的只是为了解决户口问题,一旦问题解决就会"撕毁"合同,硬性辞职,这些在就业方面的不诚信行为,令用人单位十分反感,浪费了企业大量的人力和物力,影响了企业的管理和正常工作的进程。

(三)经济方面诚信意识缺乏

首先是恶意透支、超前消费。有些新时代大学生由于个人虚荣,追求高物质生活,往往通过透支信用卡,支付宝花呗,各种网贷 App,最后无力偿还,最直接的后果就是在银行留下不良信用记录,影响个人信贷。其次是助学贷款方面。少数大学生为了获取助学贷款,隐瞒家庭实际情况,伪造虚假家庭贫困证明。获得助学贷款后,又拖欠不还,有的学霸变老赖,据调查,国有商业银行国家助学贷款坏账比例高达 10%,远远高于普通人 1%的比例。

三、大学生诚信缺失原因分析

(一)诚信教育内容脱离实际

思政课堂作为大学生诚信教育的主要领地,思政教学质量影响诚信教育的实施成效。就目前诚信教育在大学生思政课程所占比例来看,诚信教育内容较少,所产生的教学效果甚微。具体而言,诚信教育内容脱离实际的表现在:第一,思政教育过于重视大学生诚实守信教育,忽视学生的信用教育。诚实守信教育较多集中在帮助学生了解更多优秀品格,减少学生所出现的不诚信问题。但在市场环境中所对应的个人信用、企业信用、银行信用等知识则相对较少。第二,过于重视学生思想道德教育,忽视大学生道德规则教育。大学生诚信教育多停留在改善学生思想问题,帮助学生树立正确的思想道德意识层面,在课堂中涉及道德规则教育内容较少。表现在教师在课堂纪律和法规方面所讲解的内容较多,对于职业上的规则和团队合作所要遵守的规定讲解较少,学生对诚信守则的了解不够深入。

(二)重视理论教学,忽视实践体验

现阶段,大学生诚信教育主要是通过思政课堂或教育讲座的方式进行,过于重视对诚信教育理论内容的讲解和传授,忽视学生的实践和行为体验。受传统教育理念的深刻影响,高校思政课堂的诚信教育缺乏实践性特征,使学生对诚信的认知局限在道德层面上，忽视对诚信理念的实践应用。同时，大部分高校在教育管理中出现规范学生行为而忽视对学生进行思想教育的现象，许多行为准则都缺少诚信的约束，导致许多教师和学生都按照不同的行为准则执行，监管和惩罚无章可依。另外，教师作为诚信的示范者在大学生群体中未形成榜样的作用，在管理学生的过程中因为个人情感而监管不严的现象普遍存在。在这种缺少约束的环境下，大学生并不能将诚信落实到具体行为中，诚信教育很难达到良好的效果。

四、课程思政背景下山东省大学生诚信教育对策

（一）加强自身道德修养，提高诚信意识

大学生个人应主动提高自身道德修养、培养诚信意识，将其作为日常生活的一部分，将社会主义核心价值观中关于诚信的要求内化于心，外化于行。大学生不仅要提升个人自身的道德修养及诚信意识，还要用自身的行动影响周围的同学，同学之间互相监督，促进共同进步。大学生应加强诚信学习与交流，既要用守信者榜样的力量提高自己，也要用失信者失败的案例实时警醒自己。通过共同学习探讨形成班级日常诚信行动准则，以准则为指引，将诚信行为逐渐养成为个人自然而然的行为。

（二）紧跟课程思政，做好诚信教育

首先，诚信教育要形式多样化。道德思政课程要强化诚信内容，改变目前单一的理论灌输，采用情景式、混合式、讨论式、翻转课堂等多种教学方法，创设教学情境，加强师生之间的互动。诚然诚信教育不应只局限于固定次数的道德思政课，在课程思政的背景下，要全面开花，要把诚信内容融入各专业课程中，专业课教师要深挖课程中的思政元素，有意识地深入挖掘诚信的教育资源，巧妙地将诚信教育融入课堂教学的各方面，做到春风化雨，润物无声，让诚信入脑、入心。其次，教师要做学生诚信的榜样。师者应秉持“学高为师，身正为范”的理念，将自身诚信示范贯彻到整个大学生教学、生活过程中，用自身的学术水平和人格魅力影响每一个学生，用榜样的力量带动每一个学生。

（三）加强校园诚信文化建设，营造良好诚信氛围

1. 弘扬诚信文化

以山东省大学生为对象，以社会主义核心价值观为主导，积极利用新媒体做好诚信宣传，通过微信公众号定期推送诚信内容，通过校园广播、学校网站等新媒体手段，弘扬中华民族诚实守信的传统文化，形成崇尚诚信、践行诚信的校园诚信文化，使诚信教育由点及线、由线及面，多角度、多层次地广泛开展。

2.树立诚信典型

充分发挥微信、微博、QQ、微信公众号、抖音、广播、报纸、网络等媒体的宣传引导作用，宣传典型人物、典型个人事迹，发挥榜样示范效应，激励更多同学参与到诚信活动中，使诚实守信成为大学生的自觉追求。

3.开展校园诚信主题活动

为了培养大学生诚实守信的优良品德，学校要积极组织开展多种形式的实践主题活动，组织开展诚信主题班会、诚信辩论赛、诚信知识竞赛、诚信演讲等主题活动，营造良好的诚信氛围。通过各种诚信主题活动使诚信教育入心、入脑，让学生明白“讲诚信光荣，不讲诚信可耻”，并学会将诚信融入日常学习生活中的每一件小事，真正做到诚实守信。

(四)开展大学生诚信体系建设，制定大学生诚信规范

大学生诚信体系建设首先是坚持党对大学生诚信体系建设的领导，为建立大学诚信体系建设提供坚强的政治保障。提高大学全体教职员工对诚信体系建设的认识，建立诚信体系建设领导小组，形成以学校领导、诚信体系建设领导小组、相关职能部门为管理层，以各学院为执行层，以大学生为普遍参与层的大学全员诚信体系建设工作体系，为大学诚信体系建设提供组织保障。

其次是学校要制定大学生诚信规范。学校要制定事先预防、事中监控、事后惩戒的大学生诚信规范制度，制定大学生日常诚信行为清单，为学校开展诚信教育提供制度保障，确保诚信建设有章可循。诚信规范应把诚信要求具体体现到事关大学生学习生活的各项规定之中，用制度引领大学生的学习、工作和生活，用制度巩固诚信成果、遏制失信行为，用制度褒扬诚信，惩戒失信。

五、结语

诚实守信是中华民族的传统美德，是人的“第二身份证”，习近平总书记在不同场合对诚信的重要性作了多次阐述，为诚信在社会生活、外交关系和时代价值上的体现开启了多维视野，提供了基本遵循。新时代大学生出现的各种诚信问题，对山东高校大学生的诚信建设工作提出了新的挑战，因此大学生要自觉加强自身道德修养，提高诚信意识，诚信教育要紧跟课程思政大背景，融入各专业课中，使诚实守信成为大学生自觉追求的行为准则。

【参考文献】

[1]李松梅.大学生诚信教育体系建设探讨[J].现代商贸工业，2019(26)：167-168.

[2]张敬客，蒋君毅. 新时期大学生诚信意识重建对策研究[J]. 科技经济导刊，2019(27)：102-103.

[3]刘锐. 高校大学生诚信体系建构的法治化路径[J]. 大庆社会科学，2021(2)：88-91.

第三部分

创新创业教育研究

高校体育“专创融合”发展的教学策略

郑少聪[*]

摘要：后疫情时代体育事业或迎来重要发展，高校体育专业需要新的教学策略来响应国家加强高校创新创业教育的号召。本文通过文献调研总结分析高校体育专业“专创融合”发展的意义和教学策略，认为高校体育专业“专创融合”发展是教育所趋、时代所需，有利于寻找产业突破口，加快体育强国建设；有利于高校体育专业学生“把握当下，面向未来”。设置“专创融合”的人才培养目标、重视人才培养的过程考核、整合提升“专创融合”的师资力量、搭建教学研究与实践一体化的新平台是加快建成体育强国和培养体育专业应用型人才的重要举措。

关键词：体育专业；创新创业教育；“专创融合”

一、引言

现如今体育运动正同健康产业相关联，已有诸多研究证实了体育运动对人体生理、心理乃至社会交往等方面的确具有良好效益，这些研究让人们对体育运动有了更加深入的了解，也使得体育运动逐渐成为了人们用来调节生活方式、娱乐放松、加强社交的重要手段，伴随着人们运动健康意识的提高，我国的体育市场需求也在日益加大，体育事业及相关产业的发展脚步逐步加快。

2014 年，国务院出台《关于加快发展体育产业促进体育消费的若干意见》，指出：“力争到 2025 年，体育产业总规模超过 5 万亿元，成为推动经济社会持续发展的重要力量。”该文件的出台对我国体育事业及相关产业的发展作出了重要指示，说明未来体育相关行业的发展将在我国经济发展中起到重要的推动作用，也

---

* 作者简介：郑少聪，青岛黄海学院大学体育教学部教师，硕士，研究方向为羽毛球、运动健康。

将在未来的发展中占据重要地位。在需求和政策的双重引领下，培养相关人才显得尤为重要。在体育强国建设中，高校体育教育承担着重要责任，如何将高校体育专业教育同产业发展相协调配合，成为了亟待思考的问题。

近年来，创新创业教育成为高等院校教育界的热门话题，创新创业教育是一种实用性教育，该教育模式提倡培养学生的创新意识和创业能力，以此带动就业，是实现建设创新型国家的重要措施。“双创”教育是符合时代发展和经济社会发展的必然，部分发达国家在这一方面的教育早已备受重视，而我国相关教育的帷幕才刚刚揭开10年左右。现阶段我国对“双创”教育的重视程度日益增显，根据国家需求和相关政策的指引，我国高等院校“双创”教育正在不断完善和改革并且已经取得了部分成绩。

二、高校体育“专创融合”发展的意义

高校“专创融合”发展是现代高等教育发展的大势所趋，专业教育同创新创业教育的分离容易使专业教育的实用性大打折扣，行业的固化模式难以被打破，长此以往不利于行业的发展。体育专业亦是如此，如今体育同健康的紧密联系让人们对体育运动产生了新的认知，这势必会为体育行业带来新的机遇，为了更好地把握乃至创造机会，需要高校作出相应的教育策略以培养体育专业的创新型人才，进而推动体育行业能够更加适应时代发展的潮流和趋势。

（一）教育所趋，时代所需

新冠肺炎疫情的暴发对体育产业造成了不小的冲击和影响，为了应对这种影响，体育产业加强了线上线下的“双线”融合发展，这种模式的形成发展为体育行业增加了新的活力也带来了更多的机遇和挑战。疫情引发了人们对健康的重新审视，相信后疫情时代体育产业会随人们健康意识的提升而不断发展。

在后疫情时代背景下，体育领域相关行业的发展需要新的契机，此时更加需要具备创新意识和创业能力的专业型人才，专业教育同创新创业教育的交叉融合是当今高等教育的发展趋势之一，将高校体育专业教育同“双创”教育相融合，既符合当前教育趋势也符合时代需要。两者的结合将大大提高体育专业教育的实用性和针对性，也可为“双创”教育的发展提供落脚点。

（二）有利于寻找产业突破口，加快体育强国建设

疫情防控期间线上体育、各类健身运动App、体育类自媒体教学等成为了人们居家锻炼和科学学习运动知识的重要渠道，这些形式突破了单靠线下所导致的固有时空局限，虽然为人们争取了便利、提高了健康意识，但并未真正意义上“化危为机”。在后疫情时代，体育类企业需要加速提高创新能力以有效提升应对危机的能力，于此，高校体育专业在教育教学方面只有加强专业教育与创新创

业教育的融合，方有利于寻找更多类似线上体育、居家体育或者全新的突破口以更高效地推动体育事业的繁荣发展、增强体育企业的风险应对能力、加快体育强国建设的脚步。

我国体育行业的发展体系正在逐渐健全，无论是装备的开发制造、体育用品的生产销售、体育赛事的策划转播、体育场馆的运营管理还是特色体育小镇的规划和建设等都急切需要一批创新型的专业人才，懂专业才能够有所依托，有创新才能有所突破。

（三）有利于高校体育专业学生“把握当下，面向未来”

高等教育中“专创融合”发展能够让学生在有“一技傍身”的同时保持对专业的敏锐洞察力，能够在日新月异的更新变化之中迅速适应，甚至在原有的模式中创造新的发展，为个人和行业提供新的机会。高校加强“专创融合”教育提高学生个人能力的同时，也会逐步带动一部分学生尝试着应用专业知识和创新思维去进行创新创业的探索和实践，理论联系实践，新的实践又带动理论产生新的发展造就新的机会。

面对严峻的就业形势，国家提倡“大众创新，万众创业”，以创业带动就业是新的探索方向。高校体育“专创融合”有利于加快体育行业的发展脚步，可产生较当下更为全面和丰富的产业体系，产生更多的职位需求，提供更多的就业渠道。

高校体育专业学生毕业后在业内领域中就业时，拥有专业知识和技能仅仅是基础，能够以发展和创新的眼光去看待和思索现实问题并设置相应的解决方案，才能够在行业发展的不断更新中处于优势地位。高校体育专业教育同“双创”教育融合发展，有利于高校体育专业学生综合能力的提升，且能更具针对性地提高其实践应用能力，有利于学生把握当下并面向未来。

三、高校体育“专创融合”发展的教学策略

目前我国高校体育“专创融”合发展仍处于起步阶段，创新创业教育虽然已经加入高等教育体系建设，但体育类的相关专业仍然不够普及和均衡，未能真正将专业教育同创新创业教育有机结合，对我国体育类专业人才的培养来说仍有局限。体育人才专业教育的实用性应当同未来的职业发展相关联，将创新创业教育与体育专业教育互融配合是对这一困境的有效应对措施，因此高校体育人才的培养方案中亟待加强这两方面的融合贯通以应对未来行业领域中日新月异的发展变化。

（一）明确“专创融合”的人才培养目标

为促进高校体育“专创融合”发展，需要体育专业设置明确的人才培养目标，

目标中除原本的专业教学目标外还应当涵盖具体的创新创业教学目标。2016年，黄汉升等人的研究中体育专业的培养目标主要以3个要点来体现其定位，而其中两个要点都与创新创业教育有关。

高校体育专业的培养目标应当以促进专业知识及技能的应用与转化、培养和提高学生创新精神和创业能力、搭建学生专业与职业互通平台为主要方向，在制定目标时要注意专业能力和“双创”能力优势互补，强化专业能力的同时强调创新创业能力的培养，方便学生在校期间学到一技之长的同时还能具备应对未来行业发展的能力。

在设置人才培养目标时，应当有针对性地了解体育类专业当前的就业形势和现状，分析体育产业的未来发展方向、行业需求、消费者群体现状及需求等方面，在把握现状和了解需求与发展方向的基础上，有目的地设置培养目标。如此，培养目标才能与就业、创业方向接轨，学校才能够对培养目标有明确的把控，学生才能在学习专业知识的同时清楚了解未来的就业方向和行业需求，此时学校设置的目标中若能涉及“双创”教育并与之相辅相成，对学生的发展而言必是如虎添翼。例如，目前体育行业中体育培训在我国部分一线城市如日中天，而大部分精通或熟练掌握专业技能的学生能够胜任教练、培训老师等职位，但却并不十分清楚一个体育培训机构的开设条件、运营管理、营销策略、股份分配、权责分配等方面的知识，这些如果能够在在校期间给予学生学习、模拟经营的机会，或许体育行业在国内的发展会更加迅速、强势。人才目标不应限于培养具备某种职业技能的学生，为了加快体育强国建设更要主抓能够推动体育运动推广和体育事业发展的创新型应用人才的培养，这样的人才应当思维活跃、眼界开阔、技能扎实、敢想能做。

(二)注重“专双融合”发展中人才培养的过程性考核

目标是方向是引领，过程的实施是具体的操作，目标要清晰远大，过程要保证时效与实效。体育专业与“双创”教育融合发展应当规划具体的教学计划、实训方式，拥有良好的输出模式才能更高效地实现目标。人才培养过程中应当区分学术创新与实践创新，两手都要抓，两手都要硬，在培养过程中应当设置初期、中期、终期的考核方案，健全考核体系，以督促教师与学生在教学过程中引起重视。

初期考核应当以师生意识培养、思维转变为主，只有当教师和学生从思想上重视“专创融合”发展的意义，才能在接下来的教学过程中脚踏实地。中期考核应以教学过程的实施情况与实施效果为主，通过中期效果的反馈，能够及时发现问题并予以干预调整。终期的考核应当以教学成果实效性与行业发展动态的契合程度为主，如此才能准确把握并紧跟行业发展。

（三）整合提升师资力量

目前大部分高校体育专业教师对体育专业知识与技能的掌握已经具备了足够的能力和前沿视野，但在学术创新与实践创新方面仍然有较大发展空间，对于“双创”教育的把握程度和知识覆盖面仍然有待提高与发展。

就当前情况而言，高等院校体育专业教师可以成立专门小组，选择具备“专创融合”发展能力的优秀教师来带领部门成员共同促进体育专业“专创融合”发展，如无合适人选也可由学校出面整合创新创业专家导师资源，在专家的培训和引领下培养部门所需的领军教师，若能通过资源整合与重组，成立一支既有专业型教师又具“双创”型教师的综合师资队伍，通过日常教研活动和实践摸索定能默契配合实现专业教师、“双创”教师与学生的多方共赢。

（四）搭建教学、研究、实践一体化平台

高校体育专业将“专创融合”发展的教学资源、学术研究和实践应用搭载成统一平台，有助于为师生提供更广阔和便利的发展平台。教学、研究、实践应以体育专业教育和创新创业教育的协调发展为主要脉络，在教学中教师在引领学生掌握专业知识与技能的同时探索行业需求，借助创新创业知识对行业需求进行有意识有目的的整理、分析和研究，并根据研究结果指导学生进行创新创业实践。整个过程一体化有助于发挥教师的引领作用和学生的主体作用，学生实践参与感强又会促使学生对原本的教学、研究形成新的认知和思考，无论是学术创新还是实践创新都能够在这个统一平台中逐渐完善和发展，其影响或可改变原有的专业教学模式，促使高校体育专业教学创新出更具发展和实效意义的可能。

一体化平台的搭建重点在于实践，高校应选择同体育行业中具备完善发展体系和前沿视角的单位进行合作育人，搭建实训平台与创新孵化基地，使学生学习的专业知识能够在合适的平台加以运用和创新。

四、结语

后疫情时代，人们加强了对健康的重视，良好的生活方式是提高健康水平的重要内容，体育运动在这一方面能够发挥其独特的作用，体育事业将迎来大发展。面对当前严峻的体育专业就业形势和即将到来的机遇，高校体育专业应当加快响应国家创新创业教育的号召，积极将体育专业教育与“双创”教育相融合，设置“专创融合”的人才培养目标，重视人才培养过程中的过程性考核，整合提升体育专业教师和创新创业教师协调配合的师资力量，搭建教学研究与实践一体化的新平台。高校体育专业同“双创”教育的融合发展是充满挑战的，但也是加快建成体育强国和培养体育专业应用型人才的重要举措。

【参考文献】

[1] 黄海燕，徐开娟，廉涛，等. 我国体育产业发展的成就、走向与举措[J]. 上海体育学院学报，2018,42(5):15-21.

[2]国务院关于加快发展体育产业促进体育消费的若干意见[EB/OL].(2014-10-20). http://www.gov.cn/xinwen/2014-10/20/content_2767791.htm.

[3] 王焰新. 高校创新创业教育的反思与模式构建[J]. 中国大学教学，2015(4):4-7.

[4] 曾骊，张中秋，刘燕楠. 高校创新创业教育服务"双创"战略需要协同发展[J]. 教育研究，2017,38(1):70-76.

[5] 张亮，焦英奇. 后疫情时代体育产业发展的空间转向与价值重构——基于新冠肺炎疫情背景下体育产业发展的分析[J]. 体育与科学，2020,41(3):25-30.

[6] 王占仁. "广谱式"创新创业教育的体系架构与理论价值[J]. 教育研究，2015,36(5):56-63.

[7] 白丽，孙晨晨. 互联网时代体育产业人才的培养[J]. 体育学刊，2016,23(4):63-67.

[8] 孙科，郇昌店，任慧涛，等. 危机与应对:新型冠状病毒肺炎疫情下的中国体育叙事[J]. 上海体育学院学报，2020,44(5):1-15.

[9] 刘伟. 高校创新创业教育人才培养体系构建的思考[J]. 教育科学，2011,27(5):64-67.

[10] 贡娟，李晓红. 试论构建高校体育教学创新体系[J]. 体育科学，2000,20(3):22-24.

[11] 刘振忠，周嫒，张功. 高等体育院校创新创业教育行为评价体系的研究[J]. 南京体育学院学报(社会科学版)，2009,23(2):99-103.

[12] 刘振忠，周静. 高等体育院校创新创业教育现状及其实践体系的构建[J]. 当代体育科技，2012,2(21):55-56.

[13] 黄汉升，陈作松，王家宏，等. 我国体育学类本科专业人才培养研究——《高等学校体育学类本科专业教学质量国家标准》研制与解读[J]. 体育科学，2016,36(8):3-33.

[14] 周静，刘振忠，姜凤艳. 基于创新创业教育的体育专业实践教学模式改革与创新研究[J]. 河北体育学院学报，2014,28(3):68-71.

专业教育与创新创业教育融合对策研究

闫海燕*

摘要：专业教育与创新创业教育深度融合不仅是高校教育发展的必然趋势，同时也是人才培养模式改革的必然选择。"双创"背景下，探讨如何将专业教育与创新创业教育的融合问题，并根据融合过程中存在的问题提出改进建议，为高校创新创业教育和专业教育的深度融合提供理论参考。

关键词：深度融合；创新创业教育；专业教育；改进对策

《中华人民共和国国民经济和社会发展第十四个五年规划和二〇三五年远景目标纲要》指出："深入实施科教兴国战略、人才强国战略、创新驱动发展战略，完善国家创新体系，加快建设科技强国。"高校作为人才的摇篮，在向社会输送人才的过程中，更应该积极响应国家的号召，在建设教育强国、科技强国的道路上，高校的责任至关重要。在新形势背景下，各个高校为了更好地培养"双创"型人才，积极改变传统教育教学方式，进行教学改革，修订人才培养计划，培养高素质人。创新创业教育和专业教育深度融合，就要求高校培养的人才不仅是具有创新思维和创业能力的优秀人才，而且能在此基础上培养出具备专业素质和专业技能的高素质人才。

一、创新创业教育与专业教育融合存在问题

基于创新创业的背景，如何将创新创业教育和专业教育紧密联合起来，是各个高校进行转型发展的必经途径，提高学生创新创业能力，培养"双创"型人才是必然要求。无论是国家层面还是地方政府和高校都非常重视创新创业教育与专

* 作者简介：闫海燕，山东协和学院工学院讲师，硕士，研究方向为工程管理、土木工程。

业教育的深度融合，积极探索实践路径和有效做法，相继出台了各种各样的改革措施，比如教学模式改革，建立创业孵化基地、打造创新创业教育平台等。各高校都在用不同的方式促进创新创业教育与专业教育的深度融合发展，并且各个高校也逐步取得了一定的效果。但是在创新创业教育和专业教育融合的过程中也逐渐暴漏出了一些难题。

（一）创新创业教育和专业教育融合理念缺失

创新创业教育对于各个高校来说都是一次全新的尝试，都是处于一个积极探讨和研究的阶段，受传统教学理念的影响，无论是从学校的角度来讲，还是从学生的层面来讲，还没有真正领会创新创业教育其中的内涵。在金融危机的影响下，就业问题一直是困扰大家的难题，各个高校为了更好地解决学生的就业问题，积极响应国家号召，开展创新创业教育，但是都是从简单的层面入手，并没有进行真正地深入分析，虽然各班级积极推荐学生参加各种创新创业类竞赛，但是实际效果并不明显。融入创新创业理念的少之又少，创新创业教育与专业教育融合的理念贯彻的也是少之又少。

（二）政策执行力度不够

为了能够更好地培养"双创"型人才，国家也相继出台了各种各样的激励政策，各高校也是积极鼓励当代大学生积极自主创业。国家对于大学生自主创新创业的政策和资金支持也比较多，但是每个政策在落实的过程中难免会出现执行度低的问题，政策在执行过程中难免会遇到各种各样的问题，导致政策落地困难。国家出台一些对大学生的优惠政策和优惠窗口在设置和实施的过程中也存在一些不合理的情况。并且，创业需要资金，而大学生在起初创业时最缺乏的就是资金，资金流转困难，也限制了学生的发展，慢慢地学生的创业热情就会减弱，最终学生就会选择放弃。

（三）创新创业教育课程体系不完善

创新创业教育是最近各高校积极推进的一项教育政策，在积极响应国家的号召的情况下，各个高校也是逐渐把创新创业教育与专业教育进行结合。但是大家并没有找准创新创业教育的定位，在修订人才培养计划时往往也会忽略创新创业教育。往往创新创业教育只作为一门基础教育课程，或者纯粹的在一些热门专业里面融合一些创新元素，或者单纯地理解创业的过程就是一个当老板的过程。各高校在课程设置上对于创新创业教育这一块并未形成体系，只是单纯地开设一些有关大学生创新创业的课程，专业教育和"双创"教育相对独立，融合的比较少。因此，整个"双创"培育体系并不完善。

（四）缺乏专业"双创"导师

创新创业教育与专业教育深度融合，对教师队伍提出了更高的要求，这要求授课教师既能够熟悉创新创业方面的技能和知识，同时对学科领域的知识和技能也要非常熟悉，才能在授课的过程中更好地将二者有机结合起来。但是目前很多高校在师资配备上缺乏专业的人员，从教师配置上来说，年轻授课教师教学经验较少，实践经验不足。对于学生所需要的实际问题无法解决。教师无法给学生提供更好的指导，学生也很难找到能够指导自己学习的创新创业导师。教师培训体系不完善、评价机制不完善等多个因素都制约了教师的发展。

（五）创新创业教育实践环节薄弱

创新创业教育更多地是注重学生实践能力的培养，要从根本上强化学生的实践动手能力，各高校虽然设置了实践教学环节，但是实践基地的选择以及开放程度都存在各种各样的问题。学生参加实践环节，首先态度就不是很认真，只是走马观花式的观看，并未深入领会其中的知识与技能。很多高校为了实践环节设置的创业孵化基地也是摆设，利用度很低。涉及的具体项目也流于形式，相对而言，“双创”实践环节设置比较薄弱，并没有从实践的角度上达到培育学生的目的。

（六）创新创业教育社会支撑组织不健全

创新创业教育需要学校和社会的共同支持，要各个组织共同参与，学校在进行校内实训的同时，也要积极拓展校外实践。在这一方面，我们可以效仿一些发达国家的高校，国家出台相关政策支持，政府部门也可以设置专门支持创新创业的专项资金账户，对内而言，可以设置进行教学和科研的保障机构。对外而言，可以积极与校外企事业单位加强合作。创新创业教育离不开社会组织的支撑。因此，要加大学校与社会组织的联系，完善校企合作的方式和方案，让更多的学生能够在校外实践环节锻炼自己的创新创业能力。

二、创新创业教育与专业教育融合对策

（一）强化对创新创业教育与专业教育融合的认识和参与

在激烈的就业竞争环境中，为学生扩大就业的渠道。因此，作为高校在日常教学过程中，要不断地转变学生的思想，要把创新创业教育的理念穿插到专业教育中，要通过各种各样的传播途径和方式，让学生从内心接受这个创新创业的理念；要增强学生的主体地位，要让学生融入进来；要增强学生的创新意识，培养学生创新思维，进而鼓励学生多积极参与一些创新创业活动，在活动中锻炼学生的创新创业能力，提升创新创业的意识。

（二）创建科学的创新创业教育体系

创新创业教育体系的完善对于“双创”人才的培养至关重要，对于“双创”教育与专业教育深度融合需要进行详细的设计，必须创建一套完整的融合体系。

要把专业教育体系和“双创”教育体系完美地融合在一起，让学生发挥自己的创新思维去理解专业基础知识，加深对专业领域的认知，就要设置专门的板块，促进“双创”型人才的培养。同时，在培养体系中还要设置不同级别的学分制，让学生自主完成评价指标中相关的内容，获取相应的学分。

（三）开展丰富多彩的大学生第二课堂创新创业训练活动

除去日常的教学活动，在日常生活中，我们也要强化学生的创新创业意识，比如，多组织一些科技文化创新活动，或者定期举办一些创新创业的巡演，或者积极鼓励学生多参加一些暑期实践活动，让学生在丰富的第二课堂中锻炼自己的创新能力。让学生在社会实践活动中丰富自己创新创业方面的知识，为后期能够进行创新创业增加经验。高校为了更好地实现“双创”教育，要从方方面面营造创新创业的氛围，学校要建立一些创业园、创新园，要积极加大对创新创业教育的推广，让学生在参与比赛的过程中锻炼自己的能力，以具体的创业项目为载体，举办创业论坛、创业大赛，让学生在对项目进行打磨的过程中，更好地将专业教育与创新创业教育深度融合，当然这个过程少不了老师和学生的共同努力。要营造积极良好的校园文化氛围，比举办如科技创新文化活动月等活动，要实现校园文化和创新创业的有效衔接，多方面地培养学生的创新意识和创业能力。

（四）多角度加强创新创业教育课程建设

全方位多角度丰富创新创业教育课程建设，要丰富具体的案例，要锻炼学生的创新思维，要让学生将创新的理念融入每门课程的学习中，同时也要培养学生的创业精神。首先在“通识教育”模块，可以开设一些有关创新创业基础课程，让学生从基础层面锻炼创新思维，激发创业热情，培养学生的创业精神。其次，随着专业课的逐渐开设，可以根据专业特色，由专业教师引导学生选择创新创业的领域，在自己专业领域内发挥创新精神，实现创业过程。最后，在正常教学过程中，要不断改变传统的教学模式，要不断地根据市场的需求情况，结合个人素质，在不同领域，不同课程中融入创新创业元素。在专业教育过程的实践环节，更加注重学生的动手能力，设置开放性的环节，从多角度、多方向引导好学生，激发学生的创新创业热情。

（五）加强“双创”师资队伍建设

创新创业教育与专业教育融合对老师的要求很高，作为授课教师不仅要懂专业知识，还要懂创新创业方面的知识，要积极发散学生的思维，要有创新的精神，要能够在日常的专业知识教学的过程中融入创新创业方面的理论和知识。锻炼学生的创新创业能力。目前各个高校的专职教师大多从事的是专业教学，而大学生的创新创业教育只作为人才培养中一门课程，这样完全达不到专业教育和创新创业教育融合的效果。因此，各高校应该加强师资队伍的建设，可以设置相应的培训和进修的渠道，提升教师的素质，培养“三高”群体，创建具备创新精神和创业能力的教师团队，可以通过多种途径增加教师的社会实践活动；也可以积极引进优秀的创新创业导师进校园，进教室进行培训，也可以根据专业性质的要求，邀请行业专家进校兼职，让师资队伍多元化。

（六）加强校企合作，打造创新创业教育实践平台

校企合作中，如何更好地为企业培养优秀的人才，这是学校和企业合作的最终目的。学校根据专业领域的不同，结合专业特色和企业自身特色，建立校企合作关系，为学生提供校外实习和学习的机会与途径。让学生在实际的企业锻炼，提升自己的创新创业能力，实现高校人才培养和企业人才需求的双同步。具体可以从多个方面入手：第一，学校要和企业积极建立“产学研”的合作机制，充分利用合作企业，让学生在课程中学到的理论专业知识延伸到实践场所，理论和实践双融合。第二，为学生提供寒暑假到企业实习锻炼的机会，让学生具体参与工作项目，在实践中融入理论知识，对于不懂的知识回到学校继续学习，进行强化，让学生对所学的专业理解更全面、更深入。第三，学校要充分利用社会资源，目前社会资源对于学生创新创业方面的培养起到了关键作用，要强化社会作为校外课堂的教学效果。第四，要积极联系校友，展示优秀校友的成功事迹，启发学生的创新创业意识。

三、结语

为了更好地培养优秀的“双创”型人才，必须重视创新创业教育与专业教育的深度融合。可以从改变传统理念、完善课程体系、培养“双创”导师、增加创新创业基地建设等多种方式将“双创”教育与专业教育更好地融合在一起，培养学生的创新意识和创新思维，最终培养更多具有专业素质和创新能力的“双创”型人才。

【参考文献】

[1]孙栋．建设与专业教育有机融合的创新创业教育实践体系研究[J]．科技与创新，2020(21)：151-152.

[2]杨宁，赵美霞，于明旭，闫高原．创新创业教育与专业教育融合路径研究-以建筑工程技术专业为例[J]．邢台职业技术学院学报，2020(5)：22-25.

[3]田菲菲．创新创业教育与专业教育融合的路径研究[J]．山西青年，2021(11)：33-34.

[4]何斐然，李圆方．创新创业教育与专业教育融合的问题与对策[J]．内蒙

古财经大学学报,2021,19(3):19-22.

[5]魏玉东,吴天娇.创新创业教育融入专业教育研究[J].沈阳工程学院学报,社会科学版,2019(10):534-534.

[6]何廷树,赵洁,张爱辉,刘思远,张静.创新创业教育与专业教育融合发展路径探究[J].教育教学论坛,2021(4):21-24.

[7]曾琳.创新创业教育与专业教育的深度融合[J].知识经济,2019(22):124-125.

[8]黄倩雪,陈长全.高职院校创新创业教育和专业教育深度融合的作用研究[J].中国现代教育装备,2021(7):124-136.

[9]李兴刚.创新创业教育与高职专业教育深度融合的策略探析[J].课程教育研究.2019(9):234-237.

[10]李杰.大学生创新创业教育与专业教育深度优化融合探析[J].中国成人教育,2019(5):38-41.

大学英语教育与创新创业教育的融合途径分析

李　敏*

摘要：目前，各行各业对人才都提出了新的要求，高校教育教学改革深化的重点也聚焦在创新创业教育上。随着创新创业教育改革的不断深化以及大学生创新创业能力的不断提升，为适应国际化发展趋势，在高校创新创业教育教学能力的改革中，大学英语教育的人才培养计划要跟上时代的步伐。本文结合大学英语的教学实践，根据教育部发布的《关于大力推进高等学校创新创业教育和大学生自主创业工作的意见》，探索英语教育和创新创业教育的融合路径，以促进高校大学生基于专业的创新创业思维和能力的提升，推动大学生创新创业实践的发展。

关键词：大学英语；创新创业；融合路径

一、大学英语与创新创业教育融合的必要性

（一）提升学生社会竞争力的需要

当高校学生步入社会时，能否更好地融入社会和更快地适应社会发展，很大程度上取决于高校的教育质量。同样高校学生在社会上的出色表现也会提高学校的社会影响力。然而，传统的应试教育更倾向于"填鸭式"的教学，学生更多的是被动地接受学习，阻碍了其创新思维的发展，造成了就业、创业时的胆怯心理。目前，随着科技信息不断发展，在以英语为背景的信息化时代，丰富多元化的教学资源使各个专业的教学已经超越了传统的课堂、课本、教师模式，学生的思维和能力都在不断拓展，创新能力和综合素质得到进一步提升。因此，在大学英语与创新创业教育的融合，有利于学生更好地就业。一方面，学生在学习专业知识

* 作者简介：李敏，山东协和学院人文艺术与教育学院讲师，硕士，研究方向为大学英语教学、英语翻译。

的过程中，通过将大学英语学习与创新创业教育融合在一起，可以更好地增强创新创业教育在专业教育中的重要性，培养学生更加全面的创新能力。另一方面，在未来面临就业时，英语能力和创新能力都是学生就业的核心竞争力之一，两者的有效融合有利于学生获得高质量的就业机会。目前社会所需要的是全能型人才，在掌握一定的专业基础知识背景的前提下，既需要有创新创业的思维，更需要有高水平的英语能力来应对国际化的挑战。因此，将大学英语教育与创新创业教育深度融合，可以培养具有较高职业素养的综合型人才，提高学生在未来职场中的社会竞争力。

（二）创新创业教育体系发展的需要

《国家中长期教育改革和发展规划纲要（2010～2020 年）》明确指出："全面提高高等教育质量，提高人才培养质量，重点扩大应用型、复合型、技能型人才培养规模。"在信息迅速发展的时代，我国的创新创业教育需要时刻与世界先进的理念与技术保持同步，在处理各式各样的信息时，对于高校大学生来说，能够及时、迅速且准确地掌握信息的能力就显得尤为重要。大学英语教育在推动创新创业发展中的作用也就突显出来了。除此之外，在夏季达沃斯论坛上，李克强总理提出"大众创业、万众创新"的理念，从更高层次上对大学生创新创业的发展做出了肯定。该理念的提出，极大地推动了我国教育行业推进创新创业教育的热情。在近几年不断地探索中，各级各类学校都在积极开展立足于本专业的创新创业教育与大学英语教育的联合发展模式，让学生在实践中了解自身的不足，不断改进自主学习能力和创新能力，从而适应社会和行业企业的发展，应对来自全世界的各类挑战。各级各类学校也以此来探寻实施创新创业教育的有效途径，与大学英语教育相结合，提高学生的信息检索、获取及应用能力，注入创新创业实践中，持续推动创新创业教育体系发展。

（三）促进大学英语教育的发展

大学英语教学作为高校通识教育必修学科，承担着为其他专业教学的发展奠定基础的任务。在近百年的发展过程中，因时代要求不同，其特有的课程教育模式也处于不断的发展过程中。传统的大学英语教学模式与现代化、信息化的大学英语教学模式从教学内容、教学手法以及教学手段的运用上，都有很大的不同。传统的大学英语教学倾向于词汇的积累、语法的讲解和句型的分析，固化思维使得学生无法充分发掘创新思维、将所学知识转化为实际的应用能力，进入社会后适应能力也较低。通过将大学英语教学与创新创业教育相融合，不断改革大学英语教学的方式方法，根据社会时代的发展需求改革创新高校人才培养方案，形成新型有效的教育模式，有助于增强大学英语教学的深度与广度，结合创新创业的发展需求，不仅能够增强创新创业的发展水平，更能促进大学英语教学的可持续发展，两者互利互长。

二、大学英语教育与创新创业教育融合中存在的问题

（一）教育体系尚不完善

在推进大学英语教育与创新创业教育的融合过程中，完善成熟的教育体系尚未形成。一方面，在推进创新创业教育的过程中，部分大学英语教师只是在授课过程中融入了一些创新创业内容，没有从形成完善系统的“教育体系”的角度出发，因此教学流程的设计尚待提高、完善。大学英语教育与创新创业教育的融合，不应该只是形式上的融合，更应该是教育内容和教育体系的融合。另一方面，在融合的过程中，有些教师尚不能够合理安排专业内容与创新创业教育内容的比例，导致创新创业教育的实际存在不足，无法起到实质性作用。

（二）实践教学尚不成熟

大学英语教育与创新创业教育的融合不只是理论上的融合，更应该是实践上的融合。部分高校还没有意识到这一点的重要性，因此存在较为严重的实践教学存在不足。首先，在大学英语教学过程中，有些教师为了促进与创新创业教育的融合，会先从理论上向学生进行灌输，而忽略了实践上的融合。在这种情况下，学生接受的创新创业教育只存在于概念理论层面，比较抽象，不太容易去理解和接受。其次，在组织教学过程中，有些教师开展的英语实践教学活动，过于偏重英语的专业性，在设计上缺乏创新性，不能充分体现出创新创业教育的特点与优势。

（三）师资力量较为薄弱

落实大学英语教育与创新创业教育的融合工作，离不开学校强大的师资力量。但是在实际情况中，一些高校的师资力量比较薄弱，不利于开展此类融合工作。在一些高校中，有些教师擅长英语课堂教学，但却缺乏创新创业教育意识和经验，因此很难高效地将两者融合在一起；更有一些教师对于大学英语教育与创新创业教育的融合空有热情，却找不到合适新颖的融合方法。另外，部分年龄较大的教师，对于信息化教学工具不太熟悉，进行英语教学与创新创业教育的融合时困难较多。

三、大学英语教育与创新创业教育融合发展的路径

由于高校教育资源和教学时间的限制，专业教育与通识教育的融合不应是简单相加，而是统一的人才培养目标下基于共同的认知体系和思维方式的整体设计。基于现行的创新创业教育模式，从专业教育与通识教育的目标和内涵出发，要实现双赢的融合效果，需要聚焦本科低年级学生群体，构建“通识课程学习

＋专业科研实践”的双导向模式，遵从普遍性、实践性、体系化原则。

（一）明确教育理念，建立协同发展的课程体系

目前各高校都在积极推行创新创业教育，也取得了一定的成效，但关于大学英语教育与创新创业教育的融合，做出的实践较少，收获也不多，根本原因是未能找到一个清晰的融合理念。专业性质不同，与大学英语融合的方式就不同，要因材施教，更要具体情况具体分析。学校应根据不同学科的育人要求来制定相对应的教学要求与教学制度，让学校的每一位成员都能认识到大学英语教育与创新创业教育融合的必要性和作用。两者融合的最终目的是发展学生的创新思维，提高学生的创新能力，所以说目标是一致的，都是服务于高校人才培养的总目标，致力于学生综合素质的提升、创新能力的培养以及高校人才质量的提高。因此，高校应该在开设专业课程的同时，依据学生的学习、就业需求和目前社会的需求，为学生构建协同发展的课程结构与体系，使之在人才培养中发挥着基础性作用。

（二）突出“英创”融合特色

在大学英语教育与创新创业教育的融合中，要突出特色，探索出有层次、有特色的课程体系。首先，专业教育与大学英语教育的定位要明确。长期以来，专业发展一直处于各个高校发展的主导地位，大学英语等基础通识课程更多的是承担辅助作用，该教育模式在今后很长时间内也不会发生改变。所以，在大学英语与专业相关的创新创业教育融合过程中，我们要认清两者的定位，并给予两者充分的政策性支持与发展。其次，大学英语教育与创新创业教育的互补性关系要明确。以英语能力提高为基础，促进创新创业教育的深层次发展，提高创新创业人才的综合能力提升，扩展其国际视野；鼓励学生勇于突破专业限制，实现不同领域知识的融合利用，致力于培育适应社会需求的综合型人才。在课程设置上，要将大学英语的课程内容融合到创新创业课程结构中，面向全体学生开放，以目前的大学英语分级教学为参考，实施更加富有层次的英语教学设计研究，使培养过程更加有针对性。突出“英创”融合特色，就要突出融合的实践性并引导学生积极参加英语相关的创业训练和竞赛活动，提高英语在创新创业中的应用，将各类资源整合起来，构建出具有特色的“英创”融合体系。

（三）强化师资队伍

大学英语教育与创新创业教育融合是一项系统化的整体性工程，一支综合能力强、业务水平高的师资队伍必不可少。因此，要将校内教师和校外导师联系在一起，发挥校企协同教育的作用，组建综合能力强、业务水平高的创业导师团队，为学生提供强有力的项目辅导支持。另外，导师制已经在各个高校建立起来，导师要和学生紧密联系起来，密切关注学生的学习进度，提供及时的指导与

帮助，发现并培育学生创新创业的想法，形成师生共创的局面。同时，大学英语教师还需要深入学生创新创业的实践领域，积累相关经验，争取能够更有针对性地为学生的项目提供国外发达国家的创业教育经验。在此过程中，不断探索英语教师发展路径，积累不同领域的专业知识，与英语教育相融合，促进英语知识的转化，强化英语教学与不同产业之间的联系，吸引更多大学生参与，促进大学英语教育与创新创业教育融合的可持续发展。

四、结语

随着社会的不断发展进步，中国与国际社会的交流融合不断加深。大学英语教育与创新创业教育相辅相成、相互促进才有可能实现更高的教育目标。创新创业教育需要依托大学英语教育，让学生在学习英语知识的同时，充分发挥自己的创新创业思维与意识，掌握一定的创业理念与技能，提高就业的社会竞争力，才能真正培养出素质高、能力强的创新型人才。

【参考文献】

[1]王占仁. 中国创新创业教育史[M]. 北京：社会科学文献出版社，2016.

[2]彭静岑. 高职创新创业教育与专业教育深度融合的路径探析[J]. 教育教学论坛，2020(39)：346-347.

[3]孙雁. 高职学前教育专业创新创业教育与专业教学的融合途径分析[J]. 创新创业理论研究与实践，2021，4(3)：91-93.

[4]刘洋，王娇楠. 创新创业教育背景下高校专业教育与通识教育融合路径探究[J]. 教育改革与发展，2021(5)：52-55.

[5]王娜. 独立学院英语专业学生创新创业能力培养模式的构建[J]. 就业与保障，2020(23)：64-65.

[6]陈曦. 创新创业背景下英语专业人才培养及就业发展工作的思考[J]. 就业与保障，2020(19)：63-64.

[7]张一宁，徐嫚. 基于毕业生职业发展的理工院校英语专业人才培养研究[J]. 吉林工程技术师范学院学报，2019(11)：61-63.

[8]朱镜人. 现代大学通识教育的特征和发展趋势[J]. 高等教育研究，2018，39(7)：66-71.

产教融合背景下高校创新创业教育实践探索研究*

蒋丽君　王爱鸟**

摘要:近年来,国务院办公厅相继发布了推进产教融合与大学生创新创业教育的指导意见,支持高校在产教融合背景下深化创新创业教育改革。目前,各高校专业课程教育改革进程中,创新创业教育的开展依旧存在着一些问题,需要学校层面重视创新创业教育的改革。本文通过揭示高校创新创业教育的本质,分析当前我国高校创新创业教育存在的问题,提出高校创新创业教育的探索与改进策略。

关键词:产教融合;创新创业;实践

国务院办公厅《关于深化产教融合的若干意见》强调:"深化产教融合,促进教育链、人才链与产业链、创新链有机衔接,是当前推进人力资源供给侧结构性改革的迫切要求。"这为新形势下高校依托产教融合拓宽学生创新创业实践平台、提升学生创新创业教育质量指明了发展方向。2019 年,国务院《国家职业教育改革实施方案》提出:"建立健全学校设置、师资队伍、教学教材、信息化建设、安全设施等办学标准,引领职业教育服务发展、促进就业创业。"高等院校进行人才培养模式改革进程中,加强创新创业教育的全过程融入,提高学生的社会适应

---

* 基金项目:中国高等教育学会"十四五"规划专项课题资助"产教融合背景下职业院校高技能人才创新创业能力培养模式研究"(项目编号:21CXYB13);全国商科教育科研"十四五"规划 2021 年度课题"基于协同理论的高校创新创业教育与思政教育有机融合路径研究"(项目编号:SKJYKT-210574)。

** 作者简介:蒋丽君,山东协和学院教师,副教授,硕士,研究方向为财务管理;王爱鸟,山东协和学院教师,副教授,硕士,研究方向为教育教学。

能力、创新意识和创造能力，使高校毕业生能顺应社会的市场岗位需求，成为综合型高素质应用人才。

一、高校开展创新创业教育的必要性

实现我国创新型发展和高质量发展的目标，各高校必须打造一支具备专业化和创新能力的教师队伍。在产教融合视角下，现代高校教育改革中开展大学生创新创业教育已成为当前发展趋势，能够促进企业持续发展，提高人才培养质量。各高校要重视学生创新创业能力的提升，培养学生的创新精神和创新意识。在高校通过专业知识的学习，可以开发学生的更大潜能，学校需要在开设必要的专业课程之外，还需根据各专业的市场需求设置创新创业课程，为学生搭建与专业相匹配的实践平台。

（一）实现高校创新复合型人才培养目标

现阶段各高校需要进行专业教育改革，实现创新创业教育的全过程融入，这也成为专业教育改革的发展趋势。高校创新复合型人才的培养目标是培养学生的创新精神和创造精神，培养学生更具多元化的应用能力、创新能力和创造能力。结合学科不同特点融入，建设创新创业教育实践体系，实现对教育资源的优化整合，有助于促进高校实现培养高质量人才的目标。两者有机融合可以激发学生对专业知识的学习兴趣，巩固学生的专业能力，让他们的创新精神与实践能力得到同步发展。高校教师积极探索二者有机结合的路径，才能实现培养创新复合人才的教育目标。

（二）促进大学生高质量就业

我国高等教育人才同质化倾向越来越严重，传统的知识传授方式，不能针对学生的主观能动性、创造力和想象力进行培养，提供不了适应当前经济发展的所需人才，因此，高校将创新创业教育融入专业教育，实现专业教育与经济新常态、创新发展新趋势的融合，进而促进学生综合能力的全面发展。在当前经济发展人才需求提升的条件下，高等院校作为创新创业教育活动实施的重要场所，应重视在专业教学中合理地融入创新创业教育，在进行专业教育的基础上培养学生的开拓与勇于创新的精神，培养适应经济发展的高素质综合应用型人才，提升大学生的市场竞争力，激发学生职场的就业潜力。因此，实现创新创业教育和专业教育有效融合，有利于培养高素质的复合型人才，有利于促进高校大学生高质量就业。

二、高校创新创业教育实践过程中存在的问题

西方国家对创新创业教育研究比较早，已形成了一套适合自身国情、经济发

展趋势的较为成熟的教育教学模式，实现了理论与实践相结合的实践教学，促进教学了的实践渗透，增强了学生的综合能力。中国高校在创新创业教育方面研究起步较晚，近年来在创新创业教育融入专业教育方面有了不少研究，为创新教育实践体系的建设推出了一些指导性文件。高校是培养创新型人才的重要场所，只有真正做到创新创业教育与专业课程教育相融合，才能为建设创新型国家培养高质量的创新创业人才。我国专业教育仍束缚于传统教育模式，在将创新创业教育融入专业教育改革的过程中，有许多现实性问题需要解决，培养学生创新思维、创新意识及创新创造能力，仍然是实现创新创业教育的最大困扰。因此，在我国高校教育改革过程中，实现创新创业教育全过程融入，是现阶段需要重点解决的问题。

（一）创新创业教育认识存在偏差

我国部分高校将创新创业纳入教育课程体系时，没有真正理解创新创业教育的实质，没有专门开设教育创新创业课程。大多高校普遍采取以专业课为主、以“学生为中心”的传统教学模式，不注重学生创新思维和创新能力的培养，在创新创业教育建设中，增设的创新创业课程一般为创新创业课程或职业规划等方面的课程，没有考虑到各专业的课程特点，课程设置与专业课学科没有直接关联。在专业教育中，对创新创业教育的认识与重视度不高，没有意识到在专业教育中融入创新创业课程。然而，在专业教育中融入创新创业课程不仅有利于提升学生的创新创业意识和创新创业思维，还能增强学生学习的积极性、主动性以及对待就业、创业的态度等。因此，高校在专业教育中要积极引导学生了解和树立创新创业的意识和思维，并鼓励其主动参与。

（二）创新创业教育课程安排不合理

目前我国各高校所谓的创新创业教育与专业教育的融合仅仅停留在表面，没有统一的标准，具有很大的随机性，创新创业教育课程没有有科学合理的教学方案，没有针对各专业课程特点进行定制化设计，创新创业教育课程多以创新创业课、就业指导课、职业生涯规划课程为主，不能将创新创业教育真正地融入专业课程教育中，实现不了对大学生的创新意识和创新思维的培养，提高不了大学生的知识技能应用、实践操作。课程设置上只是生硬嫁接，缺乏连贯性、关联性，导致学生对附加的创新创业内容排斥，不能达到“专创融合”的预期效果。

（三）创新创业教育师资薄弱

大部分高校缺乏具备专业理论基础和丰富的教学经验的双师型教师，没有专门成立针对创新创业教育的师资队伍，大部分老师缺乏创新思维、实践经验、社会经验和与时俱进的教育理念，以及创意课程设计能力、实践操作能力和创新创业能力。在推动创新创业教学改革中，学校没有有效促进教师积极参加创业活动，大部分老师基本都是半路出家，缺乏创业经历，不具备创新创业教学技能，多是边学边练边教，在教学过程中没有很好发挥对学生的教化辅导作用。受教师资源的限制，学校里从事创新创业教育的老师数量上也难以满足全面铺开的创新创业教育。专业课程教师大多没有企业工作经历，缺乏企业经营管理、创业技能等方面的实战经验，欠缺将专业课程讲授与创新创业实践结合起来的能力，大多高校创新创业教育的师资薄弱。

（四）实训实践平台建设滞后

大多高校校内没有专门的创新创业实践教学平台，创新创业教育相匹配的设备、场地、空间等更是不足，学生实践项目与创新创业课程的整合程度不深，没有充分利用校企合作的优势，没有意识到企业可以为高校提供创新创业教育与专业教育融合所需的实训场所、实践基地。企业对于高校创新创业教育关注度不高、参与度不足，校企间的交流相对较少，校企合作实践平台建设力度不大。

三、高校开展创新创业教育实践措施

（一）重视顶层教学设计，形成促进教学方式上深度融合的协同育人体系

创新创业教育应该是一个自上而下的认识过程，学校要对该课程有一个准确的定位。在设置创新创业教育把握课程的内涵时，必须结合社会实际需求。培养学生创新创业能力不是要求学生必须进行创业，重点是培养学生的创新精神和创新意识，使学生能够具备创新能力和创造能力，适应复杂多变的社会环境。在“互联网＋教育”的顶层教学设计理念下，传统教学模式不再适宜，应建立新型教学模式，“以学生为中心”，“以课堂为主”，改变“以教师为中心”，建立“专创融合”的教学模式。根据“双创”教育的要求，改变教学管理方案、教学实施计划，将创新创业教育渗透至专业教育中，实现“专创”协同育人效应，鼓励师生积极开展创新创业教学实践活动，并建立与之匹配的考核评价体系，从而提高师生对创新创业教育的认识与重视。

（二）多课堂有机融合，实现创新创业教育的全过程融合

按照高校培养计划，结合市场实际情况，对不同专业的创新趋势和创业前景进行分析，根据不同专业课程设置情况和不同年级学生特点，逐步融入创新创业教育，形成系统的创新创业课程体系。在创新创业教育融入过程中，根据不同阶段水平、不同专业，进行分层次教学改革，创建适宜的实践教学任务。针对不同层次的学生，打造创新创业项目，培养学生的创新创业能力，进而提升学生将所学专业理论知识运用到实践中的能力，提升学生解决问题的实践能力。建立多课堂有机融合，实现创新创业教育与专业教育的全过程融合。

(三)专兼结合,加强创新创业师资队伍建设

为实现创新创业教育与专业教育有机融合,高校的教师综合水平必须提高,高校教师不仅要具备扎实的专业知识技能,还必须具备突出的创新创业能力和丰富的实践经验,能够为学生制定合理的“专创融合”课程及适宜的教学模式,这对教师队伍的建设提出了更高目标。通过创新创业教育实践课程授课,促进创新创业教育专业化,提升学生的创新思维与创新意识,培养学生创新素养以及解决问题的实践能力。同时,邀请成功的企业家融入创新创业教育,吸引、聘请行业中的专业人才到校兼职、执教,引进拥有丰富企业资源的双师型教师,定期邀请专业前沿学者、行业专家、成功企业家进入学校分享经验,丰富并充实教师队伍,形成一支多元组合的创新创业师资队伍。

(四)产教融合,重视创新创业实践平台建设

高校整合资源优化配置,加大资金投入创新创业实践平台建设,针对创新创业教育建设实训基地,扩大创新创业实训基地硬件设施规模,营造良好的校内实训硬件设施设备。创立创新创业指导服务平台,向大学生提供就业创业咨询、指导服务,提升学生的创新创业思维和意识,帮助其制定合理的就业、创业规划。将校企合作嵌入创新创业教育与专业教育融合中,以校企合作项目为依托融合引入社会资源,与一些企业签订合作协议,运用企业、部门提供的实习场地等建立短期培训机制,提升大学生创新创业技能。加强学校与企业的合作力度,学校定期组织学生进驻企业,在企业向高校提供的实训场所、实践基地进行创新创业教育,并为学生配备实训导师,使学生以全面观摩、学习并介入营利性创新创业项目中。

四、结语

高校是开展创新创业教育、为国家提供复合型人才培养的重要基地。在高校的教学改革发展中,认清当前存在的问题,在课程建设、师资、合作平台等方面进行有针对性的建设,完善高校培养机制。改变传统的课堂教学模式,根据专业教学内容的不同,有效融入创新创业知识,逐步完善教学规划。加强创新创业教育教学体系的建设,注重专业师资团队的打造,实现多方联合。创立创新创业指导服务平台,鼓励学生大胆创新、勇于创新,将所学的专业知识充分融入实践应用中。培养学生的专业素养同时,重视提升学生的创新精神、创业精神和创新创业能力,实现创新创业教育全过程融入,促进高校高素质复合型人才培养工作的进一步提升。

【参考文献】

[1]王伟征.新工科视角下创新创业教育的反思与探索[J].计算机时代,2018(9):79-81.

[2]郑宏涛,王晖.创新创业教育融于管理类专业教育的路径研究[J].中国培训,2020(1):66-67.

[3]马旭晖.新形势下大学生创新创业教育体系探究[J].河南教育(高教),2020(3):61-64.

[4]王君娜.大学生创新创业教育的实施策略[J].科教导刊(电子版),2020(1):24.

[5]卢栎.高职院校创新创业教育新模式的构建[J].产业创新研究,2020(15):197-198.

大学生创新创业实践能力培养研究

栾加航　和高永*

摘要：我国经济社会的发展正在进入一个新的常态，党中央、国务院作出了关于加快落实创新驱动发展战略、构筑创新型国家的重要决策。大学生是承载创新和现代化创业使命的种子力量，我国高等教育院校应该积极地适应新时代发展的要求，扎实地推进科研创新型企业化创业教育改革，进行进一步培养与提高大学生的科技创新创业能力。本文研究了如何培养与提高当代大学生创新创业实践综合能力。通过校内专业知识的传授，使学生全面掌握专业知识，再通过积极参与各种科技创新设计竞赛与创新创业实践，进一步培养与提高大学生的科技创新创业能力。

关键词：科技创新；创新意识；竞赛培养；创新创业体系建设

一、引言

自改革开放以来，我国的国民经济飞速发展，但近年来我国经济增速放缓，需要创新驱动经济发展。习近平总书记在党的十九大报告强调："人才是创新的根基""创新驱动实质上是人才驱动。"而大学生是科技创新的中坚力量与创新人才的核心部分，因此大学生创新创业已被纳入国家创新发展战略的重要环节。本文主要从当下创新创业背景开始研究，探讨建立合适的专业与创新创业相融合的课程体系，同时带领学生将课本上学到的理论知识融入创新创业实践中。

二、大学生创新创业背景研究

当前国家处于转型升级的发展时期，云计算、物联网技术等科技手段迅速发

---

* 作者简介：栾加航，山东协和学院工学院讲师，硕士，研究方向为机械智能制造、高等教育研究；和高永，山东协和学院工学院本科生，研究方向为机械设计制造及其自动化。

展，为了强化当代大学生的理论与实际应用能力，满足当代中国经济社会进步对应用创新型专业技术人才培养的需求，如今，创新创业已经成为促进中国特色社会主义经济稳定发展的重要推动力。对当代大学生进行的创新教育日益受到全世界的广泛关注。党中央多次提出，高等院校一定要注重培养全国大学生的自主创新意识和社会实践创业能力，提升大学生的综合素养。由此可见，有效地开展创新型教育，可以为我国造就几千万计的具备较强创业精神和较好创业能力的中小微型企业家，这不仅能够提升国家的经济实力，促进我国社会经济的发展，还能够更加合理地优化人力资源的配置，缓解我国社会的劳动力就业压力。

据教育部等有关部门的统计，自 2015 年以来，全国已有超过 80%的高校创建了有关创新与创业的课程体系，设立的创新创业教育课程的数目较去年增长了 10% 以上。我国高等院校纷纷将创新创业教育加入人才培养的整个过程，建立起创新创业学分体制，完善了创新创业教育体系，全力推进创新创业课程体系的建设及其教材建设，为我国培养高技术专业人才。

三、专业知识与创新创业融合课程体系研究

以机械类专业为例，机械类专业是以机械设计和产品制造为授课基础、与现代信息电子技术和工业自动化相结合的综合性专业，在对学生培养的同时，通过开展创新实践、有关学科课程设计、自主实习、毕业设计等环节，进一步增强学生在各个学科和行业领域应用专业技术的能力。

围绕对机械相关专业学生的技术创新能力培养，在教学过程中，教师通过对各类学生进行不同的创新培训，提高学生的自主创新能力以及技术研究开发能力。根据实际情况，对学生进行综合性强化训练。在研究机械工程的设计、分析制造技术手段的方法上，根据我国现有的科学技术成果，实现由传统固定思维向现在创新思维的转变。在提升机械专业技术应用能力的方面，加大对各项专业知识和技能的深度渗透和整合，使学生更加熟练地运用现代技术手段，加大综合性、创新性实验课题的研究，并积极地组织教师参与到各类实验室的建设工作中去，同时，加速对机电工程相关技术的研究，增强教师的科研水平。

四、对学生从理论到实践的培养

针对在校生的实践操作和技能培训，学校以工程训练中心作为培训场所，由专门的教师对学生进行系统化、规范化的训练。

（一）注重金工实训

我校工程训练中心的训练内容主要是对各类机床的实际操作，促进机电融合，保障基本操作技能训练的质量，加强现代机械加工制造专业技术的训练。以

基本操作实践训练为主，通过对训练内容的延伸与拓展，融合现代信息技术、计算机科学技术，将工程训练中心发展成为培养高新技术人才的培训基地。

（二）鼓励学生科技创新

学校鼓励学生参与到科技创新活动中去。可以从开放实验室项目来吸引学生们的兴趣，由指导老师组建团队，对一些具有创新创业意识的同学进行指导帮助。各二级学院还可以创办学术创新创业社团，为有创新创业意识的学生提供学习交流的平台，并派相关专业的老师对学生进行专业指导。

以山东协和学院为例，目前工学院成立了“攻城狮”“鲁班学社”等多个创新社团，指导学生把一些创新思想投入创新创业实践中去，通过参加各种比赛，促进学生创新创业能力的成长。例如，“互联网＋”大赛、“挑战杯”大赛、山东省大学机电产品创新设计竞赛、山东省大学生智能制造大赛、黄炎培职业教育创新创业大赛等等，我校学生都取得优异的成绩，更加证明了激发学生创造性的重要性。图1、图2是部分优秀作品展示：

图1 “小h管家”

（省级国家大学生创新创业项目：山东省智能制造大赛省级一等奖参赛作品）

图 2 “基于气动人工肌肉的体肢康复”机器人

（省级国家大学生创新创业项目：山东省大学生机电产品创新设计竞赛省级一等奖参赛作品）

（三）重视毕业设计环节

本科生毕业设计是考查学生工程实践能力的主要环节。毕业设计一般包括任务下达、开题、中期检查、毕业答辩等步骤。学生应该了解所设计课题的选题意义，查阅相关文献进行前期调研并撰写开题报告，明确设计研究过程、进行绘图制作至最终成果等。在此过程中切身体验机械工程师所做的工作以及应当具备怎样的能力，从而促进毕业生更好的就业。为此，我校开设了多种开放实验室，例如数控技术实验室、工业机器人实验室、虚拟仿真开放实验室、机械设计基础实验室等开放型实验室，每个实验室都由一到两名的专业教师指导，以便在学生遇到难题时及时寻求帮助。同时针对学生的兴趣特点，予以有针对性辅导。同时，学生可以根据兴趣爱好参与到老师的科研团队中去，帮助提高自身科研素养，提高创新创业能力。

五、结语

21 世纪是一个科技与信息并存的时代，要想推进我国高等教育制度体系的建设，就必须提高专业人才的综合素质与理论实践水平，专业体系的建设与发展改革必须符合人才培养目标的要求。构建和实行素质教育模式，要把重点放在培养大学生的自主创新意识和能力、自主创造精神，使大学生能够在实践中形成较为扎实的接受新事物和灵活运用高新技术的能力。相信通过今后很长一段时间对基础体系的深入研究和建设，学生能够独立灵活地运用现代技术手段去解决在创新设计中的困难，学校能够为国家和社会培养出越来越多的能够适应国家和社会发展要求的高层次、高效率、高素质的专业技术人才。

【参考文献】

[1]姚大伟. 大学生创新创业意识培育研究[D]. 东华理工大学硕士学位论文，2017.

[2]石娟. "互联网＋"视域下大学生创新创业的机遇与挑战[D]. 四川师范大学硕士学位论文，2017.

[3]习近平. 决胜全面建成小康社会　夺取新时代中国特色社会主义伟大胜利——在中国共产党第十九次全国代表大会上的报告[M]. 北京：人民出版社，2017.

[4]沈雯. 互联网时代高校大学生创新创业能力培养的问题与对策研究[D]. 南昌大学硕士学位论文，2017.

[5]张媚. 个性化教育视角下大学生创新创业能力培养研究[D]. 长安大学硕士学位论文，2016.

[6]陈家全. 我国大学生创新创业发展影响因素分析[J]. 技术经济与管理研究，2018(8)：33-37.

[7]李旭辉，孙燕. 高校大学生创新创业能力关键影响因素识别及提升策略研究[J]. 教育发展研究，2019，39(Z1)：109-117.

高等院校创新创业教育课程体系建设探究

张艳芳*

摘要：为了适应“大众创业、万众创新”的时代浪潮，我国各级政府对“双创”教育高度重视，并加大了对高校“双创”教育的投入力度。在各方形成共识之后，“教什么”“如何教”成为“双创”教育理论研究与实践推广的重点和难点。对“双创”教育课程体系建设的研究，有助于理解“双创”教育的基本问题，为后期的“双创”教育相关研究提供理论指导，为“双创”教育发展成为一门独立的学科奠定基础。构建层次分明且各方有机联系的高校“双创”教育课程体系可以从如下几方面展开：建立分类指导的课程模式；加强“双创”教育师资队伍建设；开展“双创”教育教学试点；发展创业学学科等。“双创”教育课程体系建设内容庞杂、涉及面广，其研究与实践任重道远，本文通过相关内容的梳理和探索，以期对理论研究和现实实践提供参考。

关键词：高等院校；课程体系；创新创业教育

2015年5月，国务院办公厅出台的《关于深化高等学校创新创业教育改革的实施意见》，对“双创”教育改革做出系统设计与全面部署，标志着我国“双创”教育步入全面发展的新阶段。2021年是“十四五”开局之年，也是经济结构调整、产业转型升级的关键之年。如何突破陈规，适应经济社会发展的新形势、新要求，将“双创”教育融入人才培养的全过程，已经成为学校、企业乃至全社会急需研究的重要课题。高等院校“双创”教育的基本定位是培养创新创业型人才，造就“大众创业、万众创新”的主力军。为切实提高人才培养质量，就需要把“双创”教育理念真正融入高校人才培养全过程，以培养“双创”型人才为核心目标，以把握“双创”型人才成长规律为基本依据，以“双创”型人才培养质量为主要评价标准，在“双创”型人才培养

* 作者简介：张艳芳，山东协和学院人文艺术与教育学院助教，硕士，研究方向为高等教育学。

视域下规划和推进高校“双创”教育的发展。在这个动态发展过程中,课程无疑是高校“双创”教育的重要载体。在“双创”教育成为共识之后,“教什么”与“如何教”继而成为高等院校“双创”教育研究面临的主要问题之一。

一、“双创”教育课程发展的现状及问题

(一)“双创”教育课程发展现状

“双创”教育课程最早起源于商学院,在经历了商学院主导、多学院参与的阶段之后,进入全校性发展阶段。所谓“全校性发展阶段”是指“双创”教育的课程已经渗透于高校的各个学院,成为大学课程的重要组成部分。为了进一步增强大学生的创新意识和创业能力,实现从单纯就业向自主创业的转变,我国教育部印发了《普通本科学校创业教育教学基本要求》,明确要求高等院校开设创新创业必修课。《基本要求》的颁布,标志着我国创新创业教育进入普及化阶段,即在高校中普遍设立“双创”教育课程,普及创新精神和创业技能。

在近几年的发展过程中,高等院校“双创”教育课程快速发展,已经初步形成覆盖面广、类型多样的课程体系。各高校有步骤、有层次地进行“双创”教育的探索与尝试,逐渐形成了几种比较典型的模式:以培养学生创新精神和创业意识为主的企业家精神涵养型,以掌握系统的经营知识和专业技能为主的综合商业演习型,以构建创业知识结构为主的课堂讲授型,以突出商业化运作模式的实践操作型等。多样化、专门化的课程模式能满足不同学生对“双创”教育的需求,有效提升“双创”教育教学的效果。值得一提的是,其中的综合式“双创”教育模式,把创新教育作为创业教育的基础,在传授专业知识的过程中注意学生基本素质的培养,同时也为学生提供必要的技术咨询和资金支持。

(二)“双创”教育课程发展存在的问题

虽然我国大部分高校陆续开设了相应的“双创”方面的课程,在取得成绩的同时也不可避免地出现一些问题,主要体现在如下几个方面:

1.课程结构不完整,组织形式有局限性

许多高校现阶段开设的创新创业类课程相对独立,没有形成完整的课程体系。“双创”课程内部的逻辑性以及与专业课程之间的融合尚未完善。开展的形式包括创办校企合作项目、组织创新创业大赛等,虽然这些教育实践活动可以激发学生的创新意识、培养学生的创业能力,但是诸如此类型的第二课堂实践活动覆盖面相对较窄,无法完整构建起系统的知识结构,加之活动的投入成本高,容易受到地域经济情况、校企资金实力、举办场地等外在因素的影响,而且也会存在校际差异。

2.课程内容不完善,教材选取不严谨

目前很多课程内容仅仅从经济学角度构建,但是创新创业教育是一门多方

面构建的复杂过程，传统的商业教育只是其中的一个部分，完善的创新创业教育势必包含经济学、市场营销学、管理学、法学等其他相关专业教育学科共同架构。除此之外，很多高校以本校现有的师资和学科等优势资源来组织开设创新创业课程，仅仅突出了某一方面的内容，弱化其他方面学科知识，使整个课程体系的内在联系不完整。

3. 课程组织模式单一，实施不灵活

目前我国大部分高校中，积极探索创新创业类课程的组织管理部门主要集中在就业指导中心等，而非教学部门；进行课堂教学实践的主要是思政老师、就业指导老师、辅导员等，而不是专职教师；在课程设置、课时分配、课堂管理等方面仍然受到高校传统职能划分的限制，组织模式传统单一。

4. 师资短缺问题尚存

“双创”教育师资短缺的问题，一方面体现在数量上，双创师资数量与双创教育的发展不成比例。与快速发展的创新创业教育需求相比，这方面的师资数量远远不能满足日益增长的“双创”教育需求。另一方面体现在质量上，虽然各高校通过采取不同的途径培养“双创”教育师资，但是培养途径繁杂，培养出的教师有的缺乏稳固的专业化背景，有的难以兼顾理论与实践的结合，造成部分“双创”师资水平参差不齐，影响课程发展和“双创”教育的质量。

二、“双创”教育课程体系建设路径探究

课程体系是高等教育实现教学目的和培养目标的载体，是在教学过程中保障教育实施和提高教育质量的关键因素。结合“双创”教育课程发展的经验及目前课程发展的实际情况，构建“双创”教育课程体系可以从以下几方面发展。

（一）建立分类指导的课程模式

建立分类指导的课程模式是高等院校“双创”教育课程深入发展的必然要求。其中的“类”包含两方面内容，一方面指我国高等院校的类别，不同类型的高等院校在“双创”教育的定位上有很大区别（如表1所示）。

表1　高校类型与“双创”教育定位

	研究型大学	教学型大学	高职类院校
培养目标	创新与创业有效融合	市场化导向：推动地方经济发展	企业化导向：推动社区发展
人才类型	精英型人才	复合型人才	应用型人才
课程重点	创新创业原理与方法	创业知识与技能	创业知识与单项技术的结合

另一方面，指的是“双创”教育的类别，根据课程培养目标的不同，可进一步分为培养创业实践者的教育、培养创新创业精神的教育以及培养“双创”研究者的教育三种（如表2所示）。

表2 “双创”教育模式类型

	培养目标	课程内容
培养创业实践者	培养中、小企业家	创新创业知识、创业能力
培养创新精神	培养创新创业型人才	创新精神、创业意识和态度
培养创新创业研究者	培养“双创”领域的教师、学术人才	理论知识、研究方法、教学能力

高等院校在“双创”教育实践中，要将发展定位与学生的学习需求相联系，建立分层多样、需求导向的“双创”教育课程模式。

（二）理论实践并重，调整课程结构

要构建“双创”课程体系，需要深入理解“双创”教育的内涵，需要认识到实践活动是“双创”教育的关键。“双创”教育是依托专业培养，以实践操作为主，以理论传授为辅的教学过程。“双创”教育课程体系中需注意每门课程的理论知识和实践操作的有机联系与有效搭配，可适当设置实践类课程，而且在课程体系的构建方面，也应层次多维、方式多样（包括必修、选修、通识等）、开设形式灵活等。

（三）多管齐下，提升课程实施有效性

在内容设置方面，将创新创业的精神渗透于教育中，不仅是高校增设几门课程，而是在不同专业的课程内容中体现创新创业的内容，将“双创”精神融入课程文化中。课程内容的设置要将专业知识与“双创”知识进行深入融合，不是简单地拼接或是相加，可以开发相应的教材，挖掘不同学科之间的内在联系，进一步培养学生解决问题的能力。

在具体实施方面，教师可以先将“双创”方面的理论知识与学生的年龄、知识结构、生活背景等相联系，建立基于学生为主体的“双创”个性课堂，创设情境和必要的实践机会，让学生主动参与其中，获得直观的感受，并在实践中领悟创新创业的精髓，同时构建自身的知识体系，培养学生合作反思的学习能力。

在外部环境方面，高校自身可以建设校园创新创业文化，形成有特色的“双创”生态系统。与此同时，高校要与产业界、社会组织等合作，为实现学生创业知识向创业能力的转化提供更广阔的平台。

（四）多重考量，加强师资队伍建设

1. 建立分类指导的师资培养体系

在分类指导的师资培养体系方面，可以包括“双创”理论教师、创业实践指导教师、"双创"咨询导师、创业者等几种类型，这就需要有关职能部门进一步建立详细的教师分类框架、遴选标准、管理制度以及考核机制等。

2. 培养"双师型"教师

考虑建立教师双向流动机制，一方面采取"请进来"的策略，即引入多源性的师资队伍，包括高校教师、各行业企业家、有创业经历的创业导师等，以此丰富理论型和实践型师资队伍的组成结构，或者采取优秀教师互聘制度，实现优秀师资共享。另一方面，采取"走出去"的策略，积极选派创业经验欠缺、但专业知识丰富的教师到相关领域的企业进行挂职锻炼，结合自身的理论知识储备特点积累实战经验，熟悉企业的运作模式等，学校方面可以加强对此类教师的政策性倾斜，促进其专业基础知识、技能与企业生产实践深度融合，保证学校创新创业教育顺利开展。

3. 营造宽松的政策环境，鼓励教师创新创业

对于"双创"教育而言，若教师本人没有参与过创业活动或对"双创"教育持消极否定的态度，那么"双创"教育是很难取得最佳效果的。高校的相关部门可以制定措施，营造宽松的政策环境，鼓励教师去创业一线兼职，或是有计划地选派青年教师开展创业实践。在教师发展方面，可以营造一种鼓励尝试、推崇创业的自由环境，为教师提供良好的"双创"教学氛围。

（五）开展教学试点，探索、推广经验

开展"双创"教育教学试点主要是充分发挥不同类型高校的优势、整合不同的文化资源，探索各具特色的"双创"教育发展之路。不同类型的高校在办学目标、人才培养等方面都存在差异，因此，"双创"教育教学的探索也会有所不同：研究型大学依托科研资源的优势，可进行高科技创新创业人才的培养；教学型大学以培养复合型人才为主，可进行复合型创新创业人才的培养；高职类院校以培养应用型人才为主，可进行行业内相关人才的培养。

（六）促进创业学学科发展

目前，虽然"双创"教育在高等院校已取得很多成绩，但创新创业教育并未成为一门被广泛认可和接受的独立的学科，甚至在高校中，对其开设的必要性以及重要性还存在一些争议。"双创"教育要获得持续发展，势必依赖创新创业学科的稳步发展。学科发展得好，可以为"双创"教育提供科学的理论指导和专业化的师资队伍，并能够促进"双创"教育的持续发展。

三、结语

创新精神是 21 世纪大学发展的核心，是所有"双创"教育课程的核心所在。大学是培养人才的地方，具有创新创业精神的人是有社会责任感、有事业心和进

取心、能够合作共赢的人，这类人才既是高等教育所要培养的人才类型，也是“双创”教育课程体系建设和发展的目标。“双创”教育课程体系建设涉及面广、内容复杂，其研究与实践都可谓任重道远。

【参考文献】

[1]孙惠敏，陈工孟. 全球创新创业教育研究报告[M]. 北京：经济管理出版社，2016.

[2]臧玲玲. 国际视野下的高校创业教育课程研究[M]. 北京：中国社会科学出版社，2016.

[3]胡剑锋，江泳. 高校创新创业教育课程体系建设研究[J]. 创新与创业教育，2016(8)：107.

[4]臧玲玲. 推进全校性创业教育的国际经验及启示[J]. 创新与创业教育，2015，6(5)：39-43.

“一带一路”倡议下大学英语课程中创新创业意识的培养与研究

黄俊婷*

摘要:随着时代发展,我国与其他国家和地区之间的交流与合作日益频繁,为响应国家“一带一路”的号召,培养学生在“大学英语”课程中的创新创业意识日益重要。本文主要对新时代发展历程中创新创业理念的提出与发展进行阐述,对“大学英语”课程人才培养模式进行剖析,力求探索出将创新创业意识与“大学英语”课程教学相融合的新时代复合型人才教学模式,促进“一带一路”政策的全面实施与发展。

关键词:创新创业意识;大学英语教学;一带一路

随着我国与其他国家和地区之间的合作与交流变得愈加频繁,“一带一路”倡议是我国对外开放战略的延续与升级。因此,在我国与其他地区的商业贸易交往中,既精通英语,又熟悉商业创新创业的高素质、复合型国际化人才成为时下刚需。面对新时代对人才提出的新需求,高等教育的发展也逐渐走向全球化,因而一系列挑战也出现在公共基础课程——“大学英语”的教学中。“大学英语”教学承担“内引外传”责任的同时,还应做到以学生发展为中心,在授课中培养学生的创新创业意识,既有利于培养学生的跨文化交际能力,又有利于培养带有国际视野的创新创业类人才。

一、“一带一路”倡议的提出

“一带”发展规划是由习近平总书记在2013年9月7日对哈萨克斯坦访问中指出:“为了使我们欧亚各国经济联系更加紧密、相互合作更加深入、发展空间更

* 作者简介:黄俊婷,山东协和学院人文艺术与教育学院大外部教师,讲师,硕士,研究方向为英语笔译。

加广阔，我们可以用创新的合作模式，共同建设‘丝绸之路经济带’。”2013 年 10 月，习近平总书记在出访东南亚国家期间，提出共建“21 世纪海上丝绸之路”的重大倡议，得到国际社会高度关注。在这两次访问中所提出的与各国一起共建“丝绸之路经济带”和“21 世纪海上丝绸之路”的规划，就是我国后来所提出造福民生福祉的“一带一路”发展倡议。

“一带一路”发展规划是实现欧亚各国与地区共同合作与发展的繁荣共赢之路，也是增进国家间理解与交流的和平友谊发展之路。“一带一路”跨越不同国家与地区，包含不同文化与宗教信仰，在加强基础产能设施建设的同时，也成功地实现了发展战略对接，共同推进和平合作、求同存异、相互包容与借鉴的人类命运共同体的建设。

二、“一带一路”倡议下的“大学英语”教学

英语作为一门国际语言，在“一带一路”倡议的实施过程中起着重要作用。2015 年，国家发展改革委、外交部、商务部联合发布了《推动共建丝绸之路经济带和 21 世纪海上丝绸之路的愿景与行动》，其中明确提出英语专业人才的培养方向和要求。为了让学生在今后的学习和社会工作中能用英语进行有效地口头和书面交流，我校积极响应国家的政策，提出旨在培养大学生的英语综合应用能力、增强学生独立自主学习能力和提升综合人文素养的“大学英语”教学目标。

三、创新创业意识与大学生教育

大学生创新创业教育是一种基于大学生未来就业生存的实用教育，旨在培养在校大学生的创业意识、创新精神和创新创业能力，并对其进行分阶段、分层次的创新思维和创业能力的培养和指导。

2012 年 8 月 1 日，教育部印发《普通本科学校创业教育教学基本要求(试行)》的通知，指出实施大学生创新创业教育的目的，是为了服务并且适应国家经济方式转变、建设创新型国家和人力资源强国的发展战略，也为了促进高等教育的教学改革，提高高校人才培养质量，并全面促进大学生充分就业。在《关于大力推进高等学校创新创业教育和大学生自主创业工作的意见》中，教育部也指出了进行大学生创新创业教育的重要性：“在高等学校开展创新创业教育，积极鼓励高校学生自主创业，是教育系统深入学习实践科学发展观，服务于创新型国家建设的重大战略举措；是深化高等教育教学改革，培养学生创新精神和实践能力的重要途径；是落实以创业带动就业，促进高校毕业生充分就业的重要措施。”

20 世纪末，我国开始实施大学生创新创业教育，从 1998 年清华大学引进大学生创业计划竞赛开始，我国许多高校开始启动高校创新创业教育。在国家和

地方相关部门积极扶持下，大学生创新创业教育取得了优异成绩和突破。

四、大学英语课程中创新创业意识的培养策略

（一）我校“大学英语”课程人才培养现状

在我校教育中，“大学英语”教学属于通识教育公共课，其授课目标偏向于理论知识的掌握，主要培养学生的英语基础和应用能力。在非英语专业学生的英语教学中，主要是以帮助学生顺利通过大学生四六级英语考试和研究生英语考试，其英语知识的掌握主要是英语考试的基础能力。由于“大学英语”的授课时间是大一、大二两学年，距离学生就业还有一定时间，因而大部分学生意识不到英语在就业中的重要作用，“哑巴英语”和“课本英语”现象非常明显。为更好地促进学生的全面发展，响应国家“一带一路”倡议发展规划，将创新创业意识融入“大学英语”课程的日常教学，既能帮助学生掌握英语基础知识，也能增强学生的创新创业能力。

（二）在“大学英语”教学中融入创新创业观念

在传统“大学英语”的教学观念中，英语授课主要以教师传授基础知识为主，让学生懂得英语发音、句子结构和口语交流是主要授课活动。为更好地培养学生创新创业意识，“大学英语”教学活动中可以推陈出新，不再只是死板地强调考试分数，要在帮助学生掌握基本的英语基础知识和学习方法的同时，在英语教学中多增加课外知识和热点话题，锻炼学生的口语表达能力，既开阔学生的视野又锻炼其创新的思辨能力，还可以让学生学会主动地去学习，在了解外国文化同时传播中国故事。

（三）教学目标更加多层次化

在进行每堂课的授课之前，教师应该制定明确的培养国际复合型人才的教学目标。随着教育部提出的金课标准，教师在授课时要牢牢把握金课“两性一度”的特点，即知识能力的高阶性、学生解决问题思维的创新性、所授课程要有挑战度。“大学英语”属于通识教育公共课程，虽然我校在“大学英语”教学中采用分级教学的授课模式，但由于各专业的学生英语水平各不相同，即便是有些学生来自同一个专业，其英语水平也是参差不齐。因而在制定教学目标时要做到层次分明，因材施教，不能搞“一刀切”的教学模式。

（四）创新创业理念与教学内容相融合

在“大学英语”的日常授课中，除了教授必备的英语基础知识，也应积极融入创新创业理念，培养学生的创新能力和创业理念。从知识、能力和情感三个维度入手，结合“大学英语”的课程特点，不但要对基础知识结构和规范语言表达进行讲解，也要对相关英语文化内容及深层次的文化内涵进行赏析，结合学生的专业

特色和行业需求，以创新创业理念为指导，注重学生的口语和书面表达的人文思想性、逻辑性、创新性。

（五）增加教学师资队伍的多样性

增加教学师资队伍的多样性是高校进行创新创业教育的基础资源，拥有高能力的创新创业师资才能教授出有创新意识和创新能力的学生。但是目前从大部分高校现有的师资来看，创新创业教育的建设还需加大力度。为了能够灵活配置多样化的高水平师资，高校首先要从培养授课教师的创新创业理念入手，在"大学英语"的授课中融入新型的大学英语学习理念和方法，组织相应的培训和交流学习讲座，提高英语授课教师的创新创业意识。其次，响应校企合作的号召，进行双师教育，通过聘请校外优秀企业人员进行系统的创新创业教育课程讲座，通过提升师资队伍多样化结构，来达到拓宽学生视野、提升学生知识结构和创新能力的目的。最后，还可以组织学生到企业中实践，让学生向企业中高水平的优秀员工学习，获得相应的创新创业指导。

（六）课程设计中融入创新创业意识

为更好地提高英语课堂的教学效率，帮助学生在日常学习中发展创新创业思维，教师应结合学生特点，在进行课程设计时融入现代化的教学手段，例如在教学中插入图片、影音、视频以及在线交流等多媒体教学手段，实现师生与生生之间即时又生动的英语授课，从而培养学生的创造性思维。也可以让学生阅读英文名著、观看英文影片和进行英文辩论，以此来培养学生的批判性思维。学生通过对所获取的信息进行自我分析和思考，形成自己的个人观点，以此提高学生的创新素养和创新思维。

（七）授课中多种教学方法并用

大学生有着强烈的好奇心，喜欢尝试新鲜事物，教师可根据其特点选用多种教学方式进行授课，以此来激发大学生的英语学习兴趣和热情，可采用探究式、开放式、讨论式、混合式、翻转课堂、慕课、微课等方法。除了在课堂上锻炼大学生的听、说、读、写、译能力，还可以采用线上线下混合的教学模式，让学生充分利用网上资源进行英语自主学习，引导学生主动在课前完成教师设置的预习问题，将课文中的英语知识点与实际工作生活相结合，在多种教学方式中，帮助学生遇到问题学会用英语思维进行思考，并融入创新创业的思辨理念。

（八）多维度课程评价环节

目前我校的"大学英语"课程评价主要包括50％期末的卷面成绩、10％期中成绩和40％平时表现成绩，这种评价方式过于强调考试结果，这无形中促进了学生疯狂刷课的恶习，弱化了学生学习英语的积极性，不利于思辨能力的培养，应对学生进行多维度的评价。首先，丰富学生的课堂评价体系，可以增加个人英语知识分享、英语小组展示、英语情景剧、英语模仿秀等丰富的英语课堂活动，从多方面去评价学生的口语表达能力。增加这种灵活的主观活动，有利于提高学生的英语学习积极性，有利于调动课堂学习气氛，培养学生创新思辨能力，激发学生思维的活跃性。其次，根据学生的年龄特点，将网络运用到最大化，给定学生主题与素材，采用小组合作的方式，让学生设计并制作英语学习视频，培养学生的创新性思维。最后，根据学以致用的教学理念，为学生制定"英语＋专业课"的学期论文作业，让学生将学到的英语知识与专业相融合，既练习英语基本语法知识，又能深化对自身专业的理解，培养批判性思维。

五、结语

"大学英语"课程中创新创业意识的融入不是一蹴而就的。既需要授课教师进行思想上转化、理论上的学习、课程设计和教学方法的创新，也需要在授课过程中对学生进行创新创业理念、思辨能力的培养和对学生学习成绩进行定时评价。在"一带一路"的时代背景下，为更好地实现中国梦，实现中华民族的伟大复兴，在教授学生学好英语的同时，也应培养学生的创新创业能力，这样才能有助于培养更多适应国际交流的全新复合型人才。

【参考文献】

[1]乔时玲. 创新创业教育有效融入高职公共英语课堂教学的实践[J]. 教育教学论坛，2019(29):274-275.

[2]毕杨，杨晓濛. 应用型本科院校对标"金课"标准实现"数字信号处理"课程改革[J]. 教育现代化，2019(33):49-51.

[3]郝倩."一带一路"背景下学生创新创业意识培养的策略研究——以大学英语通识教育为例[J]. 甘肃高师学报，2018(3):83-87.

[4]刘新生. 携手打造新"海上丝绸之路"[J]. 东南亚纵横，2014(2):5-7.

[5]许小姣. 高校本科教育"淘汰'水课'、打造'金课'"刍议[J]. 文教资料，2019(7):204-205.

新时期“商务英语视听说”微课教学创新实践研究

高 俐*

摘要：文章从“商务英语视听说”教学着手，将目前风靡教育领域的微课教学模式应用其中。通过对“商务英语视听说”课堂现状的剖析，明确二者的融合必要性。对“商务英语视听说”微课教学价值的充分挖掘，如碎片化的内容、互动式的学习和多样式的资源，为“商务英语视听说”提供了必要支持，让微课教学的价值得以充分展现，通过微课具体实践的全过程，为“商务英语视听说”教学提供新思路。

关键词：新时期；“商务英语视听说”课程；微课教学；创新实践

一、概述

随着现代信息技术不断快速发展，技术与教育的融合成为必然。作为推进教育发展的主要教学模式之一，微课自出现到应用贡献了自身力量，成为当前风靡教育领域的主要教学模式，并凭借其自身的适应性，普遍适用于各学科教学要求。对于新时期“商务英语视听说课”程而言，其内容复杂，作为专业内的关键课程，突出教学有效性至关重要。为此，在新时期的课程中，尝试两者融合，将微课教学的核心功能运用到“商务英语视听说”教学中，挖掘其中的精华所在。

二、“商务英语视听说”课程与微课教学模式

（一）“商务英语视听说”课程

在商务英语专业的学习实践中，“视听说”课程是一门专业性的课程，对学生未来从事商贸工作有重要意义。顾名思义“视听说”课堂强调的是学生的语言技

* 作者简介：高俐，山东协和学院人文艺术与教育学院教师，助教，硕士，研究方向为英语笔译。

巧能力，“视”为后续的“听”和“说”创造一个基本的语言情境，引导学生主动去听，主动去说。但从大部分学校的“商务英语视听说”教学实践的情况出发，还普遍存在相应的问题，具体表现为“视听说”课程的内容相对枯燥，不够具体和全面，严重影响教学效果。“商务英语视听说”课程作为主干课程，迫切需要通过新方法的尝试和运用，带来新的教学契机。

(二)微课教学模式

随着信息技术的快速发展，依托互联网平台的优势，微课也应运而生。微课指的是微型课程，表现为“短小精悍”的特点，通过微视频教学资源为载体，完成知识的有效传递，从而达成教学目标。微课教学模式的创设，目前普遍地运用到各个教学领域，取得了显著的成绩，对学生的长远发展产生了积极、正向的影响。微课教学模式的特色鲜明，应用效果良好，成为新时期教育创新的关键选择之一，对现代教育的创新发展有积极意义。

三、新时期“商务英语视听说”微课教学的创新价值

(一)碎片化内容使得教学更灵活

微课开展教学的核心资源是微视频课程，每个教学视频的时间通常为6～8分钟，重点清晰，内容具体，为的是学生对知识的充分理解。结合商务英语专业学生的基本认知规律，通常对知识的专项学习的注意力不够集中，注意力容易发生偏移。微课的教学内容呈现出碎片化的特点，与高校大学生使用移动终端设备的碎片化阅读有着一定的契合点，内容表现也更具体，学生在个性化的学习当中，更能够灵活地把握“商务英语视听说”的教学内容，从而结合自身情况完成对内容的精心选择，进而在巩固强化、查缺补漏中，增强学习自信，减少学习挫败感，主动性更容易被调动起来。

(二)互动式的学习提高教学效果

在“商务英语视听说”课程之上，微课的应用具备有效互动的特征。微课的应用，本身是为了增强教学效果，从而全面增强学生的学习兴趣与积极性，启迪学生的思维，让学生可以积极投身到商务英语的学习氛围中来，以此来全面增强师生之间的互动交流，让课堂氛围更浓郁。微课的内容更丰富，对于“商务英语视听说”内容的诠释也更具体、更到位，并且可以通过微课自身资源获取的便捷性特征，增强教学内容的趣味性。课堂之上，学生在完成自主预习和学习之后，进入教学实践阶段，整个过程中师生之间有效互动，学生的表现自然也更积极、更主动。在良好的互动式的教学氛围中，让教学效果全面提升。

(三)多样化的资源拓展综合能力

教学资源是教学创新的根本与核心，教学资源的有效性直接影响着教学效

果。但目前教师在开展“商务英语视听说”教学的过程中，围绕的内容主要是以教材为主，显然这样的内容对学生的吸引力不强，教学效果和互动氛围的创设效果不如预期。微课的教学尝试则不同，微课充分利用互联网资源的便捷特征，让内容更具体、更全面，以多元化的教学资源来支撑教学实践的展开，对学生的影响是多方面、全方位的。资源的补充和拓展，让内容表现更充分、更具体也更具吸引力，在资源的拓展优化中使得学生的综合能力得到提高。

四、新时期“商务英语视听说”微课教学的创新实践

(一)微课制作的基本理念

在进行“商务英语视听说”微课制作的过程中，要精选内容。制作微课，并旨在构建一个真实的交流环境，让学生可以在其中获得更专业的知识和内容。以“商务英语视听说”课程的第九单元为例，完成对微课教学的具体设计。单元名称“How to Make a Business Dinner Invitation?”该单元的教学侧重点是让学生充分了解商务宴请与日常宴请的差异，全面了解商务宴请的基本流程与具体方法，让学生的商务英语的专业知识得到强化。微课制作的基本理念是创设一个真实的情境，以学生 Tony 将进行自己首次的商务宴请为主线，完成具体切入，并将内容贯穿始终，激活学生的求知欲。在微课的制作过程中，更强调生动内容的融入，以图文并茂的方式完成对内容的拓展和生动展现。

(二)微课的实施过程

围绕该课程进行微课的具体实施，基本步骤如下：

1. 前期准备阶段

前期准备工作是否完善，直接影响着微课教学效果。为此，教师要将关注的焦点放在以下方面：一是教师对“商务英语视听说”课程有着充分的认知，对基本的课程脉络有效把握，设计好课程教学的基本目标，明确、清晰教学思路和教学方法，在优化教学流程的实践中，让学生获得良好的学习体验和学习感知。二是要完成基本教学内容的有效渗透，了解学生的学习意见和想法，从而确保教学内容的选择与学生的需求保持高度一致，从而在课程实践和开展过程中获得学生的高度认可。三是要为后续的微课教学实践打造一个教学大纲，让内容表现得更充分、具体。只有明确流程的支撑，才能保证课程教学的有效性。

2. 微课制作阶段

在进行微课程的制作过程中，利用视频软件和相关的录制设备，针对课程单元完成对教学全过程的录制工作。当然，为了更突出教学内容的完整性。教学侧重点依旧要放在具体教学要点上，包括本单元的重点和难点内容，如介绍商务宴请实施的具体步骤、实用句型、操练句型等，明确商务宴请全流程。从整个过

程看，微课制作阶段侧重点更明确，内容也更具体。围绕单元教学要点的具体确定，让教学内容更完整。在微课制作完成之后，传递给学生，使其成为主要的教学资源。

3.课堂学习阶段

在课堂的教学实践过程中，围绕单元的教学重点，重点讲解商务宴请的基本流程等内容，围绕的核心依旧是微视频教学资源，并在细致的讲解中，让学生对“视听说”教学的相关内容有新的理解。结合视频资料，具体步骤包括确定时间、选择合适的方式通知被邀请者、在合适的地点见面。整个流程是商务宴请的基本步骤，全过程的讲解和学习都要侧重方式方法，让学生掌握“商务英语视听说”的要点是教学的根本。视频资源作为主要教学资源，使学生在课后预习更便捷。

五、结语

新时期“商务英语视听说”课程的微课教学尝试，要从微课制作的基本理念出发，明确微课的实践流程，并通过微课教学模式的具体实施，对教学效果全面检验，从而在探索与优化中全面强化教学质量，为学生的成长服务。

【参考文献】

[1]陈悦笛.MOOC平台上商务英语视听说课程多模态教学模式探究[J].湖北开放职业学院学报,2020,33(5):172-174.

[2]刘英丽.体验式教学法在商务英语视听说中的应用[J].文教资料,2020(5):230-231.

[3]程明.跨境贸易背景下商务英语视听说教学研究[J].营销界,2019(47):272-273.

“专创深度融合”驱动下工程管理专业课程教学改革探析

于淑萍[*]

摘要：在创新无处不在的当今社会，创新人才在各行各业的作用和地位不断凸显，随着其需求量的增加，国家在培养创新人才方面不断加大投入的力度。高校肩负人才培养的重任，是国家创新创业战略实施的主要阵地，助力新型创新型国家的建设，培养国家和社会需要的高素质创新型人才。怎样培养各专业方面的高素质创新型人才，高校应制定融入创新人才培养元素的教育方针和方案，做好创新教育与专业教育的均衡协调发展。为此，高校当前的工作重点之一是培育“专创融合”教育理念下的高素质创新人才。本文以工程管理专业为例，深度剖析“专创深度融合”驱动下对工程管理专业教学改革带来的影响和路径探究，为高校工程管理教学改革提供建议。

关键词：“专创深度融合”；工程管理专业；教学改革

一、引言

21世纪，创新创业的理念已经深入人心，各行各业都在进行创新改革，根据调查数据显示，当前我国创新创业教育理念滞后，未与专业教育紧密结合，与实践运行脱轨等突出现象存在。我国创新教育的发展经历了初步发展阶段、探索发展阶段和全面深化阶段，当前阶段“专创深度融合”是创新教育发展的主流趋势之一。“专创深度融合”顾名思义，是将创新创业教育深入各专业课教育中，并在各专业教学中深度挖掘创新元素，在专业教育过程中同时开展创新创业教育。本文试图厘清专业教育和创新创业教育二者之间在理论上的关系，确定二者的关联，寻求二者深度融合的关键点，为培养“专创深度融合”背景下的高素质创新

---

* 作者简介：于淑萍，山东协和学院教师，副教授，硕士，研究方向为工程管理。

人才开辟路径。

二、高校教育“专创深度融合”的必要性

（一）改革人才培养模式势在必行

随着科技进步，社会对创新型人才需求的深度和广度不断加大，高校对于“双创”教育在人才培养中能促进学生就业，也能提升学生综合素质方面的作用有一定的意识和认识，但是就目前统计情况来看，由于各专业课程安排紧凑，在创新创业教育方面投入的课时较少，在专业课中的融合较少。经过文献以及实践证明，二者有机深度结合，既有利于提高学生的专业创新意识、创新精神及创业能力，还有利于提升学生创新方面的实践综合素养；同时也是目前高校进行教学改革的方向和工作重点。因此，高校应及时进行适应国家政策和社会需求的人才培养改革，将创新创业与专业课深度融合，重新构建“专创融合”的课程体系，在理论上重新构建创新创业教育及专业教育的框架，在一体化的创新创业专业教育背景下提升学生的创新能力与实践技能，从而转化为创业理论支持的基础。

（二）创新创业教育融入高校教育理论体系必然性

放眼当下，社会各行各业对创新人才需求不论在质和量方面均呈现逐步增加的趋势，作为人才培养和输出的高校，将创新创业教育和高校教育理论体系有机融合是当前高校需要突破的重点所在。目前高校的教育仍以传统教育为主，在将创新创业融入的过程中，将传统教育作为创新创业教育的基础，在专业教育过程中渗透创新创业教育的思维和意识。

如何做好将创新创业教育深度融入专业教育，首先，传统教育理论为基础不动摇，逐渐将创新创业思维和意识引入至渗透。在创新创业深度融入专业教育的过程中，还应做好学生的职业发展规划与学生自身素质关系的协调规划，培养具备职业规划能力的高素质创新人才，在践行过程中注意不能脱离传统教育的背景而单独进行创新创业教育的错误模式。在创新元素融入的过程中，还应根据不同专业的具体特点找准创新元素的融入点和融入效果而进行创新人才的培养。在工程管理专业的“双创”元素融入过程中，要拓展专业理论的深度和广度，还要进行包含创新创业元素的专业知识的拓展，通过本专业中实际创业典范的案例激发学生的创业思维、提升学生的创新积极性。可见，在专业教育中开展创新创业教育，其教育效果更佳，教育环境更好，高校“双创”教育与专业教育融合也更科学。

三、“专创深度融合”背景下工程管理专业课程教学现状及问题

（一）工程管理专业的专业课教学内容与创新创业融合度不深

目前大部分高校工程管理专业开设了创新创业教育课程，但其专业教育与创新创业教育融合情况及融合的深度不理想，表现为以下三个方面：首先，有些高校工程管理专业的专业教育和创新创业教育未体现融合，专业教育和创新创业教育的开设呈现双轨道，二者无交融。其次，多数高校的工程管理专业对创新创业教育的重视程度远轻于专业课教育，表现为专业课教育在人才培养战略中占主要地位，而创新创业教育处于边缘位置。最后，近年来，部分高校举办了创新创业比赛，但大部分学校仍不重视并且仍未举办。并且在举办比赛的高校中，比赛类型与工程管理专业的专业课程内容不符合，致使课堂中学习的理论知识无法运用到创新创业教育实践中。综合以上内容，由于高校工程管理专业的专业课和创新创业课程未深度融合，导致大学生面对企业实际工作岗位需求时暴露创新创业能力不足的弊端。

（二）创新创业教育的教学模式单一，多样化发展有待提升

目前高校在创新创业教育方面直接表现为教学模式单一。首先，大部分高校将创新创业教育的任务安排在创业学院，但这部分学院的教师不了解各个专业的专业教育情况，无法开展专业特色的创新创业教育，创新创业教育的教育理念和教育模式固化。其次，教学模式偏重于理论学习，也就是老师和学生主要进行创新创业教育理论学习，不能有效通过创新创业实践促进学生创新创业能力的提升。最后，创新创业教育模式主要为传统的教学模式，即以教师讲授理论知识为主，学生通过教师被动引导而非主动探究，弱化了师生间的交流互动作用，也使学生的创新创业思维受该模式环境的制约影响而受到限制，该模式不利于学生创新创业综合素质的提升。

（三）创新创业课程考核体系系统科学性较差

目前，大部分高校对创新创业理念的关注度不断提高，但其考核体系混乱，缺乏系统科学性。由于高校创新创业教育跨专业发展速度慢，创新创业课程少且缺乏长效性，致使学生综合管理方面缺失，缺少整体的高校专业建设规划、大学生创新人才培养方案、个人培养计划等。由于师生互动欠缺、创新创业教学考核体系科学性差，尚未形成良好的创新创业教育格局。

四、“专创深度融合”驱动下工程管理专业课程教学改革新思路

（一）以“专创深度融合”为目标，创新改革传统教学

在以“专创深度融合”为目标的驱动下，进行工程管理专业课程内容创新改

革。首先,凸显创新创业教育理念,根据“专创深度融合”,对工程管理专业课程教学内容重新设计。开发丰富的创新创业融合的教学资源,将学科和行业发展前沿的因素如“互联网+”、大数据思维、新商业模式与新业态、小微企业及初创孵化企业运营管理案例、校友创业成功案例等融入教学内容与教学改革研究中。其次,将课程内容进行项目化改革,以融入创新创业要素的专业项目为任务,将创新创业知识融入每个专业课程中的各个章节的有关知识点中,根据每个学科的教学目标、教学大纲、学生学习规律等设计教学方式,将创新意识、创新思维和创新模式融入专业课教育中,不断提升学生的综合创新创业能力。

(二)打造以“互联网”为依托的线上线下混合式教学方法

多样的课题形式有利于激发学生课堂学习的参与度,提高学生对创新创业知识的有效学习,激发学生创新创业的兴趣,塑造学生的创新创业精神,提升学生创新创业的综合素质。多样化的教学形式主要体现在以下几个方面:第一,充分利用现代教育教学技术及互联网技术,应用慕课(MOOC)、翻转课堂、云课堂等现代教学平台及方式,改变传统灌输式教学方式,实施线上线下结合的混合式教学模式。第二,通过线上教学平台及社交软件为载体,加强师生互动。教师可通过学习通群聊、QQ群、微信群、微信公众号等方式,及时推送创新创业与工程管理专业相关的案例报道,激发学生讨论、交流、思考乃至实践。借助网络教学平台及新型社交媒体的优势,增加师生互动,进一步提高教学质量和教学效果。第三,借助在线学习平台,丰富学生创新创业知识体系。依托线上精品开放课程,在专业基础课和核心课程范围内,深度挖掘各课程中的创新创业元素,最大程度丰富学生的创新创业知识体系。

(三)打造工程管理专业“专创深度融合”的特色示范课程

在丰富教学内容、优化教学方法的基础上,着力打造工程管理专业“专创深度融合”特色示范课程。首先,聚力搭建融入创新创业元素的课程资源,将深度挖掘的专业课程创新创业元素集库建设,其主要内容包括创新元素的课程案例、文献资源,旨在培养学生创新创业能力。其次,在搭建工程管理专业“专创融合”特色示范课程过程中,采用多种组合方式开展课程,包括项目式、案例式、任务驱动式、线上线下结合等方式,使融入创新元素的工程管理专业课程的理论与实践训练呈现不同的课程形态。最后,在打造工程管理专业“专创深度融合”特色示范课程中渗透创新创业理念、知识,注重案例式教学,激发学生对创新创业的兴趣,聘请有经验的创新创业导师或成功的企业家以专题讲座的形式将创新创业知识以实践化,激发学生的创业兴趣,提升其创新意识和能力,为学生毕业后从事工程管理工作奠定基础。

（四）构建“专创深度融合”系统化的教学流程

以“创新创业教育”为主线，以“互联网 +”为手段，遵循由浅入深、连续开展的原则，构建“专创融合”系统化的教学流程，把创新创业教育融入人才培养全过程。大一阶段，将创新创业意识以讲座形式展开普适化教育，对学生创新创业进行启发。大二阶段，开展有专业学科特点的创新创业教育课程，将创新创业常识及政策传递给学生，激发学生创业的热情。大三阶段，举办创新创业主题竞赛和校内创新创业实践环节，通过“专创融合，赛教结合”培养学生的创新创业精神和能力。大四阶段，安排学生到校外创业孵化园、创业园等基地进行实习，通过校外实践基地创业专家会诊及企业家辅导，接受近距离的实战培训，增强学生创业成功的可能性。

（五）打造课外、校外相结合的创新创业实践教学体系

课外、校外相结合的创新创业实践教学体系对学生创新创业综合素质提升有较大的功效。首先，坚持课内教学与课外实践相结合的教学模式，课外创业讲堂、创业讲座，创业沙龙等交错开展。其次，组织学生参加创新创业类大赛，通过选拔发现有创新创业潜力的学生和团队，深度培养其创新能力。最后，加强校外创新实践基地的建设，通过与校外的科技园、孵化中心等深度合作，提高学生的实践能力，在实际创新训练项目中不断积累创新创业的经验。

五、结语

在创新创业教育背景下，高校已然将“专创深度融合”作为高校深化教育改革的一个重点调整方向和战略。文本在工程管理专业中开展了关于“专创融合”的理念及实践路径的探讨，为高校“专创融合”的改革提供了思路和建议，为工程管理专业建设提供了建设方向和思路。

【参考文献】

[1]高英.双创背景下大学生创新意识与创业能力的提升——一例“学渣”的就业经历引起的思考[J].创新创业理论研究与实践，2018，1(11)：105-106.

[2]陈晓伟，张金邦.高职院校大学生创新创业教育效果提升研究[J].产业与科技论坛，2019，18(10)：168-169.

[3]塔娜，刘烨.“双创”背景下提升高职院校学生创新创业能力路径探究[J].产业创新研究，2020(9)：177-178.

[4]孙栋.建设与专业教育有机融合的创新创业教育实践体系研究[J].科技与创新，2020(21)：151-152，154.

[5]杨宁，赵美霞，于明旭，闫高原. 创新创业教育与专业教育融合路径研究——以建筑工程技术专业为例[J]. 邢台职业技术学院学报，2020(5)：22-25.

[6]尹龙，张莉，赵莉. 虚拟仿真技术与创新创业教育深度融合研究[J]. 实验技术与管理，2018(4)：118-120，125.

[7]刘飞，袁昌来，李海林. 大学生创新创业训练计划项目实施新思路——基于校企合作模式下的国家级大学生创新创业项目[J]. 教育教学论坛，2019(10)：43-46.

[8]赵卫卫，肖为. 高职“众创空间”环境下的创新创业导师队伍建设研[J]. 课程教育研究，2018(27)：223-224.

[9]王桂林，唐吕俊驰. 青年大学生文化自信培育路径探究——基于“青马工程”分析[J]. 重庆工商大学学报(社会科学版)，2019(4)，122-128.

土木工程专业“专创融合”课程教学改革探索与实践

黄　颖*

摘要：大学生创新创业课程在全国高校的普及仅仅几年时间，创新创业教育与土木工程专业课程融合仍在摸索。本文阐述了山东协和学院土木工程专业课程教学现状，探讨创新创业教育与土木工程专业课程融合的可行性，并提出土木工程专业课程创新创业教育改革方案设计。在山东协和学院土木工程专业进行专业教育与“双创”教育融合的试点过程中，激发了学生参加创新创业类竞赛的兴趣，并取得了较好成绩，而且通过与高新技术企业进行产学研融合，对于提高学校“双创”教育质量、提升大学生创业存活率都有较好的示范作用。

关键词：创新创业教育；土木工程；课程改革

一、引言

党的十八大提出实施创新驱动发展战略，强调科技创新是提高社会生产力和综合国力的战略支撑，必须摆在国家发展全局的核心位置。创新驱动是国家命运所系、世界大势所趋，是发展形势所迫。教育部印发的《关于做好2016届全国普通高等学校毕业生就业创业工作的通知》要求从2016年起所有高校都要设置创新创业教育课程，向全体学生开设创新创业教育必修课和选修课，并纳入学分管理。我国高校、高职高专院校创新创业教育正如火如荼地进行着。土木工程专业是一门工程与技术相结合的学科，应用性强，但土木工程专业学生对创新创业活动的重视程度与参与积极性并不高，创新创业竞赛在土木工程创新创业教育中的作用十分有限，部分土木工程在校大学生缺乏创新创业意识，对创新创业没有兴趣，大部分土木工程专业学生在对未来的规划主要以考研升学，进入设

---

* 作者简介：黄颖，山东协和学院工学院讲师，硕士，研究方向为土木工程施工、建筑结构。

计院、施工单位、建设单位，考取公务员等为主。鉴于创新创业竞赛对大学生创新创业教育的重要性和促进作用，本文即以大学生创新创业竞赛为导向，对土木工程专业课程的“双创”融合教学模式进行探索，以提高土木工程专业学生参与大学生创新创业竞赛活动的积极性，同时提升创新创业元素在土木工程专业教育中的有效性。

二、土木工程人才培养与“双创”教育现状

土木工程专业的“双创”教育应结合土木工程专业课程，将创新创业教育融入土木工程专业教学体系，实现创新创业实践活动与土木工程专业实践教学的有效衔接。但就山东协和学院土木工程专业创新创业融入专业课程的开展现状而言，主要存在以下主要问题：

（一）“双创”教学目标不明确

土木工程专业课程创新创业教学目标的不明确是当前土木工程专业课程未能有效开展创新创业教育的主要因素。而课程教学目标不明确主要根源于土木工程专业教师对创新创业课程开设的必要性仍存在较大分歧。部分教师认为土木工程专业虽然自身创业概率不大，但与其他专业相互配合创业是可行的，土木工程创新创业课程教学目标应突出对土木工程学生的创新创业能力培养；而另一大部分教师认为以土木工程专业为知识背景进行创业的概率不大，学生基本以就业为主，教育应更多地着眼于提升学生的专业分析能力和工程实践能力，创新创业教育未能深刻融入土木工程专业的教育理念中，影响了土木工程创新创业课程的有效开展。

（二）“双创”教学内容具有随意性

土木工程专业课程的创新创业教育在教学内容方面如何与面向所有学生开设的创新创业基础课程相区分，如何与专业教育相融合，体现出专业特色？目前未有定论，仍然处于摸索阶段。这需要土木工程专业的各个课程的授课教师们对课程内容进行基于创新创业教育的内容分解，找出教学内容中存在的创新创业元素，并将创新创业元素与专业课内容相融合，在学生掌握专业知识的同时，开发学生的创新思维，需要由任课教师在教学实践中自主探索实施。从理论上分析，创新创业基础课程和土木工程专业课程创新创业教育应各有侧重，前者重点在于创新创业基础理论知识的介绍及学生创新创业基本技能的训练，要求学生通过课程学习掌握创新创业基本技能，诸如开展创新创业的思维拓展、形成创新创业团队或撰写创业计划书等，并将该技能灵活应用于创新创业项目实践中。而土木工程专业课程的创新创业教育，应该是利用创新创业的基础知识和手段，结合土木工程专业知识，能对土木工程领域中存在的问题进行创新和创业，能将

土木工程的专业知识运用到具体的创新创业项目中。学生在学习土木工程专业课程的同时，将创新思维和技能在课程中具体应用。但实际开展中，由于课程设计方面存在问题，致使土木工程课程创新创业教育在教学内容上与创新创业基础课程存在较多重合，降低了学生对土木工程课程创新创业教育的需求度。

三、专业教育与“双创”教育融合

（一）竞赛与教学融合

结合土木专业人才培养要求和课程特点，教师改革教育教学方法，创新教学手段，开展案例教学，培养学生的创新创业思维，激发创新创业灵感。通过定岗实习、生产实习等环节，学习工程师的创新创业精神，增强学生的创新意识和创新信念。鼓励学生参加“学业与职业规划”大赛，让学生客观、全面、深刻地分析和认识自己，对自己的学业和职业发展有明确的定位，并确立发展目标，挖掘优势，改正劣势，不断完善自己。鼓励学生参加BIM毕业设计创新大赛、结构设计大赛等大赛，让学生感受土木工程在结构形式和施工技术等方面的创新，激发创新精神。专业教师指导学生参加“学科竞赛＋创新创业”的比赛，通过参加与建筑新业态的重点发展方向紧密结合的赛题，激发学生的创造思维和创造能力。

（二）实践与体验融合

土木工程专业人才培养方案中，每个学年都有课程设计、实践教学。教师在课堂教学中应引导学生走出课堂、走进实验室、走入企业，将土木工程的实践教学与基于企业行业的产品研发、教师科研教研课题研究等工作相结合，以提升技术技能水平。构建“土木工程学科＋”的“双创”实践教学体系，教师强化第一课堂与第二课堂的对接，充分利用协同创新中心和工程研发平台等科研平台，引导学生积极参与开放性实验、科研项目等。鼓励学生参与校企联合的工程研发实践项目，组织学生暑期去建筑相关企业进行社会实践，在企业行业结构工程师等的指导下，提高开发实际工程项目、解决实际工程问题的能力，激励学生自主创新和开发新产品的意识及实践能力，为今后创业做好铺垫。

四、课程创新创业教育设计

以土木工程施工技术课程为例，研究土木工程专业课程中专业知识与“双创”融合方式。

（一）课程创新创业教育目标

本课程围绕土木工程专业育人目标，结合课程特点，注重知识传授、能力培养与价值塑造的统一，在创新创业教育上要达到以下目标：

1.将土木工程的施工技术发展历程、最新技术以及工程实例融合创新创业教育，激发学生的爱国热情以及民族自豪感，培养的学生自主创新意识。

2.坚持“创新、协调、绿色、开放、共享”五大发展理念，融入创新创业教育，通过对重点案例项目式教学，启迪学生工程智慧，培养学生的专业创新意识。

3.加强专业职业素养教育，在具体工程案例、行业先锋中融入创新创业教育，引导学生树立团结友爱、爱岗敬业、诚实守信、奉献社会的职业修养，培养学生的合作创新意识。

4.将创新创业教育融入专业知识，将专心专注、精益求精的鲁班精神，百折不挠、坚忍不拔的苦行僧精神通过课堂教学传递给学生，培养学生精益求精、传承创新的工匠精神。

（二）课程创新创业教育实施路径

在绪论的讲授中，通过讲授故事中精巧的榫卯和上海金茂大厦的先进施工技术，采用图片展示、故事讲述，以时间轴为主线讲述中国在土木工程施工技术领域取得的成就，展现中华民族自古是一个创新的民族，通过学习这些技术来增强学生的文化自信和民族自豪感，培养学生的自主创新意识。融合案例：建设空中之城、建设太空基地，采用小组讨论的方法，课堂上讨论东京空中之城、未来的太空基地，带领学生思考新时代背景下土木工程施工技术的发展必然是更高、更强，所需人才必然是高素质人才，增加学生的专业自豪感，培养学生的自主创新意识。采用讨论辩论的形式，围绕辩证观点：施工技术是否是工作之后就自然而然地学会了？学生展开讨论，融入对施工技术原理重要性的认识，培养学生的思辨能力，增强学生学好专业知识的动力和学生专业创新意识。

在地基处理知识点讲授时，融入案例：上海特有的深厚软土地基是建造超高层建筑的最大障碍，如何在“豆腐土上建高楼”，对上海中心大厦建设者来说是首先要解决的问题。工程师们采用经过试验证明的“钻孔灌注桩＋桩底注浆”技术，学生采用文献查阅，观看图片、视频等形式，多方位更直观了解上海中心大厦地基处理方案的提出过程、施工团队过硬的专业素质，通过技术创新攻坚克难，培养学生熟练掌握土木工程施工的基本原理和基本知识，能够运用专业知识和专业技能，合理地应用于工程实践中，激发学生的专业创新意识。

五、结语

随着国家战略的发展，高等教学改革势在必行，创新创业教育已经在全国高校全面铺开，要让创新创业教育落到实处，就必须将创新创业教育与土木工程专业教育进行深度融合。在教学实践中，两者的融合不是一朝一夕可以完成的，需要我们转变教育理念，从专业层面、课程层面双管齐下，不断摸索、评估、反馈、改进，在培养学生专业素养的基础上开拓学生的创新思维、创业意识，提升学生的“双创”能力。

【参考文献】

[1]闫占辉，王征，王文忠.“大工程观”教育背景下工程训练实践教学体系的构建[J].长春工程学院学报(社会科学版)，2019，20(1)：88-90.

[2]孙康宁，李爱民，张景德，等.大学生实践、创新、创业一体化训练模式与能力叠加效应探究[J].中国大学教学，2017(3)：74-79.

[3]杨娟.创新创业教育融入专业教学全过程的方法与途径探索——以复合材料工程技术专业为例[J].教育教学论坛，2020(12)：228-230.

以创新创业为导向的药理学教学模式改革探讨与实践

孙利利　姜欣童　张燕杰*

摘要：药理学是医药学专业重要的主干课程之一，它是研究药物与机体相互作用及作用机制的一门科学。通过药理学的学习，有利于培养学生的思辨能力、科研能力、创新能力，通过以创新创业为导向的药理学教学模式改革，笔者从培养学生的创新思维和创新能力入手，经过了重新改善药理学理论和实验教学模式，加强创新创业师资队伍的建设，增添创新创业型药理学教学硬件软件，指导学生参加各种创新创业比赛等方面的改革。实践证明，药理学课程教学模式的创新改革不仅充分激发了我校学生学习药理学的浓厚兴趣，并且大大提升了我校学生的社会实践能力、创新能力和科研能力。

关键词：创新创业；药理学；改革；研究

随着高校大数据和高校人工智能的不断深入发展，互联网作为高校生产力和生活学习的重要信息平台，在“互联网＋”的时代背景下，高校创新创业人才教育问题受到高度重视，如何把创新创业与高校药理学课程教学有机融合，再通过学科课程教学改革重新构建适合创新创业并且以教育学为导向的药学课程体系，已发展成为高校各学科专业积极开展学科教育教学改革和促进人才培养教学模式创新转型的一个重要转折点。创新被认为是推动创业的坚实基础，创业则被认为是驱动创新的有效体现，两者相辅相成。创新驱动创业人才教育项目，旨在大力培养一批具有强烈创新创业精神和具有创业实践意识的新人才。十八大以来，党中央、国务院高度重视在校大学生的创新创业实践教育，“大众创业、

* 作者简介：孙利利，山东协和学院医学院讲师，硕士，研究方向为神经药理学；姜欣童，山东协和学院医学院讲师，硕士，研究方向为针灸推拿治疗常见病；张燕杰，山东协和学院医学院讲师，硕士，研究方向为针灸推拿治疗常见病。

万众创新"的创业理念日益深入人心，各普通高职专科院校也开始积极开展在校大学生的创新创业实践教育。

药理学作为主要研究药物与机体相互作用及作用规律的一门科学，以药理实验为教学基础，是我国药学和医学专业的学生最重要的必修课程之一，根据今年全国高校教育工作大会和新经济时代全国高等学校普通本科教育招生工作指导会议的有关精神，加快高职院校应用型专业人才培养作为新经济时代高校教育的重要目标，将高校创新创业实践教育融入高校药理学学科教学模式中，进一步增强培养高校大学生创新创业的实践意识和创新能力，推进高校创新创业实践教育的有效的、科学的进展，鼓励、引导、支持高校大学生积极参与高校社会实践、创新创业大赛和跟随老师进行实验研究等社会活动，这不仅可以充分拓展高校药理学学科教学发展的思路，又完全符合高校药理学相关学科的专业发展和高级院校应用型专业人才培养的新时代要求，最大限度提升应用型专业人才培养的教学效果，推进高校创新创业实践教育的有效科学开展。

一、以创新创业为导向的药理学教学模式改革的基础

（一）培养学生的创新思维和创业意识

2015 年 5 月，国务院办公厅印发《关于深化高等学校创新创业教育改革的实施意见》，促使高校在教学大纲的制定上深化创新创业教育理念，使各门专业课与创新创业教育深度融合。地方高校培养药学专业人才是为了适应地方经济发展的需要，"药理学"在教学模式改革中，势必以学生为本，培养学生的自主学习意识、团队合作意识、信息筛查能力、创新思维和创业能力，培养适应地方经济发展的药学应用型人才。

（二）全面提升教师创新意识和创业指导能力

在以创新创业为导向的药理学教学模式的改革中，培养教师是关键因素。为全面贯彻更新学校教师的创新创业实践教育教学理念，要求学校专业课教师不仅必须具备较高的教学理论知识，还需要老师具有先进的教学实践理念和科学的实践能力，每月月初定期邀请专家做创新创业教育的相关培训指导，每周三我院统一安排教师的集体教研实践活动，以及在每教研室进行的自主创新创业药理学教学模式改革的探讨中，都要求教研秘书作详细的教研活动记录，全面着力提升学校教师教学理论素养和教师专业实践水平，加强各高校教师之间的相互合作、交流，探讨和研究解决老师教学过程中的实际教学问题，总结和推广先进的教学实践经验，全面提高教师教学质量。另外药理学教研室将在每学期初制定与深化创新创业药理学专业的教学大纲，要求教师严格按教学大纲执行，学校强调教师在专研教学模式的基础上，同时积极开展与本课程相关的科研活动，

并能充分及时地将相关科研成果转化为具有实际应用价值的产品，充分带动学生和激化教师自己的创新创业意识。时刻关注药理学学科前沿技术知识，并将其有效带进教学课堂，增强学生关注医学前沿的教育意识。鼓励专业教师国内外工作访学，参加医药学相关领域的学习交流会议，让药理学专业教师深入系统了解国内外的创新创业实践教学理念和教学方法，将先进的创新创业实践教育教学理论注入药理学专业理论实践教学中。

二、以创新创业为导向的药理学理论教学模式改革探索

（一）"项目驱动"式教学模式在药理学理论课中的应用

针对"药理学"课程各论部分教学内容中的具体药物，指导学生拟定大学生创新创业项目，组建"药理学"课程兴趣小组，并按照项目申请与论证步骤指导学生进行模拟训练，培养学生科学研究的能力。例如在讲述抗高血压药物硝苯地平时，模拟项目申请环节，学生拟题"硝苯地平降压作用及机制研究"并撰写项目申报书，教师指导学生通过计算机检索各大数据库，包括常用的中国知网、Pubmed、万方数据库等，通过查阅国内外的相关文献资料，掌握与项目研究内容有关的研究方法和前沿动态。全面探讨有关抗高血压药物的研究现状、高血压实验动物病理模型制备方法，以及其他有可能影响实验研究结果的因素，最后达成一致性观点，形成项目申报书。"项目驱动"式教学方法帮助学生从被动地接受知识转变为在教师的指导下自主地探索学习，锻炼学生查阅、收集、整理资料的能力，在浩瀚的知识海洋中寻找解决问题的方法，提升学生的创新思维和科研能力。

（二）"翻转课堂"教学模式在药理学理论课中的应用

为了有效避免学校药理学学科理论课"填鸭式"教学的枯燥乏味和学生不易接受性，将"翻转课堂"课堂教学模式广泛应用于学校药理学学科理论课教学中，师生可以互换学习角色，学生是学习的主体，教师充分发挥教学主导作用。以硝苯地平作为教学案例，教师将全班学生分组，3～4 人一组，提前一周布置作业，每组设置不同的任务点，包括观看学习通关于抗高血压药物的教学视频，然后收集关于硝苯地平相关内容，包括临床应用、药理学作用、不良反应和禁忌症，以及关于硝苯地平最新研究进展等相关资料，做一个 PPT，PPT 要求内容详实准确，外观上整洁大方。在课堂上要求各组组长向全班同学和任课教师公开汇报 PPT 内容，并对任课教师及全体同学关于本知识点的提问作出相应解答。通过"翻转课堂"教学模式的实施，让学生作为学习的主体，关注学生的优势与进步，对表现好的学生予以奖励，充分调动学生学习药理学课程的积极性。另外教师自己作为学生学习主导者，通过试听学生 PPT 内容的讲解和相关问题的提问，充分了

解学生对于本知识点的学习情况，通过对问题的探讨，可以多方位与同学们交流，加深同学们对于本知识点的理解。在“翻转课堂”教学模式中也采用了“因材施教”的教学方法。对于医学基础差的学生，推荐合适的参考资料，帮助其顺利完成“翻转课堂”的相关内容；对于医学基础良好的学生，在推荐合适参考资料的同时还要提出一些开放性强的问题，有助于学生深入了解药理学研究的前沿进展。“翻转课堂”目的就是将学生被动地接受知识灌输转变为学生主动地探索学习，在教师的指导下，充分锻炼学生的自主探索意识、收集整理教学资料的能力、提出和解决实际问题的综合能力，进而不断提高学生的社会实践能力、创新能力及社会科学研究能力。

（三）校企合作“协同育人”教学模式在药理学实践课中的应用

医药生产企业及新药研发机构对新药研究和开发过程开展工作较多，在以创新创业为导向的药理学教学模式改革中，实施紧密联合医药企业，在药理学课程的抗肿瘤药、心血管系统药物等个别章节中，从企业聘请拥有经验丰富的药学研究人员来校授课，将他们丰富的实践经验融入学校药理学教学中；同时邀请我国知名药企的优秀管理者来校开设讲座，讲述他们的奋斗历程，激发学生创新创业的信心和激情；邀请医院心血管内科及肿瘤内科医生来校为学生开展有关心血管疾病、肿瘤疾病的药物治疗学方面的学术讲座，不仅可以丰富医药学专业学生的医学基础知识，又能了解心血管疾病和恶性肿瘤疾病临床药物的应用现状。“协同育人”模式下，药理学的授课教师由本校教师延伸到医药企业的专家，这些合作既培养了学生创新创业的意识和思维，也强化了师资队伍创新创业技能的传授能力。

三、以创新创业训练项目为导向的药理学实践教学模式改革探索

（一）重新构建药理学实验教学模式

将创新创业的教育理念融入我校药理学学科实验教学模式中，以着力培养高级技术应用型药理人才为教学目标，重新探索建立我校药理学学科实验教学的新模式。将在校教师教学科研和企业药理学临床实验紧密结合，并充分依托各级企业科研平台，为在校学生自行设定创新创业项目专题研究，强化在校学生的企业科研创新能力和管理专业技能，提高在校学生的自主创新能力和企业综合管理素质。对学生培养可分为三个阶段：第一阶段为科研启蒙阶段，带领学生接触实验室事项，激发学生学习兴趣。第二阶段为药理实验技能培训阶段，开始培养学生各项实验操作技能，在学习过程中，不仅要知道技术原理，整个实验设计也要大体了解。第三阶段为创新实验的开展阶段，经过前两个阶段的学习，学生已经拥有自己的实验思维，对实验设计、实验操作熟悉以后可以开始创新实

验。与此同时，要不断强化英语在药理专业尤其最新药理学研究中的实际应用，培养学生对最新药理学专业科研相关文献的英语检索、查阅和翻译的综合能力，最新的药理学科前沿研究领域、实验研究动向基本都是在外文期刊上发表，要求专业学生必须撰写一篇药理学相关科研文献综述型的论文，并且要能达到发表的标准。

（二）加强创新创业型药理学实践教学硬件建设

目前，我国大力推进大学生创新创业项目，设置了很多辅助平台。鼓励学生参加各级比赛，提前模拟了解大学生创新创业的途径。学校开展学生创新创业训练，建立“孵化中心”鼓励学生进行创业，委派专门创业教师给学生提供专业的创业指导，结合对学生的专业及兴趣和爱好开展相对应的创新创业项目。学校建立药理学实训课程的实验教学平台，定期对医药学专业学生开展创新创业技能培训，吸引更多学生参与到学校的药理学教学研究中来。学校与企业开展“协同育人”项目，学校与企业联合培养在校大学生，依托药企广阔的生产、研究平台，可以定期派学生去药企参观学习，了解药学知识在实践中的应用，激发学生本专业创新创业的意识。学校建立自己的药学仿真实验训练中心，引进仿真药学实训训练软件系统，模拟医院药房、药理学实验场景、药品研发过程、药品销售模拟以及模拟符合 GMP 规定的制药公司药品生产车间，通过教师指导学生在药学仿真实验训练软件系统中的综合锻炼，增强在校学生的理论实践操作能力和掌握药理学基础知识并实际应用的综合能力，有助于高级应用型药理人才的培养。

（三）指导学生参加创新创业比赛

“药理学”是一门研究理论性较强的医学课程，在有限的教学课时中要讲解大量的药物基础知识，以往的教学模式中一些验证性实验可以让学生更好地理解药物机理，但毕竟课时有限，不能很好地满足所有学生的需求。鉴于目前的状况，“互联网＋”创新创业大赛应运而生，鼓励学生在教师的指导下根据自己的兴趣爱好选择药理学创新创业项目，选择志趣相投、专业互补的同学组成自己的参赛团队，团队合作过程中注意团队人员的分工，每个团队至少有 5 名指导老师，指导学生制定参赛项目题目，完成项目调研，撰写商业企划书，并给出详细的指导意见。学校给予大力支持，邀请企业专家对每个项目的商业模式进行指导，邀请医药学专家对项目产品核心技术进行完善，经过学校组织的长达十轮的专家指导和改善，让每一个项目以最优的状态去参加网评，为防止学生路演紧张发挥失常，学校专门搭建场地模拟路演场景，在真正路演之前，有的团队学生已模拟路演上百遍。经过“互联网＋”创新创业大赛的集训，拓展了学生对于药理学不同研究领域的认知，为学生以后考研选专业奠定基础，鼓励学生将学到的药理学知识及研究成果进行转化，培养学生的创新创业意识，经过整个比赛过程中药学领域专家和专任教师的指导，学生相互合作并积极探索，既提高了学生的实验创新能力，又加深了学生学习药理学的深度，既有利于学生拓宽科研思路，又能提高学生的科研应用能力。

四、教学成效

近两年来，本校学生参加药理学相关的国家级、省级、校级大学生创新创业训练计划项目取得了优异成绩，斩获多枚金牌。发表药理学创新创业相关的论文数量逐年增多。在创新创业教育模式的引导下，药理学的教学取得了显著成效。药理学理论课教学模式的改革激发了学生学习的兴趣，解决了药理学专业知识内容与实践相脱节的问题。药理学实验课教学模式的改革提升了学生的科学研究能力、实践能力和创新能力。

五、结语

本文立足于将创新创业融入药理学教学模式为目标，结合药理学专业特点，理论与实践相结合，先从培养教师与学生的创新创业意识入手，通过以创新创业为导向的药理学理论教学模式和实践教学模式改革，牢固树立在校学生的创新创业理念，大力提升在校学生的创新创业能力，提升本校学生的就业质量和就业率，构建和谐社会，促进社会可持续发展。

【参考文献】

[1]张加驰.综合性大学开展创新创业教育改革的探索与实践----以兰州大学物理学院为例[J].大学教育，2019(4)：28-31＋65.

[2]邢亚哲，冯潇，姜超平，等.研究生专业课“反转”式课堂教学研究与实践[J].大学教育，2019(4)：180-183.

[3]胡彦斌，王红梅.案例教学法在高校药理学教学中的运用[J].通化师范学院学报，2019，30(10)：90-91.

[4]安华荣.试论成人高校创新创业教育的发展特色与路径[J].黑龙江教育学院学报，2020，37(8)：20-23.

[5]封瑞，郭凤，胡慧媛，等.创新创业知识对临床药学学生能力培养初探[J].基础医学教育，2020，20(10)：844-846.

[6]果秋婷，张小飞.“课程思政”背景下高职护理专业《药理学》课程教学改革实践探索[J].科技风，2019(21)：53-54.

[7]胡红杏.项目式学习:培养学生核心素养的课堂教学活动[J].兰州大学学报(社会科学版),2020,45(6):171-178.

[8]李雅琪.基于信息化教学背景下的高职医药院校药理学课程教学改革的研究[J].课程教育研究,2020(30):44.

[9]顾宏霞,吴虹,许应生,等.结合"互联网+"双创大赛构建高职药理学课程创新创业教育新模式[J],卫生职业教育.2018,31(1):15-17.

“双创”视域下高校辅导员队伍建设路径研究*

苗 昕**

摘要:高校辅导员是进行学生思想政治教育和管理工作的骨干力量。在中国,随着对“大众创业、万众创新”政策的贯彻落实以及高校辅导员队伍建设的快速推进,“双创”理念已经越来越为人们所熟知,与此同时,越来越多的大学生也更愿意投身到创新创业中来,这使得以新的视角进行辅导员队伍建设更加重要。研究“双创”视域下高校辅导员队伍建设路径能为我国大学生当前就业问题提出新的解决思路,能更好地指导和推动我国当前高校辅导员队伍建设,加快建设社会主义文化强国。

关键词:“双创”;高校辅导员;队伍建设

高校辅导员制度已经存在了很长一段时间了。从兼职团队过渡到专职团队后,逐渐进入了目前的职业和专业建设阶段。与此同时,重视大学生的创新创业能力,对于切实提高应届毕业生的就业率具有重大的社会意义。以高校辅导员队伍建设为抓手,通过“双创”教育来提升大学生的创新创业能力,是解决高校“双创”教育问题的实际途径。

---

* 基金项目:本文系 2019 年度新疆师范大学自治区“十三五”重点学科招标课题“《路易·波拿巴的雾月十八日》中的社会变革思想及对当代中国的启示”(编号:19XJKD0231)阶段性研究成果。

** 作者简介:苗昕,新疆师范大学马克思主义学院博士,研究方向为马克思主义中国化研究。

一、构建高校辅导员“双创”教育与其他方面教育的互促逻辑

诗经有云:“凤凰鸣矣,于彼高冈。梧桐生矣,于彼朝阳。”常言道:有了梧桐树,方才引得金凤凰。可见良好的平台的重要性。高校创新创业导师作为一个特定的专业群体需要受到大家的重视,对于在创新创业教育中的辅导员来说,要是想要让大学生的“双创”能力得到全面的发展和进步,有一个可持续发展的平台,可以帮助提高“双创”教师的专业化水平,同时也有利于培养大学生的“双创”实践能力,以不断适应社会发展已经到达的时间和进度要求。这就需要统一、科学、自然的体制,同时,需要稳定的专业化“双创”教育团队,因此需要制定专业的“双创”教师的职业标准。

(一)强化高校辅导员“双创”教育与专业教育的联结

目前,许多高校的“双创”教育课程与完整的职业教育课程之间是独立的,他们是完全不相关的。如果没有专业教育的强有力支撑,双创教育形同虚设,变为空中楼阁。高校实施“双创”教育要以专业教育为依托,以创业为导向,指导大学生发挥专业优势,创办专业性的“高门槛”的生意。虽然高校的专业教育很到位,创新创业的指导也很专业,但毕竟都是广泛性的,无法针对高校学生的个体,而真正了解高校学生个体的情况是高校辅导员,高校辅导员对每个学生的学习情况、品德、个性、专长等情况更为了解,高校辅导员如果能把专业知识和创新创业教育相结合,落实到每个学生个体,从而达到精准辅导的效果。因此,为了实现良好的“双创”教学效果,就要创新发展职业教育。

高校提出的“双创”教育目标是旨在改变少数人,这样的教学模式只对一小部分的学生进行开放,这样的学生要么学术表现优秀要么有明确的意图。然而,专家认为,高校“双创”教育的目标教育是所有学生,而不一定只针对一些优秀的学生。可以看出,这种教育,大大降低了大多数学生的创新创业积极性。因此,在未来需要对我国高校的“双创”教育进行普及,在实施过程中还要注意不同学生的个性差异,为学生制定全面的“双创”教育计划,否则“双创”教育就失去了它本来的意义。

(二)加强高校辅导员“双创”教育与思想政治教育的渗透

高校将“双创”教育与思想政治教育相融合,这是新型的教育方式,对于如何实现,我们首先需要将高校思想政治教育的内容进行梳理,从而对其有全面的了解。“思想政治教育”这样的概念,陈秉公曾这样说:“思想政治教育的实质是一种教育实践活动,而人们对思想政治教育的理解千差万别。”邱伟光等人认为:“思想政治教育是社会及社会团体用一定道德规范、政治观点、思想观念对人们所实施的有计划、有目的、有组织的影响,使之形成一种社会所需的思想道德实

践活动。”

改进“双创”教学评价体系和激励系统，学校应当建立适当的机制，以激励学生自主创业，同时为其提供一个舒适的环境、更广泛的试点，并根据学生的意向设立基金。私有化融资的创新行为可以为大学生的创新创业实践带来好的结果的预期。还可以请一些从学校毕业的知名企业家回到学校，在“双创”教育论坛讲述他们的个人经验。高校“双创”教育的开展与国家政策的支持是不可分离的，国家可以出台有关优惠政策，提供更好的政策环境，鼓励学生进行创新创业。“双创”教育的开展不仅是高校的任务，更是整个社会的行为。

（三）增进高校辅导员“双创”教育与形势政策教育的融合

“双创”教学的特点是强调实践经验。在当前阶段，国家大力支持应用型的实践教育，在这样的背景下，高等院校应依托“双创”教育实践课程，建设科技园区、企业孵化器和小的商业机构等。有必要通过结合项目的规则，扩大“双创”教育的实践范围，除了创新创业培训外，还应发挥学校专职教师、管理人员、企业家在大学生创新创业教育中的宏观作用。

大学生的创新创业活动和全国的经济发展有密切的关系，对国家政策的依赖性强，因此高校辅导员应宏观分析商业环境，让愿意进行创新创业的学生了解自身的优势，并对探索企业管理形成的深刻理解，把握国家和社会的支持政策和国内外经济发展趋势。

二、提高高校辅导员“双创”教育水平

对于“双创”视域下目前我国高校辅导员的队伍建设来说，理想的“双创”教师是理论教学与实践教学相结合来工作。我国高校创新创业导师队伍建设正在胚胎期，还有一些在孕育阶段，虽然取得了一些成果，但仍有许多不足，这些不足阻碍了创新教育和创新开发的共同发展。因此，我们需要借鉴国内外的成功经验，结合中国实际情况，对高校辅导员的队伍建设提出具有针对性的建议。

（一）提升高校辅导员“双创”教育知识素养

进行“双创”教育的辅导员，他们不仅需要有深刻的认识、人格高尚，具有专业技能，而且需要思想上具有创新和创业的精神。事实上，这需要学校制定相应的培训计划，要以人为本来规划安排，帮助教师系统地参与各种形式的培训和考察成功与失败案例的研讨会，拓展“双创”教学模式。同时学校要进行强有力的政治教育，辅导员的思想政治素质高，则理想信念坚定，有利于保持符合党中央的政治信仰和政治原则，认清政治问题的性质，了解党和国家的政治发展趋势。

在辅导员正式上岗之前，要进行岗前的理论培训。这包括了心理训练、心理学研究、经济学和管理学理论研究和青年思想政治教育的管理方法。除了进行

政治理论学习和专业知识培训，还创建了新的培训政策帮助辅导员学习创新和创业精神，持续地促进双创辅导员教育质量和工作能力的提升。在同一时间，促进“双创”辅导员之间的交流，定期进行业务研究，利用研讨会等互相学习的机会，进行互相学习，充分帮助新辅导员和老辅导员之间进行沟通学习。根据学校的实际情况，选择参加学习和培训，辅导员通过取得硕士、博士学位后进行出国留学、出国访问等，获取辅导员工作的原理及相关知识，建立和及时更新知识，努力跟上时代的步伐，逐步实现专业化的“双创”辅导员队伍建设。

（二）转变高校辅导员“双创”教育工作理念

当前高校创新创业教育不理想是由多方面原因造成的，应该更新辅导员“双创”教育理念。我们可以以开放式的“双创”理念来建立一种合理、高效的制度，学校可以给予资金上的支持和大方向上的帮助，其余可以让学生自由发挥，这样可以让更多的学生参与到活动中来，既丰富了学生的课外活动，又锻炼了学生，培养了学生的团队合作能力、实践能力和管理能力，帮助学生积累创新创业管理和运作的经验。因此，作为队伍建设的中间环节，高校辅导员自身对于“双创”教育工作的理念应及时转变，帮助学生培养创新思维、树立创业观念。

（三）创新高校辅导员“双创”教育工作方法

当前我国高校辅导员“双创”教育存在问题的主要原因之一是，我国高校辅导员“双创”教育工作方法陈旧。它的主要表现是没有分清工作职责，没有找到问题根源，导致辅导员背负过多的压力，使其在开展“双创”教育教学工作中没有足够的能量。

具体的高校辅导员“双创”教育工作方法有很多，比如，第一，加强对“双创”教育的管理。“双创”教育的内容包括理论教学、实践教学和一系列的学生活动，涉及学校多个职能部门，学校通过成立由分管教学副校长、教务处、学工处、团委、招生就业处等职能部门负责人为成员的“双创”教育工作领导小组，统一协调“双创”教育的教学、培训、实践及第二课堂系列活动等工作，使之成为开展“双创”教育的组织保障。第二，努力构建“双创”教育课程体系。积极尝试课程改革，努力构建具有“双创”教育特色的课程体系，将“双创”教育列入人才培养方案，制定相应的课程标准，并在选修课中增加与双创有关的课程。为学生毕业后自主“双创”打下一定基础。第三，做好“双创”教育跟踪服务。“双创”教育应贯穿学生在校学习及毕业后工作的全过程。学生走向社会经过一段时间“双创”后，学校派专人做好跟踪服务，了解学生在“双创”过程中的得失，认真总结成功的经验与失败的教训，为推进学校的双创教育提供参考。

三、优化双创教育中高校辅导员队伍建设的环境

对大学生进行的教育、管理和服务都需要我们非常专业、科学甚至艺术，因此优秀的辅导员队伍建设的环境显得尤为重要。辅导员队伍建设的环境的发展具有历史的必然性。对优化“双创”教育中高校辅导员队伍建设的环境的研究，有助于将辅导员队伍的建设与高校学生创业指导工作相结合。

（一）营造良好的校园“双创”文化环境

在一个年轻的、充满活力的校园中，要敢于打破传统思维，不断引进大学生新的想法，培养学生的创新创业能力，进而为国家和社会服务。作为辅导员，首先要及时了解国内外经济形势和国家的相关政策，实时更新知识，向学生及时提供国家在创新创业方面的相关政策，让学生敢于创新。大学生创新创业能力是找不到一个固定的模式的，它的关键是在于实践。高校需要调动学生的主动性和独立性，指导“双创”教育有序开展。其次要建设大学生就业服务体系。专职教师和辅导员应统一认识到，培养学生的创新能力、建立专业课程体系，将有助于学生的协调发展。最后要建立高校教育管理新机制，教务处实施课程建设和学生就业的双重管理，整合“双创”教育的其他功能以制定对应的工作机制，为形成“双创”教育良好的教育氛围而共同努力。

（二）建构完善的辅导员服务大学生的就业体系

“双创”知识的形成和累积是开展“双创”教育的基础，培养创新意识是“双创”教育的关键，加强创新创业能力是“双创”教育的本质，抵抗失败的打击是“双创”教育重要的一部分。高校应该根据经济发展的多样性和包容性来建立一个学科，创新创业课程有助于发展学生的知识协调能力和综合素质。集成创新创业教育、职业教育和与产业发展密切相关的专业教育，鼓励创新创业，促进大学生的全面发展。提高高校的科技创新能力，提高学生创业能力，服务经济提升社会福利，促进社会的发展。同时，要促使从事“双创”教育的教师率先创新，以此引导学生思考。

强化“双创”教育辅导员队伍的整体建设。为了提高学生管理工作的效率和水平，提高辅导员对自我身份的认同感，提高辅导员工作的积极性和主动性，确保建设稳定的辅导员队伍，是十分重要的，也是很有必要的。例如，确定员工的道德观、建立工作手册和岗位评估系统等可行的标准和规章。

（三）实现高校辅导员队伍建设与各项环境因素的联动结合

优化辅导员队伍结构比例，实现辅导员组织机构的独立性。要实现组织机构的独立性，就意味着要有一个独立的组织，辅导员不仅负责学生的日常管理，还要负责培训、管理、评估、晋升、考核、激励、监督和科学研究等。一般来说，这

是一个学生办公室或学生事务管理委员会组成的机构。

提高辅导员的综合素质。开展大学生的思想政治工作需要辅导员具备的丰富的工作经验、优秀的思想政治专业知识和崇高的献身精神。专门制定一系列的规章制度,来进行招聘、晋升和调动,这样的激励方式可以提高辅导员的工作效率,以吸引更多高质量和多学科的人才。辅导员队伍在保持适度的流动的基础上,建立相对稳定的就业培训体系。及时记性系统培训和知识更新,可以提高辅导员自身的素质。

完善高校学生工作评估机制。根据辅导员的责任,选择使用一套完整的培训和奖惩等规章制度。考虑到高校辅导员队伍建设现状和未来发展的方向,设定相应的团队建设计划。首先,在工作人员甄选程序上,要明确要求招聘和晋升机制。其次,划定明确的职责。辅导员日常管理工作包括学生的思想政治教育、心理辅导教育和创新创业指导。最后,具备完整的培训系统和服务。培训包括对理论知识和实践经验的交流。对在"双创"教育工作中有突出贡献的优秀辅导员给予政策的支持,在晋升、激励等方面给予优先的精神和物资的奖励。

四、结语

高校辅导员是学生思想政治教育和管理的骨干。在中国,"大众创业、万众创新"政策在全国各地快速发展和应用,在高校里,"双创"已成为大学生当中最受欢迎概念。因此,深入研究"双创"视域下的高校辅导员队伍建设路径具有重大的理论和实践意义。有必要在"双创"视域下开展建设高校辅导员队伍,以深化高等教育改革、提高学生就业适应能力、加强高校综合实力、满足学生的全面发展。

【参考文献】

[1]魏金明."三全育人"背景下高校辅导员新使命与角色定位[J].思想理论教育,2020(2):96-99.

[2]景鹏,秦岚.院系辅导员队伍开展学习型组织建设探索[J].学校党建与思想教育,2020(11):86-87.

[3]潘晴雯.高校辅导员职业化的困境与消解[J].理论导刊,2010(7):72-75.

[4]李永山.高校辅导员工作的核心能力及其培养[J].思想教育研究,2015(1):82-85.

[5]李忠军.以职业能力建设为核心推动高校辅导员队伍专业化发展[J].思想理论教育,2014(12):97-102.

[6]袁小平.高校思想政治教育与创新创业教育的协同育人模式研究[J].教育评论,2014(6):100-102.

[7]王达品.大学生学业发展状况与对策分析——兼论高校学业辅导体系的构建[J].教育研究,2014,35(5):43-49.

[8]张耀灿.思想政治教育学科专业创建30年的回顾和展望[J].思想理论教育,2014(1):26-33.

[9]王敏幸,孙振民.新时期高校辅导员职业能力培养的路径选择[J].理论导刊,2009(12):113-116.

[10]倪佳琪,魏飞.基于胜任力卓越模型的高校辅导员队伍专业化建设研究[J].学校党建与思想教育,2020(7):85-87.

[11]刘涛.高校辅导员专业心态的特征及优化路径——基于长三角地区36所高校的调查分析[J].思想理论教育,2021(4):102-107.

民办高校创新创业教育师资队伍建设的困境与对策研究

万传菲　贾茹茹*

摘要：国家出台政策大力扶持改革创新，以此深化改革开放和经济全球化。同时，各大民办高校建设愈来愈好，高校毕业人才越来越多，社会竞争压力陡然上升。悉知高校创新创业教育是一项形式较丰富、实施性较强的系统工程，因此拥有高水平、高质量的创新创业教师队伍显得十分重要。如今高校创新创业教育师资队伍建设普遍存在专业化水平低、教师综合素质不达标、创新创业教育教学知识和内容结构不合理、相对应的配套设施与制度极为匮乏等问题。本文从打造教师专业化团队、提升高质量师资队伍、优化创新创业教育教学知识和内容结构与创设完善的配套设施与制度等多方面，探索并挖掘民办高校创新创业教育师资队伍建设对策，提高民办高校创新创业教育教学水平。

关键词：创新创业；民办高校；师资队伍

党的十八大提出了必须坚持走中国特色自主创新道路，实施创新驱动发展战略这一重要方针政策，以全球化视野发展创新创业，提高最初创新、集成创新和引入吸取消化再创造的能力，更加注重合作创新，提高自主创新能力。《在改善民生和创新管理中加强社会建设》文件中也涉及全面落实素质教育，推进教育教学内容和方法，努力提高教育质量，培养学生创新能力，造就创新精神，全面深化教育领域改革，加快创新创业教师队伍建设。国家在新时期提出了“双创”思想作为新世纪我国社会和经济发展的主要指向，这就要求民办高校进行建设与转型。培育出一批高规格的教师队伍是民办高校创新创业教育建设的重要条件之一。因此，民办高校提高当前创新创业教育教学质量，打造出能担负起创新创

* 作者简介：万传菲，山东协和学院人文艺术与教育学院教师，讲师，硕士，研究方向为学前教育；贾茹茹，山东协和学院人文艺术与教育学院本科生，研究方向为学前教育。

业教育的优秀师资队伍是当前教育发展的迫切要求。基于创新创业教育是以专门教育为基础，同时具备多学科内容形式、实践性较强的繁琐工程，这就要求教师熟练掌握理论基础知识与实践动手能力。然而，从目前民办高校创新创业教育教师队伍整体发展情况分析，师资力量薄弱、创新创业教育教学知识和内容结构不合理、与师资队伍建设的配套设施与制度极为匮乏等，成为制约民办高校创新创业教师队伍的建设与发展的最大阻碍。从我国实际国情出发，全面分析我国创新创业教育存在的问题，发扬优势改善不足，借鉴其他国家优秀高校创新创业师资队伍建设的成功经验，全面完善我国民办高校创新创业师资队伍建设。

一、民办高校创新创业教育师资队伍现状与存在的困境

首先，从中国国情出发，承办高校的创新创业教育起步较晚。创新创业教育需具备多学科专业知识与技能，尤其是实践能力，当前民办高校创新创业教育师资力量远远不能满足创新创业教育教学稳步发展的需要，故民办高校创新创业教育发展较慢。

（一）创新创业师资力量严重不足，不能满足教育教学需求

目前民办高校的创新创业教育教师，大多在教学中不能做到理论与实践相结合，只能一板一眼，按部就班地在书本上学习。缺少亲自实践的经验与能力。不具备创新创业的实际经验，因此阻碍学生创新创业综合素质的发展。而在其他课程教学中，教师也并未贯穿对学生创新精神的培养。最常见的方法是把创业教育教学任务下发给各专业教研室，教研室自主分配授课教师和对授课教师进行管理，这种既不规范又不专业的做法更加难以确保教学效果。创新创业教学的完善随着社会发展对创新创业需求量的增大而增大，而目前民办高校创新创业教育处于尚未成熟且还在发展的初级阶段。在当前我国要求创新创业发展的基础上，大部分民办高校开始开设创新创业培训课程，但培训多为年轻教师，大部分年龄小于35周岁，导致我国民办高校创新创业教育的教师自身能力不够，师资专业化水平不高，总体上阻碍了民办高校创新创业教师队伍的建设和教育教学水平的发展。

（二）创新创业教育教学知识和内容结构不合理

创新创业教育需要教师具有扎实的创新创业教育理论知识、多学科专业知识和技能，高水平的创新创业教育教学结构，更重要的是有丰富的创新创业实践能力。大多民办高校中创新创业教育中分为两种教学方式：一种是基础式教学，基础式教学中大多是以教师讲授的方式进行，是一种通过教师阐释，将创新创业中的基础知识、基础概念与内容解释传授给学生的教学方式。这种教学方法未把创新创业的客观内容和实质进行系统分析。另一种是专业性教学，教师传授的专业知识大都千篇一律，不能将不同专业学生的专业知识与创新创业教育更

好有机结合。创新创业教育体制强调教师对创新创业教育教学实践能力的自主创建，各地民办高校内，教师大都具备自己从事专业范围内的理论基础知识与技能，并未接受过系统的创新创业培训教育，缺乏实践，故对教学目标、教育内容的掌握不够透彻。课堂教学上的一板一眼也严重消磨了学生求知的积极性，导致教学效果下降。

（三）与师资队伍建设的配套设施与制度极为匮乏

中国大多数民办高校创新创业教育起步比较晚，对学生的创新创业教育尚未足够重视，在创新创业实施过程中缺乏必要的硬件设施，例如，实践实训基地、创新创业孵化基地等创新创业服务平台创建不足以满足当前需求。现今大部分高校都没有创设单独的创新创业教研室，进行就业和创业教育教学辅导的普遍是学校的就业中心等。高校普遍欠缺专门管理与教授创新创业教育课程的教师及培养创业教育教师的培训平台，通常的做法是将此类授课教师暂时放入就业中心的管理考核中，但由于创新创业教育教师授课的流动性较大，这种毫不规范的管理模式名存实亡。因此，民办高校教师创业教育理论基础不足，缺乏创业实践经历，师资力量不够、质量不高，理论与实践不能有效结合以及创新创业教育师资队伍的配置设施规格较低。随着高校创新创业领域越来越重要，使各大高校都不同程度地加快创新创业教育的发展。各地方高校创新创业教师培训的配套设施与制度不完善，缺乏各领域优秀教师，因此，教师队伍的建构仅靠当前的教育体制是完全不够的。针对师资队伍建设的专项性政策，如教师合格获准制度、兼职教师应聘制度、师资培养政策等一系列制度也还未全面实施。

二、民办高校创新创业教育师资队伍建设的对策与建议

（一）建立高规格的创新创业教育师资团队

处在多数民办高校短期内无法具备高水准专职教师队伍的困境下，民办高校要充分挖掘校内优秀教师，从各学院各专业中选取一支具有创新创业专业基础和兴趣，并可以长期致力于创新创业教育的优秀教师，构建专职教师队伍作为稳固的师资来源。多种渠道聘用兼职教师来缓解民办高校当前创新创业力量薄弱、实践能力不足等困境。任何一项工作都需要依托专业人士来指导或进行，同理对于创新创业教育来说，让从事创新创业的人来引导学生学习，才能更好地完成创新创业教育的任务，促进民办高校创新创业发展。这就要求教授专业教育的教师首先要树立起创新创业观念，除具有精深的专业知识以外，还要探索专业课程中的创新创业元素，增强知识构建能力，促进各专业知识和创新创业知识相互融合。高校可采取措施选拔出学校内各个专业的教授、副教授、中青年骨干教师作为创新创业教育的后备军，建立一批高规格的优秀师资队伍，加快创新创业

教育发展。例如,高校组织创新创业教师辅导培训班,使大量有专业技能的优秀教师进入创新创业教师队伍中进行岗前培训。学校可以邀请成功企业家到学校开办讲座,并与教师积极沟通交流,促进教师专业化成长。有条件的学校可以派教师赴企业挂职锻炼,在实际工作中运用理论知识,不断积累与反思,快速提高教师的实战能力。建设高水平的创新创业师资队伍是发展创新创业教育的重要条件,建立与之相对应的培训配套制度,包括制定师资培养方案、建立师资评价机制与激励机制等。促进创新创业教育发展是一项烦琐而艰辛的使命,民办高校要加快完善培养创新创业师资队伍的总体规划。

(二)优化创新创业教育教学知识内容结构

在大多数的民办高校中,创新创业教学首先是基础式教学。在此教学过程中,创新创业教师多将创新创业的基本概念、系统知识进行精细加工,以系统地向同学阐释的讲授法进行教学。将其中的基础内容以及概念与不同方向的创新创业有机结合,将创新创业实践能力作为最终目的,由此有针对性地对各个学生不同的创业方向进行进一步指导,这对于促进高校创新创业发展尤为重要。

在教学中,将学生的专业理论知识教育与创新创业实践能力有机结合,各专业课的任课教师在课堂教学过程中应将创新能力的培养融入其中,并帮助学生了解有关社会经济变化和当前市场时事热点,引导学生找到适合自己的创业领域与奋斗目标,冷静应对未来创业面临的机遇与挑战,激励具备创业能力的学生勇敢走向创业之路。民办高校教师可以通过启发引导,使学生充分了解自身的优点与不足以及自身的兴趣与特长,增强自我认知。并在此基础上教师结合大学生在校期间学习的理论基础知识与掌握的技能,引导学生制定符合个人优势与发展的创业目标。将创新创业理念融入课堂教学内容中,包括教育目标的确定、教育内容与方法的选择、课程的开发与设置、人才培养方案的制定等。创新创业教育需要民办高校结合各方力量自上而下贯彻落实。总之,推进民办高校创新创业教育的顺利发展,就必须培育出创新创业教育高规格的教师团队。

(三)拓宽教师培训渠道,创设与创新创业教育相匹配的配套设施与制度

创设有计划、有组织、系统化的师资培训平台,尽可能使教师走进企业进行实践锻炼,增强创新创业教师实践能力,也可以安排教师带领学生参加专业实习,教师和学生的共同交流探讨,有利于促进师生合作、协同发展。制定相关管理措施,严格把关教师管理和评价标准,按相关政策要求培养和稳住优秀人才。促进校企合作,明确人才培养规格,教师通过挂职锻炼,参与企业各部门工作等,提高青年教师创新创业的实践教学能力,促进校企协同育人和高校教育教学体制完善。同时,校企积极构建“双师型”教师的培训基地,该基地由学校和企业共同组织管理,学校提供明确的教学培训内容,企业提供技术指导和实践操作,双方加强沟通交流,在

保证企业正常运营的前提下，为教师在确立课程目标和内容，选择教学方法上给予指导意见，拓宽实践教学的思路。对于自愿去企业挂职锻炼学习的教师，学校应要给予鼓励与资助，并为在此期间实践成果突出的教师，在校安排与其实践相关的讲座，并对其表彰与鼓励。另外，积极邀请成功企业、公司的高层人员、高技术型人才步入学校，进行演讲与交流，传承创新精神。要充分利用合作企业，优化创新创业教育教师培训平台，大力投入资金支持和硬件保障。鼓励各教师积极参与到创新创业型专项课题的研究中，积极推进教师创业研究成果的不断更新与完善。发挥网络的开放性、交互性、灵活性等特点，建设完善的创新创业教师培训网络化学习平台，鼓励教师自主学习、自主发展。随着民办高校创新创业教育的发展，不断完善网络培训教育平台各方面，不断调整更新教育教学。

三、结语

提高自主创新能力，建设创新型国家，是国家发展战略的核心，是提高综合国力的重要条件。建设创新型国家的核心是人才，而人才的培养关键在教育。目前各大民办高校教育教学以发展创新创业教育作为重要任务，也是提高高等教育质量的重要条件。虽然，创新创业教育在我国发展较晚，在民办高校起步也较晚，但它势头很足。处在我国经济发展的黄金时代，民办高校需具备一支高素质、高水平、高创新力的教师团队。创新创业师资力量的高低制约整个创新创业教育事业发展的规模与速度，且高校创新创业教师队伍的建设是一项有计划、有组织的系统工程，需要各方合力，共同促进创新创业教育师资队伍的快速发展。

【参考文献】

[1]罗兰芬．高校创新创业教育师资队伍建设研究[J]．广西教育，2018(9)：105-107.

[2]金海洋．高校创新创业教育的现状分析[J]．才智，2020 (8)：48.

[3]庞元正．科学发展观基本问题研究[M]．北京：人民出版社，2012.

[4]黄文敏，李先启．基于校企合作的民办高校创新创业教育模式研究——以江西科技学院为例[J]．牡丹江教育学院学报(教育科学版)，2014(9)：52-53.

[5]杨雪梅，王文亮．创新创业教育论[M]．北京：清华大学出版社，2017.

“双创”背景下学前教育“双师型”教师队伍培养研究

滕明蕾*

摘要:创新创业政策下,知识经济兴起,要求我们有新的生产方式和新的教育模式,“双师型”教师队伍的培养是学前教育专业适应时代要求的一项有力对策。本文立足于学前教育“双师型”教师队伍培养的必要性,剖析学前教育师资队伍现状,发现学前教育领域教师队伍存在着师资结构单一、教师创新意识不足、教师能力评价体系不完善等问题。针对这些问题,本文从培养“双师型”队伍出发,从人才引进、教师专业培训和完善教师评价体系出发,提出相应的解决对策,以适应创新创业对学前教育领域教师提出的要求。

关键词:双创背景;学前教育;“双师型”;教师队伍培养

从李克强总理提出“万众创新”“人人创新”的新势态到党的十八大报告提出高校毕业生自主创新、自主创业就业,再到 2021 年国家提出的“落在实处办实事,创新方式传薪火”。创新创业对我们的影响越来越大,要求也逐渐提高。对于学前教育领域的高校教师来讲,自身的创新意识与创新能力、高效的创新型教师队伍是当前创新创业提出的要求。本文将创新创业与学前教育教师队伍建设相结合,从多方面概述了学前教育“双师型”教师队伍培养的必要性与措施。

一、学前教育“双师型”教师队伍培养的必要性

(一)“双师型”教师队伍培养符合国家“双创”政策的要求

国家提出的创新创业政策要求各行各业对自身发展作出相应调整,学前教育作为热门专业,在创新创业方面对教师的要求不断提高,建设“双师型”教师队

* 作者简介:滕明蕾,山东协和学院人文艺术与教育学院本科生,研究方向为学前教育。

伍是学前教育领域积极响应国家“双创”政策的表现，是针对教师素养的提高、教学能力的提升以及培养具有创新创业精神的专业人才的有力措施。

（二）学前教育“双师型”教师队伍建设有助于提升学生的创业能力

随着国家扩招政策的落实和开展，我国毕业生数量逐年提升，就业压力逐渐增大。国家政策对学前教育的重视以及家长教育理念的转变对学前教育领域不断提出新要求，相应的对毕业生的素质以及专业能力提出了新的要求，建设“双师型”教师队伍有助于提高学生的专业实践能力，推动技能型人才的培养；有助于提高学生的创业能力，培养其创新意识，激发学生的创新思维，从而不断提高学前教育领域学生的专业技能与素养；同时“双师型”教师队伍建设有助于为提升学生的创业能力打下良好的师资基础。

（三）“双师型”教师队伍建设是促进学前教育改革的动力

在“互联网＋”“双创”等政策要求下，高校在学前教育方面的改革也对相应地对人才提出新要求，建设学前教育“双师型”教师队伍是促进学前教育在新形势下由量变到质变的有效推动力，有助于提高学生的综合竞争力，推动专业发展。

二、学前教育教师队伍建设存在的问题

（一）学前教育领域师资结构单一，教师素质参差不齐

面对国家二孩政策的放开以及三孩政策的逐渐实施，学前儿童数量不断增多，学前教育机构数量呈上升趋势，学前领域教师需求不断加大；同时，“双创”背景下，高效实施扩招政策，教师数量不断增多，在弥补人才短缺的同时也带来了相应的问题，主要表现在以下两个方面：第一，学前教育教师师资结构不合理，主要表现为，教师年轻化逐渐成为趋势，年龄结构不合理；学前教育领域女性教师居多，男性教师数量较少，性别结构不合理；学前教育应届毕业的年轻教师虽然比老教师专业知识丰富，但教学经验不足于老教师，教师能力结构不合理。第二，学前教育教师专业素质参差不齐，主要表现为，教师专业混杂，学前教育教师有些为非本专业教师，专业能力不够、专业知识不足，如经常出现的虐童事件；学校机构提供给教师的培训机会较少，发展渠道受限；学前教育教师在编数量较少，教师学历水平较低，专业素质有待提高。

（二）教师专业领域创新意识不足，实践能力有待提升

国家创新创业政策要求开发人的创造潜能、培养和发挥人的创造力、弘扬人的主体精神。现在学前教育领域教师受教学设备不齐全、教学实践场地不完善等客观条件的制约，往往局限于自身原有的教育教学理念，专业创新意识不足，无法开展有效的实践教学活动，实践能力有待提升。

三、学校缺乏完善的教师能力评价体系

学前教育教师的工资待遇、社会地位一直是一个热门话题。长期以来，由于对薪资待遇不满意，社会认可程度不高，使多数教师甚至优秀教师放弃学前教育教师这份工作，导致教师工作认真程度低、对自身专业能力的提升积极度下降，导致教师综合能力低，教师考评体系不完善。同时，由于部分学前教育机构没有建立专门的“双师型”教师评价制度体系，与普通教师考评体系一致，从而导致部分普通教师出现浑水摸鱼的情况，从而挫伤了“双师型”教师的专业创新积极性，不利于健康的教师能力评价体系的形成。

四、学前教育“双师型”教师培养策略

(一)注重学前教育专业人才的引进与培养

一方面是要完善教师的师资结构，主要从以下几个方面进行：第一，加大学前教育领域男性优秀教师的人才引进，平衡学前教育领域教师男少女多的情况，为学前教育领域注入新活力，提高教师的教学积极性。第二，加强新入职教师的在岗培训，通过开展讲课大赛等活动提高教师的专业实践能力，加强新老教师之间的经验分享与交流，增加新教师的教学经验，同时提高老教师的创新意识。另一方面，加强“双师型”教师专业素质的培养，主要从以下几个方面进行：第一，根据学前教育行业要求和市场需求，加大引进专业化人才的力度，完善教师教学的客观环境，做到以人为本。第二，做好人才发展规划工作，通过多媒体技术教课竞赛的开展，“翻转课堂”应用于微课堂等形式加强教师的专业培训，培养专业素质与专业能力并举的“双师型”教师。

(二)开展“双师型”教师专业培训，增强教师创新意识

一方面，教师入岗前，加强学前教育教师在校期间专业课的学习力度，运用“翻转课堂”等形式提高专业能力，同时鼓励专业学生在校期间参加创新创业大赛等活动，提高其创新意识，做好学前教育教师的职前教育。另一方面，教师入岗后，注重教师的在岗培训，给教师提供丰富的教学资源，完善客观物质环境，同时加大在岗教师的福利提供，为在岗教师提供良好的精神环境，有助于提高教师的工作积极性，培养技能型人才。

(三)完善“双师型”教师考评体系，明确“双师型”教师评价标准

教师的考评体系是由教师的薪资待遇、专业能力、专业素养以及知识储备组成的，要完善学前教育“双师型”教师评价体系可从以下几个方面入手：第一，提高学前教育教师的薪资待遇水平，提升教师的幸福指数，为“双师型”教师打造良好的教育教学环境。第二，改变传统的教学模式，根据教师专业能力与专业素养

的实际情况，开展合理的教师评价。第三，将“双师型”教师评价体系与普通教师的考评体系相区分，切忌混杂，形成专门的“双师型”教师评价体系，明确评价标准。

五、结语

综上所述，学前教育“双师型”教师队伍的培养是提高教育综合水平和学前教育机构综合竞争力的有力措施，是对国家创新创业政策的积极响应，是提高学生就业竞争力的有力保障。本文在创新创业的视角下，发现学前教育“双师型”教师队伍培养建设过程中存在的问题，提出应对问题的相应对策，有针对地构建“双师型”教师队伍。

【参考文献】

[1]王昭君．学前教育专业“双师型”教师培养研究[J]．科学咨询(科技·管理)，2021(5)：155-156．

[2]毛汉忠，顾豫，刘岚．学前教育专业“双师型”教师队伍的建设研究[J]．现代职业教育，2019(20)：12-13．

[3]姜晓慧，马杰．高职院校“双师型”教师队伍建设的困境与突破——从“双失”到“双师”的嬗变[J]．广东交通职业技术学院学报，2020，19(1)：106-108＋112．

[4]梅琳．双创视域下应用型本科院校“双师型”教师队伍建设的路径研究[J]．知识经济，2020(9)：160＋162．

[5]李洪梅．学前教育专业实训创业项目探索——基于应用转型与“大创”背景[J]．广西民族师范学院学报，2017，34(3)：37-39．